Mummery

Eine Geschichte von drei Idealisten

Gilbert Cannan

Writat

Diese Ausgabe erschien im Jahr 2024

ISBN: 9789359945231

Herausgegeben von
Writat
E-Mail: info@writat.com

Inhalt

Ich ....- 1 -
II ....- 8 -
III ....- 17 -
IV ....- 28 -
V ....- 37 -
VI ....- 49 -
VII ....- 58 -
VIII ....- 69 -
IX ....- 78 -
X ....- 89 -
XI ....- 98 -
XII ....- 108 -
XIII ....- 118 -
XIV ....- 131 -
XV ....- 142 -
XVI ....- 152 -
XVII ....- 163 -
XVIII ....- 173 -

ICH

Ein Abstieg nach London

An einem Tag im August, in einem jener schnelllebigen Jahre, die Europa der bevorstehenden Katastrophe entgegentrieben, traf ein Paar von ungewöhnlichem Aussehen in London ein, auffallend, charmant und amüsant. Der Mann war groß, kräftig und hatte eine seltsame Mischung aus sensibler Schönheit und schwerfälliger Unbeholfenheit. Er betrat London mit feindseliger Miene, schnüffelte angewidert die Gerüche des Bahnhofs, spähte bekümmert durch das trübe Licht und widersprach durch seine Persönlichkeit und die Art, wie er sie in seiner Kleidung ausnutzte, eindeutig der Einheitlichkeit der großen Stadt, die seine Heimat war. Seine Kleidung war eigenartig: ein riesiger schwarzer Hut über einem Schopf dünnen blonden Haars, ein schlecht geschnittener schwarzer Mantel, ein über die Schultern geworfener Umhang, ein sehr hoher gestärkter Kragen, abscheuliche Hosen und lange, spitze französische Stiefel.

„Aber sie haben den Bahnhof wieder aufgebaut!", sagte er mit lauter Stimme, die beinahe mürrische Missbilligung ausdrückte.

„Ich erinnere mich, dass ich darüber gelesen habe, Carlo", antwortete sein Begleiter. „Es fiel herunter und zerstörte ein Theater."

„Ein schlechtes Omen", sagte Charles Mann, „ich wünschte, wir wären an einer anderen Station angekommen."

„Ich glaube nicht, dass es wichtig ist", lächelte Clara Day.

„Das sage ich", schnappte er. „Es ist eine gemeine kleine Station." Ein Londoner Bahnhof sollte großartig und geräumig sein, der prächtige Vorraum einer königlichen Stadt. Ich muss sie dazu bringen, dass ich eine Station entwerfen darf.'

„Sie fallen nicht oft hin", sagte Clara. „Ich wünschte, du würdest dich um das Gepäck kümmern."

Alle anderen Passagiere, Franzosen und Engländer, hatten ihr Gepäck abgeholt und waren eilig davongefahren, aber Charles Mann hatte es nie eilig und blieb mit finsterem Blick auf dem Bahnhof stehen, den London in seiner Abwesenheit so frech errichtet hatte.

„In Deutschland und Russland", murmelte er, „ist ihnen klar, wie wichtig Bahnhöfe sind."

„Kümmern Sie sich doch um das Gepäck", drängte Clara, und sehr widerstrebend schlenderte Charles Mann über den Bahnsteig und überließ seinen Begleiter der Bewunderung der Passagiere, die zum nächsten abfahrenden Zug kamen. Sie hatte es verdient, denn sie war äußerst hübsch, fast erbärmlich jung für das Wissen, das in ihren Augen und auf ihren Lippen stand, und das bezaubernde Kleid aus Lila und Altrot, das Charles für ihre schlanke Figur entworfen hatte, zog die neugierigen und ziemlich empörten Blicke der Menschen auf sich Frauen. Es war keine Mode, aber die Vollkommenheit seiner Individualität erhob es über diese Tyrannei, so wie Claras Persönlichkeit mit ihrer kompakten Kraft und köstlichen freien Bewegung sie über den Konventionalismus erhob, der Frauen zu bloßen Widerspiegelungen voneinander macht. Wenn sie sich bewegte, war ihre Kleidung voller Lebenskraft. Als sie stillstand, waren sie genauso monumental wie sie selbst. Sie und sie waren eins.

Sie war glücklich. Sie hatte fast zwei Jahre gebraucht, um Charles nach London zurückzubringen, wo als Engländer und, wie sie wusste, einer der begabtesten Engländer seiner Zeit seine Arbeit lag, und sie war sich sicher, dass hier in London Unter anderen Künstlern wäre es möglich, ihn von seinen eigenen Gedanken zu befreien, die ihn im Ausland glücklich machten, ihn aber daran hinderten, Arbeiten zu vollbringen, die für andere verständlich waren .

Er war ziemlich lange über dem Gepäck, und schließlich rannte sie über den Bahnsteig und fand ihn in Gedanken versunken.

„Haben Sie sich entschieden, wohin wir gehen?" Sie fragte.

„Äh?"

„Haben Sie sich entschieden, wohin wir gehen?"

„Ich muss mir einen Sekretär zulegen", antwortete er, und Clara lachte. „Aber ich muss", fuhr er fort. „Ich brauche unbedingt einen Sekretär. Ohne ihn kann ich nichts tun … Er soll ein guter Mann sein und vierhundert Pfund im Jahr bekommen."

Clara ging zu einem Gepäckträger und sagte ihm, er solle ihr Gepäck zum Hotel bringen.

„Wir können dort bleiben, während wir uns umsehen", sagte sie. Sie hatte gelernt, dass es am besten war, Charles zu ignorieren, wenn er über Geld sprach. Sie nahm billige Zimmer im obersten Stockwerk des Hotels mit Blick über den Fluss auf die Hügel von Surrey, und dort rauchte Charles bis drei Uhr morgens Zigarren und sprach, wie nur er sprechen konnte, über Kunst und Italien und Paris – das sie ohne Mietzahlung verlassen hatten – und die Freuden und Abscheulichkeiten Londons.

„Ich bin jetzt zufrieden, dass Sie Recht hatten", sagte er. „Hier sind wir in London und ich werde mit meiner eigentlichen Arbeit beginnen. Ich werde eine Sekretärin und einen Werbeagenten haben und mit London in der Sprache sprechen, die es versteht … Paris kennt mich, München kennt mich, St. Petersburg kennt mich; London wird mich kennen. Es gibt Künstler in London. Sie wollen nur einen Hinweis."

Clara ging zu Bett und lag lange Zeit da, während ihr unregelmäßige Erinnerungen durch den Kopf gingen – Tage in den Hügeln Italiens, Nächte des Hungers in Paris, der schielende Mann, der sie auf dem Boot so scharf anstarrte, der düstere Hafen Calais, die traurigere Landung in Dover, das isolierte Leben ihrer drei Jahre mit Charles, dessen erstaunliche Vitalität ihre Hoffnung entfachte und immer wieder enttäuschte … Und dann seltsame, hässliche Erinnerungen an ihre eigene wandernde, obdachlose Kindheit mit ihrem Großvater, der war in Paris gestorben und hatte ihr das wenige Geld hinterlassen, das er hatte, so dass sie unter den Künstlern in Paris geblieben war, von ihnen betäubt und benommen gewesen war, bis Charles genau so Besitz von ihr ergriffen hatte, wie er es von streunenden Katzen, Hunden und Vögeln getan hatte Käfige.

„Das ist London", sagte sie, „und ich bin einundzwanzig." Also begegnete auch sie London mit herausfordernder Feindseligkeit, denn sie war fest entschlossen, dass London Charles als das Genie anerkennen sollte, das es, wie er immer wieder betonte, brauchte. Denn wenn es, wie sie glaubte, nichts gab, was eine Frau nicht konnte, dann sollte es das Genie sein, das Charles brauchte.

Am Morgen stand sie früh auf, stand am Fenster und blickte über die ausgedehnte Südseite des Flusses zur Kuppel von Bedlam und dem Turm der Southwark Cathedral, den dicht beieinander liegenden Schornsteinen und dem grauen Durcheinander der unordentlichen, dicht gedrängten Dächer.

„Das ist nicht London", sagte Charles vom Bett aus, während sie begeistert weinte. „London ist ein sehr kleiner Kreis, dessen Mittelpunkt die gepflegte Nationalgalerie und der vulgäre Piccadilly Circus sind … Piccadilly Circus können wir ignorieren." Was wir tun müssen, ist, auf der Kuppel der Nationalgalerie zu stehen und unser Evangelium zu singen. Wenn wir es dann schaffen, den Gebildeten Gehör zu verschaffen, werden wir dafür sorgen, dass die Vulgären uns die Taschen öffnen.'

„Ich möchte nicht, dass dir Leute applaudieren, die dich nicht wertschätzen können", sagte Clara.

'NEIN?' grummelte Charles. „Nun, ich werde ein Bad nehmen und frühstücken und dann werde ich dich in Erstaunen versetzen."

„Das machst du immer", rief Clara. „Liebling Charles!"

Sie klingelte, setzte sich aufs Bett und ein paar Minuten später genossen sie ihr kontinentales Frühstück mit Kaffee, Brötchen und Honig.

„Manchmal habe ich das Gefühl“, sagte Charles, „dass ich lediglich den Platz deines Großvaters eingenommen habe ... Du bist das einzige Geschöpf, das ich je getroffen habe und das jünger ist als ich.“ Deshalb kannst du mit mir machen, was du willst ... Aber du kannst mir keinen Bart wachsen lassen.'

'Ich wünschte du würdest.'

„Und dann sollte ich wie dein Großvater sein?“

'NEIN. „Du wärst mehr wie du.“

„Du entzückendes Kind“, sagte er. „Du würdest mich aus der Existenz verbannen, wenn es nach dir ginge.“

Charles stand auf, nahm ein Bad, rasierte sich und ging hinaus. Clara musste ihre Sachen auspacken und eine Liste mit den Kleidungsstücken erstellen, die er brauchte, bevor sie ihn für tauglich erachten konnte, das London zu betreten, dessen Zentrum die National Gallery ist.

Da er zum Mittagessen nicht zurückkam, machte sie sich allein auf den Weg, um die Region zu erkunden, die er erobern wollte. Sie wanderte in einem entzückten Traum zunächst durch die Galerien und dann durch die Straßen, bis nach Westminster auf der einen Seite und bis zur Oxford Street auf der anderen, und prägte sich im Geiste die Lage jedes einzelnen Theaters ein . Sie interessierte sich besonders für die Frauen und war sowohl verletzt als auch erfreut über die Abneigung und das Misstrauen, mit denen sie ihre Originalität betrachteten ... Hin und wieder sah sie ein Gesicht, das in ihr den Wunsch weckte, zu dessen Besitzerin zu gehen und zu sagen: „Ich bin Clara Day; „Ich bin gerade nach London gekommen“, aber sie unterließ es ; und wenn die Leute sie anlächelten, was viele taten, erwiderte sie ihr Lächeln und eilte weiter in ihrem Eifer, das Königreich zu erkunden und zu verstehen, das Charles Manns sein sollte – ein Königreich, wie andere, voller Glanz und Elend, aber überwältigend reich mit seinen riesigen Hotels, großen Bürogebäuden, riesigen Theatern und Musikhallen, riesigen Geschäften voller Waren von höchster Qualität; Juwelen, Kleidung, Pelze, Windeln, Silber, Besteck; seine Denkmäler, sein dichter Verkehr; seine Blumenverkäufer und unzähligen Zeitungsverkäufer; seine Einblicke durch die von hohen Mauern umgebenen Straßen mit grünen Bäumen, seine dominierenden Türme; Es sind faulenzende Männer und Frauen. Juden mit Goldketten und Diamantringen, Amerikaner mit großen Zigarren und gepolsterten Schultern, bemalte Frauen, Nigger, Polizisten, Streichholzverkäufer, Stiefelputzer; seine riesigen farbigen Werbeanzeigen; seine plötzlichen Löcher, die in unterirdische Regionen führen; es ist die träge, reiche Selbstbefriedigung ... Es überwältigte Clara ein wenig, und während sie dahinraste, flüsterte sie vor sich hin: „Das bin ich in London."

Auf dem Rückweg zum Hotel kaufte sie eine Zeitung und als sie diese aufschlug, stellte sie fest, dass sie ein Interview mit Charles Mann anlässlich seiner Rückkehr nach London enthielt , außerdem die Ankündigung, dass ihm zu Ehren ein Abendessen gegeben werden sollte und dass er eine Ausstellung veranstalten wolle. Außerdem wurden Charles' Ansichten zu vielen Themen ausführlich dargelegt und er hatte den Vorschlag gemacht, ein Komitee von Künstlern zu bilden, das die Erneuerung Londons überwachen und der Amerikanisierung entgegenwirken sollte , die die Stadt bedrohte.

Clara eilte zum Hotel zurück und fand Charles in einem Zustand großer Aufregung vor, im Gespräch mit einem dünnen, schwächlichen kleinen Mann, den er als Mr. Clott vorstellte – seinen Sekretär.

„Es hat begonnen, Kind", sagte Charles. „Haben Sie die Papiere gesehen? Heutzutage geht es schnell... Heute Abend werde ich sehr beschäftigt sein.'

„Aber du darfst nichts ohne mich tun", protestierte Clara. „Du hast versprochen, dass du es nicht tun würdest. Du wirst sicher eine Sauerei anrichten.'

„Clott", sagte Charles großartig, „bitte senden Sie eine Kopie des Briefes, den ich diktiert habe, an die Pressevereinigung."

„Sofort", antwortete Mr. Clott mit der Schnelligkeit eines Mannes in einem neuen Job und stürzte aus dem Zimmer.

„Er ist ein Narr", sagte Clara wütend, „ein vollkommener Narr."

„ Natürlich ist er das", antwortete Charles, „sonst wäre er kein Sekretär." Er hat zugesagt, dass wir bis zum Ende dieser Woche in einem komfortabel eingerichteten Haus sein werden.

„Aber wer soll das bezahlen?"

„Es gibt jede Menge Geld auf der Welt", sagte Charles, der so selbstzufrieden war, dass Clara es nicht übers Herz brachte, das Argument weiter zu verfolgen. „London", fuhr er fort, „ist ein großartiger Plauschklub. Im Moment haben sie nicht viel zu besprechen, also werden sie über mich reden."

Für einen Moment hatte Clara das Gefühl, dass er für sie ebenso äußerlich geworden war wie die Menschen auf den Straßen des Königreichs, das er erobern wollte, aber sie erinnerte sich, dass er, wann immer er bei der Arbeit war , immer von ihr abgelenkt war und völlig in das vertieft war, was er tat , nur um wie ein Riese erfrischt zurückzukehren, um wieder in ihre Welt einzutreten und sie noch schöner zu machen als zuvor. Er war jetzt in Gedanken versunken, und sie dachte mit einem seltsamen Anflug von Besorgnis an die Frauen mit ihren trüben, misstrauischen Augen, und ohne den Zusammenhang zwischen dem, was sie dachte und dem, was sie sagte, zu erkennen , unterbrach sie seine Versunkenheit mit:

„Carlo, Liebling, ich muss dich heiraten.“

Er drehte sich um, als wäre er gestochen worden, und fragte:

„Guter Gott, warum?“

Und wieder war ihre Antwort seltsam und kam aus einer entfernten Ecke ihres Wesens:

„London ist anders.“

Charles Mann war einer jener sensiblen Menschen, die dem Willen eines anderen sofort nachgeben, wenn dieser klar und zielgerichtet ist. Und als in diesem Mädchen, das er so gesammelt hatte wie Trinker, Katzen, Hunde und andere hilflose Geschöpfe, ein solcher Wille pulsierte , gehorchte er ihm ohne Widerrede, auch wenn er wie heißes Eisen durch seine Seele schnitt. Er, dessen Glaube an sich selbst zerstreut und zerstreut war, hatte in sie ein Vertrauen, das so fest war wie das eines Kindes, das ohne Murren eine Tracht Prügel von seinem Vater hinnimmt.

„Mein liebes Mädchen –“, murmelte er.

„Du weißt, dass du es tun musst“, sagte sie bestimmt.

Er sah unbehaglich aus. Sein großes Gesicht war plötzlich aschfahl und gelb, und eine gewisse Schwäche schlich sich in seine normalerweise festen Lippen und Nasenlöcher. Die Augen des Mädchens strahlten ihn an, suchten ihn und gaben ihm das Gefühl, durchsichtig und so unbehaglich zu sein, dass er nichts anderes tun konnte, als zu gehorchen, um seine eigene akute Not zu lindern.

'Ja natürlich.'

„Willst du nicht?“

'Ja natürlich.'

„Es macht für uns in uns selbst keinen Unterschied.“

'NEIN. Natürlich nicht.'

Was er sagen wollte, war: „Du hältst mich fest.“ Ich bin es nicht gewohnt, festgenagelt zu werden. Noch nie hat mich jemand festgehalten.'

Aber er konnte es nicht sagen. Er konnte nur zustimmen, dass es eine gute Sache wäre, wenn sie heiraten würden, denn London sei anders.

„Sofort?“, fragte er.

„Sofort“, sagte sie.

Er klingelte, fragte nach Mr. Clott, und als dieser erschien, befahl er ihm, unverzüglich eine Sondergenehmigung zu besorgen. Mr. Clott machte eine Notiz in seinem kleinen roten Buch, klemmte sich den Bleistift hinters Ohr und trabte davon, sein schmaler Rücken vor Freude versteift. Er, ein Gentleman des Automobilclubs, für den es kein Leben außerhalb des engen Kreises gab, dessen Mittelpunkt Piccadilly Circus war, hatte sich wegen der jungen Dame, die so offensichtlich weder verheiratet noch käuflich war, ein mulmiges Gefühl gemacht, und es war eine Erleichterung für ihn, dass sie die Frau seines neuen Arbeitgebers werden sollte, obwohl er Angst vor ihr hatte und in ihrer Gegenwart bis ins Mark zusammenschrumpfte .

II

Die Bewohner des Zauberlandes

' *Ça marche* ", sagte Charles Mann einige Wochen später zu seiner Frau.

Sein Programm wurde reifer. Er hatte die Veröffentlichung von zwei Büchern, die Organisation einer Ausstellung, die Bildung eines Komitees und die Abhaltung von Vorträgen in Provinzzentren organisiert und er war beleidigt, als ihm angeboten wurde, in einer bevorstehenden Aufführung von *König Lear im Imperium Theatre* mitzuspielen . Er hatte vergessen, dass er einmal Schauspieler gewesen war, und wollte nicht daran erinnert werden. Er war empört, als der Manager des Imperium das Angebot als Werbetext verwendete.

„Der Kerl ist eifersüchtig auf die Aufmerksamkeit, die ich in der Presse erhalte, und möchte einen Teil davon auf sich selbst lenken."

„Du solltest zu ihm gehen", schlug Clara vor.

„Es ist sein Platz, mich zu besuchen."

'NEIN. Geh und sieh ihn dir an.'

'Bist du ok?'

'Ich bin immer.'

„Clott, notieren Sie diesen Brief an Sir Henry Butcher, Imperium Theatre, SW ... „Sehr geehrter Sir Henry, als ich neulich Ihr freundliches Angebot ablehnte, war meine Ablehnung ebenso privat wie Ihr Vorschlag. Ich kann nur zu dem Schluss kommen, dass es sich um einen Fehler handelte wurde getroffen, und ich würde gerne eine Einigung mit Ihnen erzielen, bevor ich der Presse einen Erklärungsbrief schreibe ...""

„Du hältst zu viel von der Presse, Carlo."

„Nur jetzt, Liebling... Später muss die Presse zu mir kommen."

Clara sah zweifelhaft aus.

„Du gehst zu schnell", sagte sie. „Ich gewöhne mich jetzt immer mehr an London und habe Angst davor. Es ist einfach eine große Maschine, und es gibt keine Kontrolle darüber. Es gibt Zeiten, in denen ich dich davon abhalten möchte.'

„Du hast mir keine Ruhe gegeben, bis wir hierher kamen."

'Ja. Aber ich wollte nicht ganz oben anfangen. Ich wollte vorbeikommen und so leben, wie wir in Paris lebten.'

'Unmöglich. „Was in Paris Freiheit ist, ist in London Armut."

„Aber Sie verbringen Ihre ganze Zeit damit, Papiere zu schreiben und in Ausschüssen zu sitzen. Du machst keine Arbeit.'

„Ich habe zehn Jahre im Exil gearbeitet. Damit kann ich noch mindestens ein Jahr weitermachen."

„Also gut. Aber hören Sie nicht auf, an sich selbst zu glauben."

„Das könnte ich nie tun."

„Ich glaube, es würde Ihnen sehr leicht fallen, zu glauben, was in den Zeitungen über Sie steht."

„Du bist zu jung, meine Liebe. Du siehst die Dinge zu klar."

Mr. Clott für sie gefunden hatte , einem äußerst respektablen Haus in einer untadeligen Nachbarschaft : einem alten Haus, das aus den Slums geborgen worden war und von einer Firma, die für Geschmack sorgte, neu verkleidet, neu getäfelt , gestrichen, tapeziert und dekoriert wurde sowie Möbel. Charles hasste es, aber Clara, die durch ihren Großvater Komfort kannte und schätzte, war begeistert davon und machte es mit ein paar geschickten Handgriffen in jedem Zimmer zu ihrem eigenen. Es tat ihr weh, dass Charles es hasste, weil es eine gute und anständige Atmosphäre hatte und der Witwe eines berühmten Schriftstellers gehörte, der, fasziniert von dem bemerkenswerten Paar, ein- oder zweimal vorbeigekommen war und Clara zu sich nach Hause eingeladen hatte , wo das im Ausland aufgewachsene Mädchen zum ersten Mal das Muffins- und Teeelement des Londoner Lebens kennenlernte, das sein Bestes und Charakteristischstes ist. Es kam ihr so vor, als würde sich Charles nie so mit seinem Heimatland versöhnen, wie sie es sich wünschte, wenn er das nicht akzeptieren würde. Bei den Muffins und dem Tee in einem gemütlichen Salon herrschte eine Gelassenheit, die für sie schon immer das Erkennungszeichen der Engländer im Ausland gewesen war. Es war die Figur ihres Großvaters gewesen, und sie wollte, dass es die von Charles war. Es lag bis zu einem gewissen Grad an seinem Charakter durch seine Kunst, aber sie wollte, dass es auch durch greifbarere Dinge zum Ausdruck kam. So wie sie es wollte, so wollte sie es, und ihr Wille war ein unpersönliches Ding, das in seiner Bewegung ihr ganzes Wesen mit sich zog und das auf andere nicht mehr Rücksicht nahm als auf sich selbst. Sie konnte keinen Grund erkennen, warum ein Künstler nicht mit dem Besten im gewöhnlichen Leben gewöhnlicher Menschen in Berührung kommen sollte; Tatsächlich konnte sie sich nicht vorstellen, aus welcher anderen Quelle er seinen Lebensunterhalt beziehen könnte ...

Freunde und Bekannte hatten sich schnell angesammelt. Der Erfolg kam so schnell, dass er schon fast lächerlich und kaum noch erstrebenswert war, und die Leute nahmen alles, was Charles sagte, auf eine unerträgliche Weise wörtlich. Sie verstand, was er meinte, aber sehr oft musste sie feststellen, dass seine Äußerungen in Begriffe von Geld, Politik oder kommerziellem Theater übersetzt wurden, wo sie einfach nur Unsinn waren. Er verwandelte sich von ihrem Charles in einen monströsen Londoner Charles, einen großen Künstler, dessen Größe wichtiger war als seine Kunst.

Dies beunruhigte sie zum ersten Mal anlässlich des Abendessens, das der liebe, entzückende Kerl für sich selbst veranstaltete und das er dann mit kindlicher Unschuld als eine ihm zu Ehren geschehene Tat hinnahm - das erste deutliche Anzeichen für die Spaltung seiner Persönlichkeit, die für sie und so viele andere verhängnisvolle Folgen haben sollte.

Es waren dreihundert Gäste da. Den Vorsitz übernahm Professor Laverock, ein angesehener Vertreter der modernen Malerei, und er erklärte, Mann stehe in seiner Vision Blake, in seiner Technik Forain und in seinem klaren Idealismus Shelley in nichts nach. Vertreter des intellektuellen Theaters der Zeit waren anwesend und sprachen, aber das Theater des Erfolgs war nicht vertreten. Es waren Kritiker, Literaten, Journalisten beiderlei Geschlechts, Idealisten beiderlei Geschlechts, Emporkömmlinge , Karrieristen, alle, die jemals öffentlich für das Theater als Vehikel der Kunst plädiert hatten. Professor Laverock erklärte, es sei Manns Mission, das Theater für den Musiker, den Dichter und den Maler zu öffnen und, wenn er seine geheime Hoffnung ausdrücken darf, es für den Schauspieler zu verschließen. Es wurden viele Reden gehalten, aber Clara saß während all dieser Reden da und starrte geradeaus und fragte sich, ob auch nur eine einzige Person im Raum wirklich verstand, was Charles wollte und was er meinte. Ob sie es taten oder nicht, Charles war ihnen keine große Hilfe, denn als Antwort auf den Toast auf seine Gesundheit stand er auf, strahlte die Truppe jungenhaft an und sagte: „Ich bin so glücklich, wieder hier zu sein. Vielen Dank. Das Theater braucht Liebe. Ich grüße Sie von mir."

Er setzte sich so plötzlich, dass Clara nach Luft schnappte und für ein oder zwei Sekunden erschrak, weil sie dachte, er sei krank geworden. Aber als sie sich zu seinem Platz umdrehte, plauderte er fröhlich mit seinem Nachbarn und schien sich keiner Auslassung bewusst zu sein. Sie hörte einen Mann in ihrer Nähe sagen: „Ich hatte gehofft, er würde indiskret sein", und sie spürte mit tiefer Enttäuschung, dass dies nur ein Abendessen war, nur eine Unterhaltung unter vielen Abendessen und Unterhaltungen, und sie schämte sich.

Charles hingegen war entzückt. „So nette Leute", sagte er auf dem Heimweg, „so wunderbare Leute und was für ein gutes Abendessen!"

„Geh weg. Ich hasse dich. Du bist furchtbar", rief Clara und wich ihm aus.

„ Was ist denn *nun* los?", fragte er völlig verblüfft.

„Du bist so leicht zufriedenzustellen", antwortete sie. „Die Leute müssen nur nett zu dir sein und du denkst, die ganze Welt sei der Himmel."

„ Genau so ist es auch mit dir, Huhn."

„Oh! Sei nicht so erfreut! Sei nicht so erfreut! Verlier doch manchmal die Geduld mit mir! Ich bin kein Kind mehr."

„Aber es *waren* nette Leute."

„Das waren sie nicht. Es waren schreckliche Menschen. Sie waren nur dort, weil sie dachten, Sie *könnten* Erfolg haben, und dann gäbe es für sie alle Arbeit."

„Man durchschaut die Menschen so sehr, dass man vergisst, dass es sich überhaupt um Menschen handelt."

„Das kommt davon, wenn ich mit dir lebe. Ich muss durch dich hindurchsehen, um zu erkennen , dass du ein Mensch bist ..."

'Oh! Ich *bin* also ein Mensch?'

„Nur für mich... Du spiegelst alle anderen wider."

„Mehr sind sie nicht wert."

'Sie sind. Jeder ist. „Wenn du nur du selbst für sie wärst, wären sie sie selbst."

'Oh!'

Sie hatte ihn, wie so oft, zur Selbstverwirklichung und Selbstkritik gebracht, ein Prozess, der so schmerzhaft war, dass er, sich selbst überlassen, ihn gänzlich vermied ... Er ging launisch weiter. Sie überquerten den St. James's Park. Auf der Brücke blieb er stehen, schaute ins Wasser und sagte düster.

„Manchmal denke ich, meine Seele sei so ruhig und still und seicht wie dieses Wasser und dass Sie, wie alle anderen, in mir nur Ihr eigenes Spiegelbild gesehen haben ... Deshalb mag ich den Trost der Ruhelosigkeit und der Veränderung. Alles, um die Stille zu durchbrechen."

„Das könnte man nicht sagen, wenn es wahr wäre", sagte sie.

'NEIN. Ich vermute nicht", und mit einem seiner erstaunlichen Stimmungsschwankungen nahm er ihren Arm und begann von dem Tag zu erzählen, als er sie zum ersten Mal in Picquarts Atelier getroffen hatte, wo alle bis auf die beiden fröhlich und lebhaft waren , so dass er sprach mit ihr, und es schien, als hätte sie schon immer geredet und hatte keine Ahnung, dass sie jemals damit aufhören würde. Und dann erzählte er ihr, dass es besser sei, mit ihr zu schweigen, als überhaupt mit ihr zu reden, und wie alle möglichen Ideen in ihm, die er zu schüchtern gewesen war, um in der Einsamkeit oder mit anderen zum Vorschein zu kommen, ihretwegen wie Musiknoten hervorgesprudelt seien.

„Ich habe fast vergessen", sagte er, „wie es ist, verliebt zu sein." Dies war das am weitesten davon entfernte Ende der Liebe, etwas völlig Neues, so neu, dass es völlig außerhalb des Lebens lag. Ich musste mich wieder hineintasten.'

„Ich mochte Sie", sagte sie, „weil Sie Engländer waren."

„Hast du das?" Er war verwirrt. „Ich dachte, das wäre genau das, was ich nicht bin."

Keiner konnte sehr lange wütend sein, und keiner konnte erbittert sein. Der Zauber, in dem sie lebten, verschwand manchmal für eine Weile, wenn sie litten, und er sagte sich, dass er zu alt für das Mädchen sei oder dass er nicht der Typ Mann sei, der mit einer Frau zusammenleben könne, oder so etwas Sie verführte ihn von seiner Arbeit, während sie einfach taub da saß, bis der Zauber wieder kam. Ohne sie gab es Momente, in denen er mit seinen Massen an Papieren und Mr. Clott und seinem pingeligen Beharren darauf, ein großer Künstler zu sein, einfach lächerlich wirkte ... Es war ihr eine große Freude, ihn plötzlich wieder auf physische Dinge wie Essen zurückzubringen und Kleidung und für ihn zu sorgen. Manchmal vergaß er alles außer Essen und Kleidung, und dann lebte sie in der Angst, dass er es bleiben und die Fähigkeit zur Abstraktion und Konzentration völlig verlieren würde, die ihn so einzigartig und kraftvoll machte und dem Mann, den sie am tiefsten kannte, so nahe stand Es wäre, wenn nur eine Macht, ein Ereignis, sogar ein Unfall ihn dazu bringen könnte, es zu erkennen und ihn aus seiner Gefangenschaft und fast der Einbettung in seine eigenen Gedanken zu befreien.

Ihr Wille konzentrierte sich erneut auf ihn und sie sagte sich: „Ich kann es schaffen." Ich kann es schaffen. Ich weiß, dass ich es kann, und das werde ich auch tun.' Und wenn sie in diesen wilden Leidenschaften steckte, erinnerte sie sich an ihren Großvater, den freundlichen alten Bibliophilen, der sie ängstlich ansah und sagte:

„Meine Liebe, wenn du etwas willst, schau dich einfach um und schau, ob du nicht noch ein oder zwei andere Dinge willst."

Aber sie hatte nie verstanden, was er meinte, und sie hatte sich nie umdrehen können, denn es gab immer eine Sache, die sie wollte, und wenn sie es wollte , konnte sie nicht anders und musste alles opfern, Freunde, Besitztümer, sogar die Liebe. Und mit der Zeit wurde ihr klar , dass sie nicht so sehr Charles begehrte, sondern eine verborgene Eigenschaft in ihm. Das Objekt ihrer Begierde wurde vereinfacht, ihr Wille nur noch fester, ja sogar starrer.

Sie analysierte ihn schonungslos; seinen kindlichen Mangel an Selbstkritik, seine Gelassenheit, seine unersättliche Eitelkeit, seine fast absichtliche Ausbeutung seines persönlichen Charmes, all diese Dinge schob sie beiseite und ignorierte sie. Dann kam sie auf seine Gedanken und war verblüfft, weil sie so wenig über seine Vergangenheit wusste. Hinter seinen Gedanken lag das, was sie leidenschaftlich interessierte, aber zwischen ihr und ihm tanzten unzählige Charleses , die alle ihre Aufmerksamkeit forderten und ihr alle befahlen, ihren Blick von diesem einen Charles Mann abzuwenden, nach dem sie sich mit etwas von der Verehrung sehnte, die religiöse Frauen für ihren Erlöser empfinden .

Er war ungemein freundlich zu ihr, fast bedrückend freundlich. Er konnte nie anders zu irgendeinem Lebewesen sein – im persönlichen Kontakt, aber ohne ihn war er nachlässig, gleichgültig, vergesslich, obwohl es ihr, wenn sie ihn wiedersah, so vorkam, als wäre er nie weg gewesen. Sie galten als charmantes und sehr ergebenes Paar, und ihr häusliches Glück verhalf ihm zu seinem Erfolg.

Viel Gerede in den Zeitungen, viele Komitees – aber Clara hatte das Gefühl, dass nur ein zweiter Charles geschaffen wurde, der zwischen ihr und ihrem Wunsch hin und her tanzen sollte. Das war zu weit von dem entfernt, was sie wollte, und sie konnte nicht erkennen, wie es dorthin führen könnte; es wurde insgesamt zu viel geredet. Was er sagte, war sehr gut, aber es versammelte nur eine ziemlich schlaffe Gruppe von Leuten um ihn – und was ihn am meisten ärgerte, war, dass ihm das und ihnen gefiel … „So nette Leute.“

„Das ist ja alles schön und gut“, sagte Clara, „aber wir geben weit mehr aus, als Sie möglicherweise verdienen könnten.“

„Es gibt reiche Männer, die daran interessiert sind“, sagte Charles.

„Aber solange Sie kein Geld verdienen, geben sie Ihnen keins.“

Der harte Menschenverstand war ihm immer zu viel, und er zog sich verwirrt und ziemlich gequält von der Diskussion zurück.

Weil sie schön war , zog sie viele Männer an, viele Schmeichler, aber als sie ihre Anmut durchschauten, stießen sie auf den harten Granit ihres Willens und waren verblüfft, unangenehm beunruhigt und pflegten, sie zu verlassen, wobei sie dem glückseligen Charles wütende Blicke zuwarfen, der sich der Kritik derer, denen er sich näherte, erhaben nicht bewusst war. Er akzeptierte sie, wie sie waren oder zu sein schienen, und erwartete dasselbe von ihnen. Er war zu beschäftigt, zu eifrig, um Fragen zu stellen oder nach verborgenen Motiven bei denen zu suchen, die ihn unterstützten, und dass er etwas verbarg oder etwas zu verbergen hatte, kam ihm nie in den Sinn! Er hatte andere Dinge im Kopf, immer neue Dinge, neue Pläne, neue Intrigen, und er interessierte sich im Grunde nicht für sich selbst. Ein bezauberndes Gesicht, eine schöne Wolke am Himmel, der Duft einer Blume, ein Glas guten Weins konnten ihm eine solche Freude bereiten, dass er über die Welt strahlte und alles gut fand. Es war immer eine Kleinigkeit, die ihn wie eine singende Lerche aufsteigen ließ, immer eine Kleinigkeit, die ihn aus den Tiefen der Depression heben konnte. Große Emotionen schien er nicht zu brauchen, obwohl die konzentrierten Emotionen, mit denen er sich in seine Arbeit stürzte, enorm waren. Glücklich ist das Volk, das keine Geschichte hat. Soweit er wusste, hatte Charles keine Geschichte. Er wurde jeden Morgen neu geboren und konnte nicht begreifen , dass die Welt sich von Tag zu Tag weiterdrehte …

Nie war das Leben so süß gewesen, nie war er so erfolgreich gewesen, nie hatte er so viel Geld gehabt, nie war er so vorzüglich versorgt worden, nie hatten ihm so viele Türen offen gestanden, nie hatte man so nette Dinge über ihn gesagt! Er ging singend zu Bett und erwachte singend am Morgen, aber in ihrem Herzen war Clara besorgt und misstrauisch gegenüber London, am misstrauischsten gegenüber den Künstlern und Literaten, die das Haus bevölkerten und sich zum aufwendigen Abendessen versammelten, das Charles jeden Sonntagabend zu geben bestand. Sie waren zu anklagend, zu distanziert, zu stolz auf ihre Distanziertheit und redeten zu viel. Sie fand, Charles sei zu gut für sie und sagte das auch.

„Die Kunst ist eine Bruderschaft", sagte er großartig, „und der gemeinste der Brüder ist mir ebenbürtig."

„Das ist kein Grund, warum Sie mit ihnen vertraut sein sollten. Du verbilligst dich. Außerdem ist es Zeitverschwendung ... Viele Leute tun nie etwas, und – ich mag es nicht.

„Ho! ho! Bist du in Aufruhr, Huhn?'

„Ich möchte nicht, dass du verschwendest, was du hast." „Es lohnt sich nicht , Geld für Leute auszugeben, die nichts für einen tun können."

„Ich möchte nicht, dass jemand etwas für *mich tut* . " Es ist für die Kunst.'

„Aber das verstehen sie nicht." Sie glauben, dass durch dich alle möglichen wunderbaren Dinge geschehen werden.'

„ Das sind sie.... War es bis jetzt nicht wunderbar?"

'Für uns. Ja.'

„War die Ausstellung nicht ein großer Erfolg?"

'Ja.'

'Sehr gut, dann.'

„Aber Sie haben nur die Arbeit verkauft, die Sie in den letzten zehn Jahren geleistet haben. Es kommt auf die Arbeit an, die Sie jetzt leisten. Was arbeitest du?'

„Viel – viel. Herr Clott verschickt täglich nicht weniger als vierzig Briefe. Und ich habe gerade einige wunderschöne Designs für *Volpone erfunden* .'

„Wird es geschehen?"

„Das wird der Fall sein, wenn sie meine Entwürfe sehen."

Clara biss sich auf die Lippe. Genau das hatte sie mit ihrer Reise nach London zu erreichen gehofft. In Paris hatte er wunderbare Entwürfe gemacht. Künstler waren gekommen, um sie sich anzusehen, und dann hatte man sie in einer Mappe aufbewahrt.

„Was ich will", sagte er, „ist ein Gönner, jemand , der, nachdem er sein Geld mit Seife, Pillen oder Margarine verdient hat, durch Kunst Wiedergutmachung leisten möchte ... Michael Angelo hatte einen Gönner, und das sollte ich auch tun." Ich habe eins, damit ich für mein Theater tun kann, was er für die Sixtinische Kapelle getan hat.

„Sie haben die Sixtinische Kapelle nicht für ihn gebaut."

„Nein... N-o", murmelte er.

„Sehen Sie nicht, dass die Dinge *jetzt anders sind* , Charles?" Heutzutage muss alles bezahlt werden, und es gibt keine großartigen öffentlichen Arbeiten für Künstler. Michael Angelo war auch Ingenieur ... Ohne einen Architekten könnte man doch kein Theater entwerfen, oder?'

„Warum sollte ich das tun, wenn es Architekten gibt, die das machen?" Er begann wütend zu werden.

„Wenn du könntest, könntest du auch deine eigenen Theorien umsetzen ... Die Leute wollen mehr als nur Zeichnungen auf Papier ..."

„Du redest, als hätte ich nichts getan."

„Es war zu einfach... Wertschätzung ist für die Art von Menschen, die hierher kommen, so einfach." Es kostet nichts und sie bekommen dafür ein gutes Geschäft."

„Mach dir keine Sorgen um mich, Mädchen. „Ich bin viel praktischer veranlagt, als Sie vermuten."

„Ich will es nur wissen", sagte sie und stand auf, um den Raum zu verlassen, „denn wenn du nicht zur Arbeit gehst, muss ich."

„Mein liebstes Kind“, rief er, „sei nicht so ungeduldig.“ Es ist nur eine Frage der Zeit. Mein Buch ist noch nicht erschienen. Wir veranlassen jetzt die Bewertungen. Wenn das erledigt ist, kommt der Stein erst richtig ins Rollen.“

„Um ganz offen zu sein“, erwiderte Clara. „Ich hasse es, wenn alles auf dem Papier steht. Ich werde Schauspiel lernen und auf die Bühne gehen, um herauszufinden, wie das Theater ist … Ich weiß nicht, wie ich Ihnen sonst helfen kann, und wenn ich Ihnen nicht helfen kann , muss ich Sie verlassen.“

Dagegen protestierte er lautstark, so laut und so heftig, dass sie loslegte und ihm mit funkelnden Augen erklärte, sie wolle ihre eigene Karriere machen, und ob diese zu seiner passe, hänge ganz von ihm selbst ab.

„Ich werde nicht zulassen, dass Sie umkommen“, rief sie, „das werde ich nicht. Das ist schon zu lange so gegangen, dieses Niederschreiben auf Papier und das Zeichnen von Entwürfen auf Papier, und jetzt, mit all diesen Kolumnen über Sie in den Zeitungen, sehen Sie aus, als ob Sie in Papier erstickt wären. Sie könnten genauso gut Politiker oder Abenteurer sein – Sie haben keine Leidenschaft.“

„Ich! Keine Leidenschaft!“

'Auf Papier. Die Welt ist mit Papier erstickt, und London ist davon erstickt. Das hat mir mein Großvater erzählt. Er verbrachte sein Leben damit, zu reisen und alte Bücher zu lesen – auf der Flucht davor. Ich werde nicht davor weglaufen, und ich werde nicht zulassen, dass du davon erstickt wirst –“

„Wie lange schwelt das schon in dir?“

„Seit dem ersten Tag, an dem Sie interviewt wurden … Wir leben überhaupt nicht unser eigenes Leben, sondern das Leben, das uns von dieser lächerlichen Maschinerie diktiert wird, die zehnmal am Tag Papiere produziert. War--'

„Sehr gut“, sagte Charles unterwürfig. 'Was soll ich tun?'

„Ich möchte, dass Sie Ihren Termin mit Sir Henry Butcher einhalten.“

Er machte ein langes Gesicht.

„Ich weiß, Sie werden es hassen“, fügte sie hinzu, „aber es gibt ja das Theater, und Sie müssen das Beste daraus machen. Ich vermute, Michelangelo mochte die Sixtinische Kapelle nicht besonders.“

Drittes Kapitel

IMPERIUM

Sir Henry Butcher saß in seinem Allerheiligsten, zog seine aggressive Knollennase und las reumütig den Bericht seines Managers über die Geschäfte der letzten Woche zu seiner neuen Produktion, einer spektakulären Version von *Ivanhoe*, in der er als Isaac von York auftrat.

„Keine Wirkung", murmelte er. „Keine Wirkung." Und um sich zu trösten, nahm er ein kleines rosa Päckchen mit Zeitungsausschnitten und las sie durch … „Wunderbare Anzeigen! Wunderbare Anzeigen! Es sind diese verdammten Varietés und Kinos, die den Geschmack der Leute verderben. Und doch ist das Publikum treu, wunderbar treu. Muss am Stück liegen. Ich wünschte, ich hätte das Buch gelesen, bevor ich dem alten Kinslake seine dreihundert gegeben habe. Er sagte mir, jeder hätte es gelesen …"

Sir Henry war ein Mann von sechzig Jahren, gut erhalten und mit der weichen, kindlichen Qualität, die Fettfarbe der Haut verleiht. Er hatte einen riesigen Kopf, große dunkle Augen, schlau und humorvoll, in denen, während seine oberflächlichen, skurrilen Gedanken durch sein Gehirn huschten, Unfug aufblitzte. Er war von Porträts umgeben, die ihn bei seinen verschiedenen Erfolgen zeigten, und über seinem Kopf hing eine Büste von ihm selbst in der Figur Napoleons. Hin und wieder, wenn er sich daran erinnerte, presste er die Lippen zusammen und presste das Kinn an die Brust, aber er konnte nicht einmal sich selbst täuschen, geschweige denn irgendjemanden anderen, und sein Gesichtsausdruck war immer der eines ausdruckslosen Babys, das auf wundersame Weise mit einem ausgestattet wurde Wissen um das Unheil der Welt.

Sein Zimmer war luxuriös, aber dunkel, da es nur durch ein Oberlicht erhellt wurde. Die Wände waren mit mattgoldenem Lincrusta verkleidet, und daran hingen Porträts des Eigentümers des Imperiums und eine Reihe von Zeichnungen für die berühmten Imperium-Plakate, die viele Jahre lang die düsteren Straßen Londons und seine sich immer weiter ausdehnenden Außenbezirke erhellt hatten. Sir Henrys schelmische Augen huschten von Zeichnung zu Zeichnung, und seine Zunge fuhr über seine dicken Lippen, als er noch einmal den Geschmack seines Erfolgs kostete – mehr als zwanzig Jahre ununterbrochenen Erfolgs. Er dachte an die überfüllten Häuser, die brillanten Audienzen, die er versammelt hatte, die fröhlichen Reden, die er gehalten hatte, die Bankette, die er nach so vielen Uraufführungen veranstaltet hatte – und dann dachte er an *Ivanhoe*, einen Fehler. Schlimmer als ein Fehler, ein strategischer Schnitzer, denn nun war die Zeit gekommen, in der sich sein größter Ehrgeiz erfüllen sollte: das Imperium inoffiziell als Nationaltheater anzuerkennen, damit es nach seinem Ruhestand für die

Nation gekauft werden und seine Leistung unsterblich machen könnte ... Macready, Irving, alle aus der großen Familie waren untergegangen und waren nur noch Namen, während Henry Butcher als Schöpfer des Theaters in Erinnerung bleiben würde, des Volkstheaters, des Nationaltheaters ... Dann erinnerte er sich an einen besonders köstlichen Wein, den er in diesem Raum beim Abendessen getrunken hatte, nach der Probe mit der brillanten Frau, die ihn durch seine frühe Karriere gesteuert und ihn immer wieder vor dem Unglück bewahrt hatte – Teresa Chesney. Ach! es gab niemanden mehr wie sie, niemanden. Schauspielerinnen waren jetzt Damen, sie gehörten nicht zum Theater ... Es gab niemanden mehr, mit dem eine Flasche alter Rotwein so himmlisch schmeckte ... Sie hätte ihn nie *Ivanhoe inszenieren lassen* . Sie hätte ihm das Buch vorgelesen. Sie stand immer zwischen ihm und diesen Idioten im Club.

Er ging zum Tantalus auf seiner Anrichte, schenkte sich Brandy und Limonade ein und trank auf Teresas Andenken und dann auf das Porträt seiner Frau, die so wunderbar geschickt darin gewesen war, die Vorderseite des Hauses mit Herzögen, Herzoginnen, und Berühmtheiten, aber es brauchte Teresas Macht hinter den Kulissen.

Es war sehr beunruhigend, dass nicht alle Qualitäten in einer Frau zu finden waren, und eine spöttische Litanei ging Sir Henry durch den Kopf: „Eine für die Vorderseite des Hauses, eine für die Rückseite, eine für Absätze, eine für Poster, aber ein Mann." für das Geschäft.'

Er lehnte sich in seinem Stuhl zurück und zerbrach sich den Kopf darüber, wie er *Ivanhoe* von einem katastrophalen Fehlschlag in einen scheinbaren Erfolg verwandeln könnte, aber ihm fiel keine Idee ein. Er streckte seine langen Beine aus, streichelte seinen runden Bauch und sagte :

„Wenn ich meine Nase rot anmale und mir zwei große Augenbrauen zulege, werden sie lachen und vielleicht verschwindet es. Ich muss ein Stück aufführen, in dem ich durch den Kamin gehe ...“

Das Telefon neben ihm klingelte.

„Ja. Ich bin furchtbar beschäftigt, furchtbar ... Also gut. Ich rufe an, sobald ich ihn sprechen kann.“

Er legte den Hörer auf, streckte noch einmal die Beine aus und nahm seine Gedanken wieder auf.

„Vielleicht statte ich Amerika einen Besuch ab. Sie schicken ständig Leute hierher.“ Doch die Erinnerung an die beleidigende Kritik, die er bei seinem letzten Besuch am Broadway gehört hatte, schmerzte.

„Teresa hat mir gesagt, was ich tun soll. Jemand hat mir gesagt, Scott sei das Zweitbeste nach Shakespeare. Na ja!“

Er legte die Hand auf den Klingelknopf an der Armlehne seines Stuhls, und wenige Augenblicke später führte seine Sekretärin Mr. Charles Mann herein. Sir Henry stand auf, richtete sich zu seiner vollen Größe auf, musste aber trotzdem zu seinem Besucher aufblicken.

„Wie geht es dir? Ich erinnere mich an dich als Junge, und ich erinnere mich an deinen Vater. Ich erinnere mich sogar an seinen Vater in Drury Lane ... Schade, dass Sie mit der Tradition gebrochen haben. Das Publikum ist stolz auf die alten Theaterfamilien ... Es tut mir leid, dass Sie die Rolle, die ich Ihnen angeboten habe, nicht angenommen haben. Ich habe Ihr Foto in der Zeitung gesehen und Ihr Gesicht war genau das Richtige, und außerdem wäre Ihre Rückkehr auf die Bühne interessant gewesen.

Charles wurde wütend und warf seine Mappe und seinen großen schwarzen Hut auf den Tisch.

„Ich habe dir meine Entwürfe für *Volpone mitgebracht* .“

'Wofür?'

„ *Volpone* – eine Komödie von Ben Jonson.“

„Oh, Ben Jonson!“

Sir Henry war deprimiert. Er hatte zuvor Leute getroffen, die mit ihm über die alten Dramatiker gesprochen hatten.

Charles öffnete sein Portfolio.

„Das sind Entwürfe, die ich gerade fertiggestellt habe.“ Sie sehen, klassisch, wie Bens Geist.'

„Es sieht immens hoch aus“, sagte Sir Henry mit funkelnden Augen.

„Das“, antwortete Charles, „ist es, was ich will, damit die Figuren winzig wirken.“

„Ich müsste mein Proszenium ändern“, kicherte Sir Henry, und Charles, der das Lachen vermisste, fuhr eifrig fort:

„Ich möchte, dass es von Puppen gespielt wird.“

Sir Henry drehte die Zeichnungen um und spielte mit dem Geld in seiner Tasche.

„Du hast meinen *König Lear nie gesehen* , oder?“

„Ich habe Bilder davon gesehen. Zu realistisch. Ein Besuch in Stonehenge hätte denselben Zweck erfüllt. Dann müsste man einen Sturm erzeugen, der den Sturm in *Lear übertönt* .‘

Sir Henry erinnerte sich an seine Rolle und brachte eine gewaltige Stimme aus seinem Bauch hervor und brüllte:

„Wüte, sprenge und ertränke die Türme." Dann ließ er seine Stimme in seinem Bauch grollen und klopfte mit dem Fuß wie der Basstrompeter einer Straßenkapelle.

„Hervorragend", rief Charles.

'Meine Stimme?' fragte Sir Henry, jetzt sehr zufrieden mit sich.

„Meine Zeichnungen", antwortete Charles und rieb mit dem Daumen über eine Linie, die ihn besonders erfreute.

„O Himmel!" Sir Henry schenkte den Zeichnungen keine weitere Beachtung und sagte gedehnt: „Ein wunderbares Ding, das Theater." Da ist Leben drin – Leben! Ich verlasse es nur ungern. „Sie waren noch nie in meinem Zimmer?"

„Ich habe einmal zwei Stunden unten gewartet, um Sie zu bitten, mir eine Rolle zu geben. Sie haben mich nicht gesehen und ich habe die Schauspielerei aufgegeben.

„Oh! Und jetzt, wo ich Ihnen eine Rolle anbiete, lehnen Sie sie ab –"

„Jetzt ist alles ganz anders ... Ich wurde in London herzlich empfangen."

„Was halten Sie von einem Nationaltheater?"

„Jede Nation, jede Stadt sollte ihr Theater haben."

„Mein Theater ist das beste in London."

Volpone nicht machen ? Es ist eine der besten Komödien, die je geschrieben wurden."

„Ich habe nie gehört, dass das gemacht wird."

Charles warf seine Zeichnungen zurück in seine Mappe, schnappte sich seinen Hut, drückte ihn sich auf den Kopf und hatte die Tür erreicht, als Sir Henry ihn zurückrief.

„Was sagen Sie zu *The Tempest* ?"

„Es braucht keine Kulisse."

„Oh, komm! Das Schiff, der gelbe Sand. Prosperos Höhle – überall Bilder – und das Maskenspiel ... Ich möchte in Kürze ‚*Der Sturm*' *aufführen* und wäre froh über deine Hilfe."

„Ich erwarte von Ihnen, dass Sie meine Zeichnungen kaufen und mir zehntausend Pfund zahlen."

Sir Henry ignorierte das. Er kannte seinen Mann vom Ruf her. Zehntausend Pfund bedeuteten ihm nicht mehr als ein Schilling und sechs Pence. Er erwähnte lediglich die ersten Zahlen, die ihm in den Sinn kamen. Sir Henry fuhr fort:

„Ich möchte, *dass Der Sturm* meine erste Herbstinszenierung wird. Ich stelle Ihnen mein Theater zur Verfügung... Um ganz offen zu sein, das war der Grund, warum ich Ihnen diese Rolle angeboten habe. Das Theater will etwas Neues. Das russische Ballett hat die Leute verärgert. Sie erwarten etwas Überraschendes... Der arme alte Smithson, der zwanzig Jahre lang meine Bühnenbilder gemalt hat, ist entsetzt, wenn ich so etwas vorschlage."

„Wenn ich *Der Sturm* für Sie aufführe , treten Sie dann meinem Komitee bei?"

„Äh – ich – äh – Sie müssen mir Zeit geben, darüber nachzudenken. „Sie wissen, dass wir Manager aneinander denken müssen."

Charles wünschte sich, er wäre nicht gekommen. Die Andeutung mysteriöser Einflüsse hinter Sir Henry beunruhigte ihn, und zu Hause war die wütende Energie in Clara, die ihn in die Arme dieser riesigen Theatermaschine drängte, die seinen *Volpone verwarf* und von ihm verlangte, etwas zu tun, wozu er nicht die geringste Neigung hatte. Doch sein Vertrauen in sie war so bedingungslos, sein Leben war so wunderbar gewesen, seit sie in sein Leben getreten war, dass er die Genauigkeit ihrer Vorhersage der Sinnlosigkeit seines Vorgehens durch Künstler und Literaten akzeptierte, die sich von seinem Ruhm ernähren und ihn vergrößern würden, um noch mehr zu verschlingen ... Er beschloss dann, vorerst nichts mehr über sein Komitee zu sagen, Sir Henrys Angebot anzunehmen und so schnell wie möglich aus dem stickigen Raum mit seinen schrecklichen Zeichnungen und seiner Atmosphäre, in der sich ein schickes Restaurant und ein Börsenmaklerbüro vermischten, zu fliehen. Er hatte sich seit seiner Schulzeit in der Gegenwart seines Schulleiters nicht mehr so unwohl gefühlt, und dennoch genoss er einen europäischen Ruf, während Sir Henry außerhalb der angelsächsischen Welt kaum bekannt war.

Der große Schauspieler geleitete den großen Künstler herablassend die mit dickem Teppich ausgelegten Stufen hinunter zu einer Privattür, die in den ersten Rang führte. Das Theater war dunkel. Die Sitze waren mit weißen Laken bedeckt, und Sir Henry sah sich um und seufzte:

„Ach, kalt, kalt, ein Theater wird schnell kalt. Aber es besitzt einen. Die Kunst ist einer Frau sehr ähnlich. Sie gibt ihren Schatz nur der reinsten Leidenschaft preis."

„Kunst hat nichts mit Frauen zu tun", brüllte Charles, und da Sir Henry nur eine Floskel gesagt hatte, war er nicht beleidigt. Charles schüttelte die große, fette Hand, die man ihm hinhielt, und stürzte auf die Straße … Ach! Es war schön, wieder in der Luft zu sein, in den Himmel zu blicken und die Passanten ihren Geschäften nachgehen zu sehen. Im Theater herrschte eine Stille, die ihn an Sir Henry in seinem Zimmer denken ließ, eher wie an einen großen, blassen Fisch, der in einem Becken in einem dunklen Aquarium umherschwimmt … Nach seinen Jahren der Freiheit in reizenden Ländern, wo die Menschen keine Eile hatten und wochenlang auf bezaubernde Weise nichts Besonderes tun konnten, entsetzte und erschütterte ihn die Gefangenschaft einer so bedeutenden und mächtigen Person … So etwas hatte er bei seinem letzten Aufenthalt in London nicht erlebt, und wieder war er von der verwirrten Wut besessen, die ihn ergriffen hatte, als er bei seiner Ankunft den wiederaufgebauten Bahnhof sah. Er war so lange weg von allem gewesen, und doch war er mittendrin, und er schauderte vor der zunehmenden Gefangenschaft in London, sehnte sich aber dennoch danach, ein Teil davon gewesen zu sein... Es war fast verwirrend eine neue Stadt. Während seiner Abwesenheit hatte der gewaltige Wandel von Pferde- zu Benzinfahrzeugen stattgefunden, und ein neuer Baustil war eingeführt worden. Die Luft war sauberer, ebenso die Straßen. Die Schaufenster waren größer. Überall gab es mehr Prunk, mehr Farbe , mehr und schnellere Bewegung, und doch herrschte im Theater diese tödliche Stille.

Er betrat ein prächtiges Geschäft, in dem alle Blumen eher wie kleine Mädchen aussahen, die für eine Party herausgeputzt waren, und ließ einige Rosen für Clara schicken, für die er eine gewisse Verantwortung zu spüren begann. Es tröstete ihn, das zu tun. Irgendwie durchbrach es die Stille, die ihn befallen hatte, und schockierte ihn zutiefst, so anders war es als das Theater, in dem er geboren und aufgewachsen war, das ziemlich alberne, sehr sentimentale Theater, das von einfachen, gutherzigen Vagabunden bewohnt wurde, die von der Welt der Moral und Religion isoliert waren, aber dennoch leidenschaftlich stolz auf ihren Beruf waren und ihn über Moral und Religion stellten. Aber dieses Theater, prächtig in diesem neuen, prächtigen London, war leer und still. So viel von dem Theater, das ihm lieb gewesen war, war verschwunden, und er trauerte darum und beklagte sich auch über seine eigene Torheit, denn er wurde plötzlich mit der Tatsache konfrontiert, dass das Theater, das er so leichtherzig umzuwerfen vorhatte, das Theater des Schauspielers, verschwunden war. Während er es angriff, schlug er in die Luft. Er musste sich mit einem neuen Feind auseinandersetzen.

Als er aus dem St. James's Park in die Victoria Street kam, sprach ihn eine Frau an. Er sah sie an, erkannte sie nicht und wollte weitergehen, denn er war anspruchsvoll und interessierte sich nicht für zufällige Frauen. Sie war eine kleine Frau, sehr aufgeweckt und ziemlich ärmlich gekleidet. Sie war jung, aber ihre Lippen waren bereits zu einer Härte vereitelter Hoffnung und

Leidenschaft erstarrt, und ihre Augen glühten mit jenem außergewöhnlichen Glanz, der eiskaltes Mitleid hervorruft.

„Ich habe gesehen, dass Sie wieder in den Zeitungen waren", sagte sie. „Schade, dass Sie sich nicht verstecken können."

Charles starrte sie an, starrte und starrte, suchte nach einer Ausrede, um so zu tun, als kenne er sie nicht, blieb aber wie angewurzelt stehen.

„Sie sind nicht mehr so jung wie früher", fuhr sie fort. „In den Zeitungen wird viel über Sie geredet, aber ich kenne Sie. Es ist alles nur Gerede."

„Meine gute Frau", sagte er, „ist das alles, was Sie zu sagen haben?"

„Es hält", sagte sie, drehte sich abrupt um und verließ ihn. Sie spürte, dass alle Kraft aus seinen Beinen gewichen war, alles Gefühl aus seinen Eingeweiden, und dass nur ein ekelerregendes Mitleid zurückblieb, das eine Erinnerung nach der anderen an schreckliche Gefühle in ihm hochbrachte, ohne dass er sie körperlich hätte festhalten können, sodass er ihnen ausgeliefert war. Schließlich begannen körperliche Erinnerungen aufzutauchen, ziemlich lächerlich, Theaterunterkünfte, Provinztheater, die Arkaden in Birmingham. Und ein blauer Strohhut, den er ihr vor langer Zeit gekauft hatte; und schließlich ihr Name. Kitty Messenger und ihre Mutter, eine goldhaarige Schauspielerin mit einer Zunge wie eine Dreschflegel in einer Stimmung, wie der honigsuchende Rüssel einer Biene in einer anderen.

Für diesen Fisch werde ich ‚Der Sturm‘ machen müssen ."

Der Gedanke an das Geld gab ihm seine Gelassenheit zurück. Wunderbares Geld, das so viele Übel überdecken kann: Geld, das bedeutet, dass irgendwo Arbeit geleistet wird – Arbeit, der einzige Trost im menschlichen Elend. Aber Charles hatte keine Ahnung von der Beziehung zwischen Arbeit und Geld, oder dass er, indem er große Mengen davon ausgab, mehr für seine eigenen Zwecke verwendete, als ihm gerechterweise zusteht, und dass er mehr vom Komfort der Menschheit opferte, als ihm zustand. Er hatte so viel zu geben, wenn die Menschheit nur nehmen – und dafür bezahlen würde. Was er zu geben hatte, war unbezahlbar, weshalb er keine Skrupel hatte, seinen Preis hoch anzusetzen … Aus *The Tempest* würde grenzenloser Reichtum fließen. Er redete sich das schnell ein, und als er sein möbliertes Haus erreichte, hatte er seinen Wecker verstummt und den Ekel und den Hass auf die Vergangenheit, die das Treffen mit Kitty Messenger in ihm geweckt hatte, beschwichtigt … Unter dem Einfluss seines potenziellen Reichtums war die Vision so rosig geworden, dass er Clara ohne Skrupel begegnete und sogar vergaß, dass Sir Henry wie ein Fisch in einem Aquarium war.

‚Der Herbststurm‘ bekomme ich das ganze Theater ."

„Ich habe dir gesagt, dass ich Recht habe", sagte sie.

„Gesegnet seist du, Kind", rief er. „Das bist du immer, immer. Und jetzt gehen wir aus und trinken Champagner – Auf die Gesundheit Seiner Majestät mit einem Fall – lal – la."

Er war wie ein rebellischer Junge, und Clara mochte diese Stimmung an ihm nicht, weil er einen ziemlich rauhen und schwerfälligen Humor hatte , freche und ziemlich dumme Witze riss, unersättlich aß und wie ein Fuhrmann trank.

Sie gingen in ein äußerst elegantes Restaurant, wo ihr Eintritt für Aufsehen sorgte und von einem Ende zum anderen im Raum geflüstert wurde, wer er war. Und das Mädchen bei ihm? Die Leute zuckten mit den Schultern ... Claras Augen leuchteten, und sie blickte von Tisch zu Tisch auf die schlanken, gepflegten Männer und die auffälligen Frauen mit ihrem bunten Haarschmuck, den nackten, gepuderten Schultern und den wunderschönen Kleidern. Sie schaute von Angesicht zu Angesicht und suchte eifrig nach – sie wusste nicht was; Macht vielleicht, eine Macht, die ihre kostspielige Eleganz rechtfertigen sollte. Das tat so weh, wie eine Lüge ihr wehtat, denn als sie von Mensch zu Mensch blickte, konnte sie die Individualität unter der Uniform nicht erraten, und sie war noch jung genug, um das zu wünschen ... Während sie hinschaute, Charles aß und trank kräftig und, das muss man zugeben, auch laut. Es gab keine Unterdrückung der Individualität bei Charles. Es strömte in ihm über. Er war in dieses Restaurant gegangen, um sich zu amüsieren; nicht, weil es ein Ort war, der von erfolgreichen Menschen frequentiert wurde ... Claras Blick kehrte zu ihm zurück. Ja, sie zog ihren Charles allen anderen vor, wenn er nur erkennen würde , dass sie an andere Dinge als an sich selbst dachte.

Von einem Tisch in der Nähe kam ein sehr gut aussehender Mann und tippte Charles auf die Schulter.

„Sie sind eindeutig, alter Junge", sagte er. „Ich bin gerade aus Amerika zurückgekommen. Dort hält man viel von Ihnen, seit Sie London erobert haben."

„Sie kennen meine Frau noch nicht", sagte Charles mit vollem Mund. „Was für ein herrlicher Ort das ist! Chicken, das ist Freeland Moore. Wir waren früher mit dem Alten zusammen."

„Ich war bei ihm, als er starb", sagte Freeland, „er starb im Geschirr. Es gibt heute niemanden mehr wie ihn."

„Wer?", fragte Clara, und augenblicklich kam ihr sogar die Erinnerung an eine große Persönlichkeit in den Sinn.

„Henry Irving. Er war ein Prinz und hat die königliche Familie in England am Leben erhalten. Das scheint schon lange her zu sein. Kommen Sie nicht rüber und trinken Sie mit uns Kaffee, wenn Sie fertig sind? Ich bin mit Miss

Julia Wainwright zusammen; sie ist mit uns im Imperium. Aber nicht mehr lange, fürchte ich. Es ist ein Reinfall."

„Ah!", sagte Charles, als ihm Sir Henrys deprimierter Blick durch das Theater in Erinnerung blieb und er sich selbst dabei sah, dem Imperium Glanz und Erfolg zurückzugeben.

Nach dem Abendessen gingen sie zu Mr. Moores Tisch, und Clara schüttelte Miss Wainwright die Hand und wurde warm für das große, großzügige Geschöpf mit ihrem ausgedehnten Busen, ihrer hängenden Figur, ihrem getönten Gesicht und Haar und den lächerlich langen, weichen Augen. In Miss Wainwright war Platz für ein Dutzend Claras. Sie blickte sentimental und voller Verwunderung, die sich in Wellen über ihr großes Gesicht ausbreitete, auf den Ehering des Mädchens und sagte:

„Freut mich, dich kennenzulernen, Kind. Ich habe Freeland gebeten, rüber zu kommen und dich abzuholen … Du bist doch nicht auf der Bühne, oder?'

„Nein", antwortete Clara, „aber das werde ich tun."

„Es ist nicht das, was es war", fuhr Miss Wainwright fort und nippte an ihrer *Crème de Menthe* . Die Wainwrights waren schon immer in ihrem Beruf tätig, aber ich schicke meinen Jungen auf eine öffentliche Schule … Du bist doch kein Engländer, oder?'

„Oh ja", antwortete Clara, „aber ich habe immer mit meinem Großvater im Ausland in Italien, Deutschland und Frankreich gelebt." „Mein Vater und meine Mutter sind in Indien gestorben, aber ich wurde in London geboren."

„Wenn Sie sich fortbewegen wollen", sagte Miss Wainwright, „gibt es nichts Besseres als den Beruf." Ich war in Australien, Ceylon, Südafrika, Amerika, aber nie in Kanada. Ich bin gerade mit Freeland aus Amerika zurückgekommen, und wir haben das Erste genommen, was uns über den Weg lief – *Ivanhoe* . Es ist eine schöne Show, aber das Stück ist nicht gut … Warum kommen Sie nicht vorbei und sehen es sich an? „Freeland, rufen Sie Mr. Gillies an, um eine Kiste für Mrs. Mann bereitzuhalten ."

Freeland gehorchte und betrat den Boden des Restaurants, als wäre es eine Bühne.

„Ich nehme an, es tut Ihnen nicht leid, dass Sie die Schauspielerei aufgegeben haben, Charles", sagte Miss Wainwright mit ihrer überaus offenen Freundlichkeit. Sie strahlte Charme aus und umgab Charles und Clara damit, sodass Clara fast zum ersten Mal das Gefühl hatte, dass sie sich wirklich mit ihrem großartigen Mann identifizierte. Diejenigen, die am Schrein seiner Größe huldigten, betrachteten sie immer als eine Ergänzung und ihre Höflichkeit ließ sie abschrecken, aber Miss Wainwright ließ die Größe beiseite und kümmerte sich entzückend nur um das, was sie als auffälliges und sehr glückliches Paar ansah.

Charles, der damit beschäftigt war, eine Orange zu essen, antwortete nur mit einer Grimasse.

„Ich weiß nicht, wie du es gemacht hast... Ich konnte es nicht." „Einmal ein Spieler, immer ein Spieler – Geld hin oder her, und da ist viel mehr Geld drin als früher."

Freeland Moore kam zurück und verkündete, dass eine Loge reserviert worden sei. Dann sagte er Miss Wainwright, dass es Zeit sei zu gehen und half ihr in ihren Schal aus Schwanenfedern und Samt ...

„Ich werde vorbeikommen und Sie besuchen, wenn ich darf", sagte Miss Wainwright mit einer blähenden Verbeugung, setzte alle Segel und entfernte sich mit einem prachtvollen Sehnen von der Tafel. Sie nahm den Beifall ihres Publikums und der anderen Gäste auf und schritt stolzierend hinaus.

„Puff! Puff! Puff!", sagte Charles und schüttelte seine Mähne zurück. „Puff! Der Gestank von grüner Farbe."

„Ich bin sicher, sie ist die netteste Frau der Welt."

„Das sind sie alle", knurrte Charles, „sie triefen vor Freundlichkeit oder brennen vor Eifersucht ... Die Theaterfrau ! – Das ist eine moderne Unanständigkeit."

„Und nehmen wir an, ich würde einer."

„Das konntest du nicht."

„Aber ich werde es tun."

„Das würdest du nie eine Woche lang aushalten, meine Liebe. Ich würde ... ich würde ..."

'Was würden Sie tun?'

„Ich würde es verbieten."

„Dann würde ich nicht bei dir bleiben.... Das weißt du."

Charles wusste das. Er hatte schmerzlich erfahren, dass sie zwar einen gewissen Respekt vor seiner Meinung hatte, aber keinen Respekt vor seiner Autorität.

Er trank noch mehr Kaffee, Liköre, Obst und eine Zigarre, gab dem Kellner ein Trinkgeld, das ihn dazu veranlasste, den Mantel des edlen Gastes zu holen, und sie riefen ein Taxi und fuhren die paar hundert Meter zum Imperium, wo er knurrte, grunzte: murmelte, fuhr sich mit den Händen durchs Haar, und sie saß mit festgeklebten Augen auf der Bühne und zog die Brauen zusammen, als ihr die langweilige, ungebildete Version von Scotts Roman vorgeführt wurde, die jeder dramatischen Qualität beraubt war … In einem Zwischendurch fragte Charles sie, was sie davon halte.

„Es ist der Tod“, sagte sie. „Es ist nichts als Geld.“

„Geld“, wiederholte Charles. „Geld … wessen Geld? …“ Und plötzlich fühlte er wieder dieses wunderbare Gefühl des Vertrauens. Mit seinem *Sturm sollte alles Geld an diesem Ort Schönheit bewahren und alles Hässliche, jeder hässliche Gedanke verschwinden. Er berührte Claras Haar und* erkannte zum ersten Mal, etwas zu seiner Bestürzung, dass sie mehr war als ein lustiges und entzückendes Kind und dass er sie geheiratet hatte.

Er blickte von der Loge ins Parkett und fragte sich, ob sich hinter den weißen Hemden und den nackten Brüsten auch Sorgen und unbehagliche Gefühle verbargen und ob jeder von ihnen Probleme hatte, die in der Vergangenheit lauerten und ihnen in der Zukunft vielleicht zuvorkommen würden … Dann lachte er über sich selbst. Was auch immer geschah, sein Ruhm wuchs, und er blieb Charles Mann.

IV

HINTER DEN KULISSEN

Miss Julia Wainwright mochte sentimental und eifersüchtig sein, aber sie war klug und verstand intuitiv die Beziehung zwischen Charles und Clara. Zunächst weigerte sie sich zu glauben, dass die beiden verheiratet waren, da Charles in diesen Angelegenheiten notorisch nachlässig war, aber als sie mit der Tatsache konfrontiert wurde, warnte ihr warmes Herz sie vor einer Tragödie und sie nahm es auf sich, Clara über die mysteriösen Schwierigkeiten des Ehelebens zu informieren, insbesondere für zwei sensible Menschen.

„Charles will eine dumme Frau und Sie wollen einen dummen Mann", sagte sie.

Clara wollte das natürlich nicht glauben und meinte, dass Charles mit einer dummen Frau in einem Atelier verrotten und immer unverständlicher werden würde.

„Dann machen Sie sich nichts daraus", sagte Miss Wainwright. „Ich führe Sie herum. Wenn Sie für das Theater geschaffen sind, kann Sie nichts davon abhalten. Das Einzige, was ich gegen Sie habe, ist, dass Sie eine Dame sind."

„Ist das gegen mich?", fragte Clara ein wenig erstaunt.

„Nun", antwortete Miss Wainwright, „wir sind anders."

Und tatsächlich entdeckte Clara sehr bald, dass Schauspieler und Schauspielerinnen sich von anderen Menschen unterschieden, weil sie nichts verbargen. Ihre Persönlichkeiten waren ganz offen und käuflich. Sie hielten sich nichts vor. So wie sie waren, waren sie für das Theater und hatten keinen anderen Zweck, als sich auf einen Schlag von Theater zu Theater, von Stadt zu Stadt, von Land zu Land bewegen zu lassen. Sie waren erfrischend in ihrer offenen Einfachheit, verglichen mit der das Leben mit Charles in seiner Komplexität bedrückend war.

Als sie die beiden betrachtete, war Clara eine Zeit lang hin- und hergerissen und zögerte, den Sprung zu wagen, und doch wusste sie, dass dies die Welt war, zu der Charles gehörte, diese Welt der heftigen Kontraste, des lebhaften Lichts und der schattigen Dunkelheit, der Malerei Illusion und die pulsierende Realität des Publikums, von müßigen Tagen und fieberhaften Nächten. Sein Geist war davon durchnässt, und seine Seele, bis auf den dunklen Teil von ihr, der sich an Blumen und an ihrer eigenen Jugend erfreute, hungerte danach, und doch schien es, als müsste sie ihn dazu zwingen ... Wenn nur er hatte etwas mehr Willen, etwas mehr Intelligenz.

Oft ertappte sie sich dabei, ihn als ‚armen Charles' zu bezeichnen, und dann biss sie die Zähne zusammen, schüttelte ihr Haar zurück und schwor, dass niemand sie jemals als ‚arme Clara' bezeichnen sollte. ... Das Leben war so einfach gewesen, als sie gemeinsam von Atelier zu Atelier gezogen waren, aber jetzt, da sie sich dem Leben und diesem riesigen London gestellt hatten, drohte es mächtig schwierig zu werden ...

Ivanhoe schleppte sich sechs Wochen lang dahin und brach dann zusammen, und ein altes erfolgreiches Melodram wurde wiederbelebt, um das Imperium über die frühen Sommermonate zu tragen. In dieser Produktion spielte Clara als Protegée von Miss Wainwright eine kleine Rolle, in der sie zehn Worte zu sagen hatte ... Sie war völlig unhörbar, obwohl es ihr vorkam, als würde sie jedes Atom Stimme in ihrem schlanken jungen Körper nutzen, aber immer schien ihre Stimme ihren eigenen Kopf zu füllen, bis er sicherlich platzen musste.

„Nerven", sagte Miss Wainwright. „Du wirst deine Technik in Ordnung bringen, und dann wirst du dich selbst nicht mehr sprechen hören, als wenn du in einem Raum redest." Es geht nur darum, sich selbst zu verlieren, und das lernt man unbewusst ... Es wird alles gut, mein Lieber. Es wird schon kommen.'

Clara war fest davon überzeugt, dass alles gut werden würde, obwohl sie wusste, dass dies nicht der Fall sein würde, bis sie ihre Abneigung gegen das Bemalen ihres Gesichts, den Bleistift ihrer Augen und das Tupfen roter Farbe in die Augenwinkel überwunden hatte. Anfangs verabscheute sie dies so sehr, dass ihre Persönlichkeit diese falsche Darstellung ihrer selbst ablehnte und sie hilflos zurückließ. Immer wieder sagte sie sich:

„Ich werde nie Schauspielerin werden." Ich werde nie Schauspielerin werden...' Aber andererseits sagte sie: ‚Das werde ich.'

Es war eine Gewalt, vor so vielen Menschen im grellen Licht zu erscheinen, was sie zutiefst beleidigte, und doch wusste sie, dass es falsch war, beleidigt zu sein, denn die Leute waren nicht gekommen, um sie, Clara Day, anzusehen, sondern um die falsche Projektion anzusehen von Clara Day, die für das Stück benötigt wurde ... Ihr Einwand war moralisch und so stark, dass es sie wirklich krank machte, und es fiel ihr schwer, überhaupt weiterzumachen, aber sie sagte kein Wort zu einer Seele. Sie kämpfte mit zusammengebissenen Zähnen durch, litt Nacht für Nacht unter Qualen, lächelte, als es vorbei war, ging erschöpft nach Hause und fürchtete sich vor dem Morgen, an dem alles wieder ertragen werden musste ...

Sie schaute die anderen immer an und fragte sich, ob sie das Gleiche durchgemacht hatten, aber ihre klaren Augen zeigten deutlich, dass sie fast alle kampflos akzeptiert hatten und sich der falschen Darstellung ihrer selbst ergeben hatten, die das Theater brauchte. Sie kannten das Lampenfieber, aber nicht diesen moralischen Kampf, in dem sie, fest entschlossen, nicht geschlagen zu werden, weiterkämpfte.

Die Proben haben ihr Spaß gemacht. Dann waren die Schauspieler von ihrer besten Seite, und die halberleuchtete Bühne war erfüllt von einer trüben, suggestiven Schönheit, die vollständig verschwand, als der Bühnenmaler, der Rampenlichtmann und der Bühnenschreiner ihre Arbeit getan hatten . Bei der Probe versetzten ihr Worte oft den Schock der Wahrheit, der sie bei der Aufführung durch ihre Banalität nur verwirren würde; Stimmen scheinen aus einer entlegenen Ecke des Lebens zu kommen; Bewegungen würden Würde erlangen; Die Spieler schienen sich tatsächlich in einer verzauberten Welt zu bewegen und zu leben ... Und so taten sie es auch abseits der Bühne.

Miss Wainwright und Mr. Freeland Moore, die so viele Jahre zusammen gespielt hatten, waren ein idyllisches Liebespaar, obwohl er eine Frau in Amerika und sie einen Ehemann hatte, der seines Weges gegangen war. Für sie gab es keine weiteren Stufen der Liebe als diejenigen, die der angloamerikanischen Öffentlichkeit gezeigt werden. Für sie waren nur Romeo und Julia auf dem Ball und keine konkurrierenden Häuser, die sie plagen könnten. Sie lebten in möblierten Wohnungen und bezahlten ihren Lebensunterhalt, unempfindlich gegen jede Verschwörung des Lebens, die sie auf die Erde bringen sollte ... Beide verehrten Clara, beide akzeptierten sie und Charles bald als Liebhaber, die noch vollkommener waren als sie selbst, weil sie jünger waren, und beide waren es wurden nie müde darüber nachzudenken, welche Freundlichkeit sie als Nächstes tun könnten, um ihren Freunden zu helfen.

Und Clara kämpfte weiter. Manchmal hätte sie vor Wut gegen das Theater und diese Menschen schreien können, deren Zauber durch die Opferung ihrer feurigen Essenz gewonnen worden war, so dass sie sanftmütige Beleidigungen vom Regisseur, vom Intendanten, von der Garderobe selbst hinnahmen – Saalpersonal des Theaters, das ihnen das Leben unangenehm machen könnte. Da verstand sie, was Charles vertrieben hatte und warum er so zurückhaltend war, und warum sich sein immenses Talent, das eigentlich im Theater hätte zum Ausdruck kommen sollen, darauf beschränkte, etwas anzufertigen, was letztlich nur Notizen waren Papier. Überzeugt davon, dass sie dabei helfen konnte, ihn aus dem Exil zurückzuholen, kämpfte sie weiter, auch wenn die Anstrengung zunahm, je heftiger sie ihren Willen gegen die mächtige Maschinerie des Theaters antreten musste.

Alle waren freundlich zu ihr, obwohl viele von der leidenschaftlichen Energie, mit der sie ihre Arbeit machte, beunruhigt waren. Sehr oft hatte sie keine Energie mehr für Gespräche und flüchtete sich dann in ein Buch, einen Band von Meredith oder Bernard Shaw, Schopenhauer oder Browning, der

der Dichter ihrer ersten Entdeckung der Welt der Bücher gewesen war. Das schreckte die jungen Männer ab, die zunächst sehr von ihrem Charme eingenommen waren. Sie selbst waren wie alle anderen, vom Geschäftsführer abwärts, zurückhaltend, aber ihr Schweigen ließ sie erschaudern und beunruhigte sie … Außer denen, die sie selbst kaufte, sah sie nie ein Buch im Theater.

Anfangs war sie von Charles' heftigen Beschimpfungen Sir Henry Butchers überwältigt und verabscheute diesen Mann, der ihr wie ein Monster vorkam, das die ganze Lebenskraft der anderen in sich aufnahm und sie dazu benutzte, seinen Egoismus aufzublähen. Er sprach mehrere Wochen lang kein Wort mit ihr, und sie vermied es, ihn zu treffen, wollte nicht mit ihm sprechen, hatte sogar das Gefühl, dass sie ihn vielleicht ein wenig unfair ausnutzte, indem sie sein Theater für ihre Zwecke missbrauchte, und zwang sich, dies zu akzeptieren, um es Charles leichter zu machen, zu dem sie bei den Proben immer mit einer sehr anschaulichen Karikatur von Sir Henry ging.

Bis zu seinem Erscheinen herrschte völlige Trägheit auf der Bühne. Die Schauspieler und Schauspielerinnen hatten immer noch die Stimmung eines Frühstücks im Bett; einige sahen aus, als lebten sie noch vorgestern und hätten alle Hoffnung aufgegeben, den Rest der Welt einzuholen; einige der Männer redeten über Sport; alle Frauen plapperten Skandal; Einige lasen ihre Briefe, andere die Telegramme, mit denen ihre Korrespondenz geführt wurde. In keinem war der geringste Hinweis auf Arbeitsbereitschaft zu erkennen, denn die Gedanken aller waren offensichtlich meilenweit vom Theater entfernt ... Bühnenarbeiter bewegten sich lärmend umher. Sie waren sich zumindest bewusst, ihren Lebensunterhalt zu verdienen. Vom Bühneneingang wurden Nachrichten hereingebracht. Die hinteren Tücher wurden herabgelassen: Der feuerfeste Vorhang senkte sich langsam und versperrte weiterhin die weiten und düsteren Räume des Zuschauerraums, auch eine melancholische grauhaarige Dame, die Witwe des Autors des Melodrams, befand sich in der Probe.

Sir Henry erschien mit einem kahlköpfigen Franzosen mit einem roten Band im Knopfloch, seinem Sekretär mit einem Stenografie-Notizbuch und einem beleibten, stämmigen Juden, der unterwürfig darauf wartete, dass der große Schauspieler weitere Aufmerksamkeit auf ihn lenkte . Sir Henry redete wortreich und lachte schallend. Er war sehr glücklich und strahlte über die Bühne seiner Firma. Die Damen sagten:

„Guten Morgen, Sir Henry."

Die Herren sagten:

'Morgen.'

Sir Henry wandte sich heftig gestikulierend ab und begann auf Französisch, eine humorvolle Geschichte zu erzählen, zu der der Franzose „ *Oui , oui* " und der Jude „ *Oui , oui* " sagten, während Clara, die Französisch ebenso fließend wie Englisch sprechen konnte, verstand kein Wort davon; Aber heute Morgen mochte sie Sir Henry, weil er so glücklich und voller Lebensfreude war.

Sein Geschäft mit dem Juden und dem Franzosen wurde bald zu ihrer Zufriedenheit geregelt. Sie gingen weg und Sir Henry begann, seine Gedanken zu sammeln. Er wandte sich an seine Sekretärin und fragte:

„Wir proben ein Theaterstück, was? All diese Damen und Herren sind nicht umsonst hier, oder? Welches Spiel?'

„ *Der goldene Falke* ."

'Ah! Ja.... Ich habe so viele Stücke geprobt.... Ich denke an meinen großen Herbsterfolg.... Ich kann ihn in der Luft spüren. Ich kann es immer spüren. Ich hatte das Gefühl, dass *Ivanhoe* nicht gut war, aber ich war zu überredet. Mein Instinkt hat immer Recht. „Die Geschäftsleute und die Autoren liegen immer falsch ..."

Er geriet in plötzliche Leidenschaft und brüllte: „Wer zum Teufel hat den Feuerschutz heruntergelassen?" Ich hasse das Ding. Nimm es weg. Wie kann ein Mann einen feuerfesten Vorhang proben? Nimm es weg. Schicken Sie es an den London County Council, der es mir angetan hat. Ich will es nicht.'

Der Bühnenmanager rief einem Mann in den Fliegen zu:

„Feuerfest machen."

„Ich habe es nie im Stich gelassen", kam eine Stimme.

„Wer hat es dann getan?"

Der Bühnenmanager kam zu Clara und drückte einen Knopf. Der schwere feuerfeste Vorhang hob sich langsam und gab den Blick auf die Witwe des Autors frei, die geduldig vor dem dunklen, leeren Theater im Hintergrund saß.

Wer ist diese Dame?' fragte Sir Henry.

„Die Witwe des Autors", antwortete die Sekretärin.

„Ich hatte Angst, es wäre sein Geist", sagte Sir Henry mit seinem schelmischen Lachen. Er ging zu ihr und unterhielt sich ein paar Augenblicke mit ihr über ihren verstorbenen Ehemann, der zu seiner Zeit eine gewisse Persönlichkeit gewesen war und im Verkehr mit französischen Theaterstücken, die für das britische Theater adaptiert wurden, Karriere gemacht hatte.

Ein oder zwei Szenen wurden geprobt, als ein Künstler mit einem Modell für ein Bühnenbild für *Die Schule der Skandale ankam* . Die Gäste versammelten sich um das Modell und bewunderten es, während Sir Henry dasaß und damit spielte und mit einer Taschenlampe verschiedene Lichteffekte ausprobierte.

„Nein", sagte er, „mit elektrischem Licht kann man nicht die Effekte erzielen, die man früher mit Gas erzielen konnte … Geben Sie mir Gas. Das Theater ist nie mehr dasselbe. Dieses elektrische Licht ist kalt. Es bringt das Theater um."

Nachdem der Künstler gegangen war, kam ein Journalist zu einem Interview, das unter der Bedingung gewährt wurde, dass ein Artikel von Sir Henry über britisches Publikum gedruckt würde. Den restlichen Morgen war die Sekretärin damit beschäftigt, sich Notizen für den Artikel zu machen.

Für Clara war es ein sehr schöner Morgen. Ihre eigene Szene wurde nicht erreicht, und sie saß glücklich in einer Ecke am Proszenium und blätterte in ihrem Buch, beobachtete Sir Henrys Possen und schätzte die Geschicklichkeit, mit der er trotz all seiner Abschweifungen die Dinge am Leben hielt und verwaltete um die Arbeit, die er wollte, aus seinem Unternehmen herauszuholen ...

Als sich die Spieler zerstreuten, stand er in der Mitte der Bühne und seufzte schwer. Clara war dafür, sich davonzustehlen, als er auf sie zuging, sie am Arm ergriff und mit seiner tiefen, rollenden Stimme sagte:

„Geh nicht, kleines Mädchen. Geh nicht.'

„Aber ich möchte gehen", antwortete sie. „Und ich bin kein kleines Mädchen. Ich bin eine verheiratete Frau.'

'Ah! „Die Ehe macht uns alle so alt", sagte Sir Henry mit einem galanten Seufzer … „Sie sind das kleine Mädchen, das Bücher liest, nicht wahr? Ich habe von dir gehört. Ich habe ein oder zwei Bücher geschrieben, aber ich habe sie nie gelesen. Ich habe oben in meinem Zimmer ziemlich viele Bücher – die mir die Autoren geschenkt haben ... Kommst du nicht zum Mittagessen? Ich habe das Gefühl, ich könnte mit dir reden.'

Er hatte plötzlich seine Manierismen abgelegt, seine Affektiertheit, an tausend und eine Sache gleichzeitig zu denken, und war eine einfache und sehr charmante Person ohne besonderes Alter, Stellung oder Zeit – einfach ein Mensch, der sich ein wenig wohlfühlen wollte. Er nahm Clara am Arm und führte sie, ohne Rücksicht auf die starrenden Blicke derer, denen sie auf den Korridoren begegneten, in das Zimmer, das Charles mit einem Aquarium verglichen hatte. Dann ließ er sie in dem bequemsten Sessel Platz nehmen, während er einen anderen keinen Meter entfernt bestieg und sie mit seinen außergewöhnlichen Augen anstarrte, die nie einen, sondern immer die Andeutung hunderter verschiedener Ausdrücke hatten.

„Ich liebe mein Zimmer", sagte er, „es ist der einzige Ort, den ich auf der Welt habe. Gefällt es dir nicht?"

„Es ist sehr ruhig", sagte Clara.

Sir Henry läutete eine Glocke und bestellte das Mittagessen: Vol-au-vents, kaltes Hühnchen, Crème Caramel und Champagner.

„Du bist nicht alt genug, um Essen zu verstehen", sagte er. „Das kommt mit dem Anfang der Weisheit."

„Aber ich verstehe Essen sehr gut", protestierte Clara, „mein Großvater wusste alles darüber, was es zu wissen gab."

'Ah! Du bist an alte Männer gewöhnt, oder? Für dich gibt es keine Jungs, oder?'

Mit außerordentlicher Begeisterung holte er ein Fotoalbum hervor und zeigte ihr Porträts von sich in verschiedenen Altersstufen, schlank und romantisch mit zwanzig, beeindruckend byronisch mit vierzig, monumental erfolgreich mit fünfzig – und „heutiger". Er zeigte ihr Porträts seiner Mutter und seines Vaters, seiner Frau, seiner Kinder, Miss Teresa Chesney in ihren Stücken, seiner verschiedenen Hauptdarstellerinnen, seiner Schwestern, die beide edle Lords geheiratet hatten, und einer großen Zahl von Schauspielern und Schauspielerinnen, die in seiner Truppe aufgetreten waren. Von ihnen sprach er mit echtem Wissen und Enthusiasmus. Er liebte die Schauspielerei um ihrer selbst willen und brachte während er sprach, all diese Darsteller so lebhaft vor Claras Augen, dass sie die Gültigkeit seiner Kritik akzeptieren musste: Er wusste oder schien genau zu wissen, was jeder konnte oder nicht konnte, obwohl es schwer zu verstehen war, wie er jemals Zeit gefunden hatte, sie alle zu sehen. Ob er es getan hatte oder nicht, er hatte den Wert ihrer Theaterpersönlichkeiten genau abgewogen, und nur diese und nur diese interessierten ihn. Als Menschen waren sie ihm gleichgültig, obwohl er von ihnen allen mit der im Theater üblichen übertriebenen Zuneigung sprach – „lieber alter Arthur" … „bezaubernde Lily" … „köstliche Irene. Ach! Sie ist eine gute Frau." Er sprach schwärmerisch, und seine Rede erinnerte Clara ein wenig an Liszts Musik, bis das Mittagessen kam, und dann ließ sein gieriger Genuss am Essen sie an gewisse gefräßige Musiker denken, die sie in Deutschland gekannt hatte. Er aß rasch, und seine Augen strahlten sie zufrieden an, so jung, so frisch, so ganz und gar ungewöhnlich und herausfordernd … Sie wollte weder essen noch trinken, so vertieft war sie in diesen seltsamen Mann, der ihr seine Persönlichkeit so überwältigend aufdrängte, bis sie das Gefühl hatte, nur noch ein Teil der Einrichtung des Zimmers zu sein.

Als er mit Essen und Trinken fertig war, zündete er sich eine Zigarre an, lehnte sich in seinem großen Sessel zurück und schloss in der ekstatischen Ausdehnung seines Überflusses die Augen. Nach ein oder zwei Grunzlauten drehte er sich plötzlich um und fragte mit seltsamer Intensität:

„Charles Mann – ist er ein Genie?"

„Natürlich", antwortete Clara.

„Warum redet er dann so viel?"

'Er arbeitet sehr hart.'

'Hm!'

„Sie können nicht von mir erwarten, dass ich über ihn spreche."

„Nein, nein. Ich finde es nur schade, dass er die Schauspielerei aufgegeben hat. Er hat den Kontakt zum Publikum verloren... Ich habe es zwischendurch versucht; ich meine, die Schauspielerei aufzugeben. Das Publikum verliert das Interesse, und keine noch so große Werbung wird es zurückgewinnen."

„Es ist Sache des Künstlers, das Publikum zu beherrschen", sagte Clara und hatte das unangenehme Gefühl, dass sie nur ein Echo war. Es war sehr merkwürdig, dass Worte in diesem Raum die Hälfte ihrer Bedeutung verloren, und sie, die es gewohnt war, allen ihren Worten ihren genauen Wert zu geben, war ziemlich ratlos.

„Kleines Mädchen", sagte Sir Henry, „ich habe das Gefühl, dass du mich verstehst." Das ist selten. Schließlich sind wir Schauspieler Menschen. „In einer Welt, die auf dem Kopf steht, werden wir vom Herzen regiert."

Er holte ein kleines Buch hervor und notierte sich die letzte Beobachtung. Dann beugte er sich seufzend vor und hielt Claras Hände, blickte lange in ihre großen dunklen Augen und sagte:

„Mit solch einer Reinheit könnte man die Engel übertreffen."

Als Antwort starrte Clara ihn an, und er ließ ihre Hände fallen und begann zu summen. 'Oper!' er sagte. „Ich spüre, wie Oper in der Luft liegt; Musik dringt in das Theater ein und erhebt die Seelen der Menschen ... Ah! Das Leben ist nicht lang genug...'

Clara begann, Mitleid mit ihm zu haben, obwohl sie tief in ihrem Herzen wusste, dass es genau das war, was er wollte.

„Sie dürfen nicht böse sein", grollte er in seinem tiefsten Bass, „wenn ich Ihnen sage, dass man Charles Mann den Hals umdrehen sollte."

„Aber – du wirst seinen *Tempest machen* ?"

„Ohne dich, kleines Mädchen, hätte ich ihn nicht in der Nähe des Theaters“, sagte Sir Henry mit plötzlicher Hitze.

„Wie kannst du es wagen, so zu reden?“ Clara war ganz Feuer und Flamme. „Es ist eine Ehre für Sie, überhaupt mit ihm in Verbindung zu stehen.“

Sir Henry lachte.

„Wir kennen unseren Charles“, sagte er. „Wir kannten seinen Vater. Wir sind nicht alle so jung wie Sie.“

Clara verbarg ihre Angst, aber es war, als ob sich plötzlich der Boden auftat und sie verschluckte, als ob das London, das sie in entzückter Aufregung umkreist hatte, sie überwältigt hätte. Und dann spürte sie, dass sie Charles im Stich ließ.

„Ich werde nicht zulassen, dass Sie so reden. Ich werde Charles nicht erlauben, *Der Sturm* überhaupt zu spielen, wenn Sie so reden. Er ist ein großes Genie, und es ist Ihre Pflicht, der Öffentlichkeit seine Arbeit zu zeigen. Es ist beschämend, dass die Leute sein ganzes Leben lang über ihn geredet und ihm nie geholfen haben, seine natürliche Position zu erreichen. Er war ein Exilant, und wenn ich nicht wäre, wäre er es immer noch.“

„Aber für Sie“, wiederholte Sir Henry … „Möchten Sie Miranda spielen?“ Eine perfekte Miranda, aber wo ist Ferdinand?'

Clara war von dieser Aussicht beunruhigt. Sie hatte *Der Sturm* mit ihrem Großvater gelesen und kannte lange Passagen auswendig. Die Schönheit des Stücks lag ihr im Blut, und sie konnte es nicht mit diesem Theater von Sir Henry Butcher in Einklang bringen. Als sie mit ihm mittendrin saß, fühlte sie sich gefangen und als wären all ihre Träume und Ziele ausgelöscht worden. Nie zuvor hatte sie auch nur vermutet, dass ihre Freiheit ausgelöscht werden könnte; nie zuvor hatte sie auch nur annähernd gespürt, dass ihr Wille brechen und sie den Umständen ausgeliefert sein könnte. Sie klammerte sich verzweifelt an ihre Loyalität zu Charles und nahm all ihre Willenskraft zusammen, nur um festzustellen, dass sie ihn nun als Mann betrachten, einschätzen und einschätzen musste … Er und sie waren keine Exilanten mehr, die ungehindert in fremden Ländern umherwanderten, sondern hier in London unter ihren eigenen Leuten, konfrontiert mit ihrer Verantwortung gegenüber der Welt außerhalb ihrer selbst und gegenüber einander. Sie war bereit, diese Verantwortung zu akzeptieren, aber war er das auch?

V

DIE ANDERE FRAU

Clara konnte sich kaum erinnern, jemals zuvor unglücklich gewesen zu sein. Ihr ganzes Leben lang hatte sie genau das getan, was sie tun wollte. Ihr Großvater hatte ihr nie widersprochen: Er hatte ihr immer alle Launen nachgegeben und sie unterstützt, auch wenn sie äußerlich den Anschein erweckte, im Unrecht zu sein. Er pflegte auf seine skurrile Art zu sagen, dass Explosionen niemandem Schaden zufügten ... „Es ist alles falsch", dachte sie, als sie das Heiligtum verließ, und sie war besorgt um Charles, da sie immer noch vor Feindseligkeit zitterte im Schauspieler-Manager. Was war der Anlass dafür? Sie konnte es nicht erraten. Es war für sie unglaublich, dass irgendjemand etwas gegen Charles haben konnte, so freundlich, so fleißig, so einfach in seiner Arbeit und seinem Glauben an sich selbst. Die Leute lachten ihn manchmal nachsichtig aus, aber das war etwas ganz anderes als diese Feindseligkeit, diese kalte, unversöhnliche Verurteilung. Das war ihr ein Rätsel, denn sie war in einer Schule der absoluten Toleranz außer gegenüber dem Vulgären und Unartigen erzogen worden.

Ihre schnelle Auffassungsgabe funktionierte in dieser neuen Situation. Sie ahnte, dass Sir Henry das Eindringen einer so mächtigen Persönlichkeit wie seine eigene und die Einschränkung seiner Gewohnheit, Gönnerschaft auszustrahlen, übel nahm. Sein Theater war immer von seiner eigenen Vitalität beseelt, und er verärgerte offensichtlich die Position, in der er die eines anderen nutzen und diese offen anerkennen musste.

„Er will Charles bevormunden ", dachte Clara und beschloss dann, dass es für Charles ausnahmsweise einmal gut wäre, sich dem zu unterwerfen. Entweder das oder das von ihm gewählte endlose Verfahren im Ausschuss.

Sie beschloss, einen Spaziergang zu machen, um darüber nachzudenken, und als sie Piccadilly entlang in Richtung Green Park ging, wo sie über ihr Problem nachdenken wollte, hatte sie das beunruhigende Gefühl, verfolgt zu werden. Mehrmals drehte sie sich um und blieb stehen, aber sie konnte niemanden sehen, der sie verfolgen könnte. Männer starrten sie an, aber keiner wagte es, eine so zielstrebige junge Frau zu belästigen ... Sie blieb einige Zeit im Green Park und überlegte immer wieder, wie sie Sir Henrys Interesse am besten wecken könnte, ohne seine Feindseligkeit gegenüber Charles zu verstärken, und immer noch war sie sich der Beobachtungen auf ihr bewusst ... Sie ging sehr schnell davon, aber als sie auf die Straße vor dem Buckingham Palace einbog, drehte sie sich um, blieb stehen und wurde von einer kleinen dunklen Frau mit schwelender Wut in den Augen angesprochen.

„Sind Sie Frau Mann?", sagte die Frau.

„Ja", sagte Clara, sofort auf der Hut.

„Ich auch", erwiderte die andere Frau.

„Oh nein!", sagte Clara mit einem Lächeln, das den Kloß in ihrem Herzen kaum verbergen konnte.

„Oh ja", antwortete die andere Frau. „Ich glaube, ich war schon mit ihm verheiratet, bevor du geboren wurdest. Und ich war nicht die Einzige. Er hat das Land verlassen –"

Clara drehte sich auf dem Absatz um und ging weg. Die andere Frau folgte ihr schwer atmend und keuchend Einzelheiten.

„Du furchtbare Frau", rief Clara, die es schließlich nicht mehr ertragen konnte. „Geh weg ..." Und in ihrem Herzen sagte sie:

„Es ist meine Schuld. Ich habe ihn gezwungen, mich zu heiraten."

Die andere Frau blieb ihr jedoch immer noch auf den Fersen und plapperte und keuchte über ihre kleine, schmutzige Tragödie – zwei Kinder, kein Geld, ihre Mutter, die sie versorgen musste.

Clara war betäubt und ihr war so übel, dass sie nicht sprechen konnte. Nur in ihrem Kopf kreiste der Gedanke :

„Es ist meine Schuld... Es ist meine Schuld."

Aber Charles hätte es ihr sagen sollen. Er hätte nicht so willenlos sein und nicht so bereitwillig jedem ihrer Vorschläge nachgeben dürfen.

„Ich muss das sofort klären", sagte sie, winkte ein Taxi heran, packte die andere Frau hinein und fuhr nach Hause. Charles war draußen. Sie bestellte Tee und erzählte rasch die ganze Geschichte – die Unterkunft in Birmingham, die Intrige, das Ultimatum, Charles' katastrophalen Zusammenbruch und seine Untätigkeit, Jahre der Armut in London, wo er von Studio zu Studio, von Unterkunft zu Unterkunft gezogen war: seine Flucht – mit einer anderen Frau: ihre Kämpfe, ihr gegenwärtiges Leben von der Hand in den Mund am Rande des Musicaltheaters.

„Ich hätte nicht gesprochen", sagte Kitty, „wenn du nicht so jung gewesen wärst."

„Ich hätte denken sollen, dass das ein Grund zum Schweigen wäre", antwortete Clara, die jetzt vor Entsetzen fast erstarrt war.

„Früher oder später würden Sie es bestimmt erfahren."

Charles kam herein, gefolgt von Mr. Clott. Er war in bester Stimmung und rief :

„Liebling, Lord Verschoyle ist interessiert.“

Ihm fiel die Kinnlade herunter, als er Kitty dort beim Tee sah. Sein Zwicker fiel ihm von der Nase und er stand ein paar Sekunden da und zog an seiner Krawatte. Dann gab er Herrn Clott den Auftrag, aufzutreten, und stand da und blickte mit Entsetzen, Abscheu und Abscheu auf die unglückliche Kitty ... Es war Clara, die als erste ihre Stimme fand:

„Ich ... ich habe sie hierher gebracht, Charles“, sagte sie. „Ich dachte, es würde uns allen Ärger ersparen.“

In einem vor Wut eiskalten Ton sagte er:

„Wenn du ruhig gehst, werde ich dir schreiben.“ Bitte hinterlassen Sie Ihre Adresse und ich werde Ihnen schreiben.'

Kitty hoffte einen Moment lang, dass er mit Clara redete, aber seine Wut konzentrierte sich so offensichtlich auf sie, dass sie sich schließlich erhob und sanftmütig sagte:

„Ja, Charles.“

„Sie finden einen Schreibblock neben dem Telefon im Flur. Bitte hinterlassen Sie dort Ihre Adresse.'

„Ja, Charles.“

Damit verließ sie den Raum. Charles und Clara waren zu viel für sie. Ihr ganzes Gift verfloss in einem dünnen Strahl der Angst, als sie die wachsende Wut in den beiden spürte. Gleichzeitig empfand sie eine gewisse Freude darüber, dass sie einen Sturm verursacht hatte, der ihre eigenen Kräfte bei weitem überstieg.

„Du hast es mir nicht gesagt “, sagte Clara, als Kitty gegangen war.

„Ehrlich gesagt, ich hatte es vergessen.“

'Vergessene! Du hast mir nicht gesagt. Sie mussten nicht in dieses Haus kommen, um sich zu erinnern.'

'NEIN.'

„Was meinst du dann? Du hattest es vergessen?'

„Ehrlich gesagt, habe ich nie daran gedacht, bis ich sie eines Tages auf der Straße traf.“

„Weiß es jeder?“

„Ja. Ich verheimliche diese Dinge nicht.“

„Du hast es vor mir verheimlicht, vor mir, vor mir...“

„Ja. Daran habe ich nie gedacht. Sie ist schon vor Jahren aus meinem Leben verschwunden."

„Sind viele Frauen aus Ihrem Leben verschwunden?"

Er wurde rot.

„Ziemlich viele... Ich wollte es nie verheimlichen. Wirklich nicht. Ich habe es nur nicht erwähnt... Du warst so glücklich, Feigling; ich auch. Ich war noch nie glücklich – nicht so."

„Sie kann uns ruinieren... Wissen Sie das? Sie braucht nur zum nächsten Polizisten zu gehen und uns zu ruinieren. Wissen Sie das?"

„Das wird sie nicht... Das würde sie nie wagen."

„Das würde sie... Ich bin jung. Das ist das Unverzeihliche an einer Frau..."

„Ich verstehe das nicht", sagte Charles und setzte sich plötzlich hin. Und es war ganz offensichtlich, dass er nicht verstand, dass jemand, ob Mann oder Frau, einem anderen absichtlich wehtun konnte.

„Aber Sie *müssen* es verstehen", rief sie. „Sie müssen es verstehen … Sie müssen sich schützen."

'Wie kann ich?'

„Sie ist deine Frau. Du musst ihr geben, was sie will."

„Geld? Oh ja."

„Du Narr", sagte Clara entnervt, „du hast mich geheiratet. Wenn sie sich auch nur rührt, bist du ruiniert. Du landest im Gefängnis."

„Willst du da raus?", fragte er.

„Ich? Nein... Ich möchte dich beschützen... Oh, es ist meine Schuld. Es ist meine Schuld. Ich dachte, ich könnte dir helfen. Ich dachte, ich könnte dir helfen... Ich hätte dir helfen können, wenn du es mir nur gesagt hättest... Du musst es gewusst haben. Du konntest dir nicht vorstellen, dass du nach London zurückkommen könntest und nicht..."

„Aber ich habe es getan", sagte er. „Ich habe nie daran gedacht. Ich denke nie an etwas anderes als an meine Arbeit … Ich werde Clott sagen, dass er sich darum kümmern soll."

Clara ballte die Fäuste, bis sich ihre Nägel in ihre Handflächen bohrten.

„Ich werde dich verlassen müssen", sagte sie schließlich. „Ich werde dich verlassen müssen."

Sie zog ihren Ehering ab

„Vielleicht sollte ich besser gehen", murmelte er schließlich sehr langsam. „Es ist schade. Es lief alles so gut. Lord Verschoyle ist sehr interessiert. Er bekommt zweihunderttausend im Jahr."

Clara lachte ihn aus.

„Er ist bereit, in meinem Ausschuss mitzuwirken."

'Weiß er?'

'NEIN.'

„Aber sehen Sie nicht ein, dass diese Leute es wissen sollten?"

„Nein. Was hat das mit meiner Arbeit zu tun?"

„Für Sie nichts. Für sie alles. Sie können Sie nicht unterstützen, wenn sie wissen —"

„Aber sie wissen es nicht."

„Sie sind in den Händen dieser Frau. Ich auch. Sie können nicht erwarten, dass ich mit ihrer Erlaubnis lebe."

Das war ein neuer Aspekt der Sache für Charles, der nie das Recht einer anderen Person anerkannt hatte, sich in seine Angelegenheiten einzumischen. Es schmerzte ihn schrecklich, als ihm langsam klar wurde, dass die elende Kitty die ganze Macht des Gesetzes hinter sich hatte.

„Oh, guter Gott!", sagte er. „Ich bin ein Verbrecher. Oh, guter Gott! Das ist ernst."

„Ich bin froh, dass Sie es endlich erkennen ", sagte sie.

Er brach in Tränen aus und begann, die ganze lächerliche Geschichte seines Lebens auszuplaudern: seine fortwährende Enttäuschung, seine Angst, an irgendetwas anderes gebunden zu sein als an die Arbeit, bei der er sich so frei und so völlig Herr seiner selbst und seines Schicksals fühlte, seine Freude darüber, in ihr endlich eine wahre Gefährtin gefunden zu haben, die ihm, anders als alle anderen Frauen, erlaubte, mehr zu sein als nur ihr Besitz.

„Ich fürchte", sagte er schließlich, „dass ich Frauen nie verstanden habe."

'Überlass es mir.' Die arme Clara hatte das Gefühl, dass ihr der Kopf platzen würde, wenn sie noch mehr erklären wollte.

Er sah dankbar zu ihr auf und war sofort wieder glücklich.

„Es war meine Schuld", sagte Clara. „Es wäre nicht passiert, wenn ich überhaupt über das Leben nachgedacht hätte. Aber es war so wunderbar, mit Ihnen zusammen zu sein und Ihre Arbeit zum Leben zu erwecken, dass ich nie über den Rest nachgedacht habe ... Ich habe es nie aus der Sicht der Frau betrachtet, wie ich es als Frau hätte tun sollen. ... Ich glaube, der Schock hat mich zu einer Frau gemacht ... Ich glaube nicht, dass irgendetwas dich jemals zu einem Mann machen wird.'

Charles starrte sie an, war aber nicht im Geringsten verletzt. Er wollte nicht unbedingt ein Mann sein, wie man allgemein unter Männlichkeit versteht.

„Ja", sagte er, „Lord Verschoyle ist sehr interessiert und erhält zweihunderttausend pro Jahr."

„Warte einen Moment", antwortete Clara, „ich gehe und schaue, ob sie ihre Adresse hinterlassen hat."

Sie rannte die Treppe hinunter, aber Kitty hatte keine Adresse hinterlassen. Clara dachte darüber nach und kam zu dem Schluss, dass das entweder bedeutete, dass sie Ärger machen wollte, oder dass sie gute Gründe hatte, mit der Adresse zu warten.

Als sie zurückkam, war Charles ihr in seiner Dankbarkeit wie ein Liebhaber, aber sie wies ihn zurück und sagte ihm, er müsse mit seinen Plänen für *Der Sturm weitermachen* und sie würde sehen, was man gegen seine Probleme tun könne. Für den Augenblick, zumindest für eine kurze Zeit, schlug sie vor, ihn zu verlassen und bei Julia Wainwright zu bleiben.

„Vielleicht muss ich es ihr sagen " , sagte sie, „aber ich glaube nicht ... Ich werde nicht zulassen, dass diese Frau dich ruiniert, Charles."

„Ich habe dir viel mehr wehgetan als ihr", sagte er kläglich. „Ich nehme an, dass die Dinge nie mehr so sein werden wie zuvor." Du wirst immer das Gefühl haben, dass ich dir Dinge vorenthalte ..."

'NEIN. Nein. Ich weiß, das ist alles, was zählt. Es ist nur das Gesetz, das irgendwie falsch ist und jedem einen Vorteil verschafft , der gemein genug ist, es anzunehmen. Aber Frauen *sind* gemein.

'Nicht du.'

'NEIN. Ich verstehe dich, Charles, aber ich bin so verletzt. Ich bin so müde, dass ich nicht mehr viel aushalten kann.'

„Ich werde alles tun, was du willst."

„Dann überlassen Sie es mir... Das Wichtigste ist Ihre Arbeit, Charles. Das ist alles, was zählt.'

Das war ganz und gar Charles' Selbstansicht, und da er noch nicht erkennen konnte, wie sich das Eindringen von Kitty auf das tapfere Mädchen auswirkte, das seine Kindlichkeit so kindisch akzeptiert hatte, war er unbeeindruckt und frei von jeglicher Angst ... So weit Seine neue Karriere in London war ein triumphaler Erfolg gewesen, und es schien ihm unglaublich, dass sie durch eine Kleinigkeit wie eine vergessene Frau aufgehalten werden konnte. Er dachte an das Geld, das vom Imperium kommen sollte: Geld bedeutete Macht, Macht bedeutete die Beseitigung aller unangenehmen Hindernisse auf seinem Weg. Er leckte sich die Lippen... England verstand Geld und nichts anderes. Er redete mit England in seiner eigenen Sprache, und wenn er ihre Aufmerksamkeit erregt hatte , sprach er seine eigene ... Die Dinge liefen so prächtig: Ein Mann wie er ließ sich nicht durch Kleinigkeiten aus der Fassung bringen. Er hatte so lange im Exil gearbeitet: Sicherlich würde er seine Belohnung ernten können.

Clara war inzwischen fast aus ihrer Jugend herausgerissen worden. Sie weinte nicht. Es waren keine Tränen in ihren Augen, in denen sich langsam ein wilder Ausdruck leidenschaftlichen Schmerzes sammelte. Die Blüte der Jugend war auf ihren Wangen, auf ihren Lippen, in all ihren noch ungeformten Zügen, aber in ihren Augen war plötzlich das Wissen der Jahre, konzentriert, tyrannisch, und zwischen diesem Wissen und ihrem Willen entbrannte ein unbarmherziger Konflikt, von dem sie nur in einer neuen Fröhlichkeit und Liebe zum Spaß Erleichterung fand.

Es war unmöglich, die Angelegenheit mit Charles weiter zu besprechen, und ohne ein Wort mit ihm zu sprechen, ging sie zu Miss Wainwrights Wohnung. Dieses gute Geschöpf nahm sie wortlos auf, ohne auch nur eine leise Neugier. Die Probleme der Leute waren ihre eigene Angelegenheit, und sie wusste, dass sie mit ihnen allein sein mussten. Sie überließ Clara ihr Schlafzimmer und zog sich so weit wie möglich zurück und hielt Freeland aus dem Weg.

Die Wohnung war luxuriös, aber monströs eingerichtet. Ihre offene, opulente Hässlichkeit war eine Erleichterung für das Mädchen nach der verdünnten Atmosphäre der Ästhetik, in der sie drei Jahre lang mit Charles gelebt hatte, auf den sich all ihre Gedanken noch immer konzentrierten. An sich selbst dachte sie nicht. Es war ihr egal, wie sie genannt wurde: Ehefrau oder Geliebte. Sie war Clara Day und würde es bleiben, was auch immer mit ihr geschah. Sie hatte Charles gezwungen, sie zu heiraten, um ihn zu beschützen und ihm zu helfen, und sie hatte ihn in die Gefahr einer Inhaftierung gebracht... Es war vollkommen wahr; Charles konnte sich nicht selbst schützen, weil er nicht lernen konnte, dass andere nicht so freundlich waren wie er. Er war in die Ehe mit dieser vulgären und gehässigen Frau gedrängt worden. Er konnte nicht darüber sprechen, weil er es so sehr verabscheute... Sie fand Entschuldigungen für ihn, für sich selbst suchte sie keine, und im Hintergrund all ihrer Gedanken stand ihr fester Wille, dass er Erfolg haben sollte. Ja, dachte sie, es war gut, ihn für eine Weile zu verlassen. Sie war zu viel mit ihm zusammen gewesen, ihm zu nahe gewesen.

Es war ein großer Trost, mit Julia und Freeland zusammen zu sein, diesem unwirklichen Romeo und Julia mittleren Alters. Sie waren sehr stolz auf sie und freuten sich, sie bei sich zu haben, nahmen sie überall hin mit, stellten sie all ihren Freunden vor und bestanden darauf, dass sie für die Presse fotografiert wurde, und zu gegebener Zeit erlebte sie den Schock, ihre eigenen Gesichtszüge, fast überlebensgroß, den eilenden Menschenmengen auf den Bahnsteigen präsentiert zu sehen. Sie hieß Clara Day, Sir Henry Butchers jüngste und hübscheste Rekrutin. Von dem schüchternen, fleißigen kleinen Mädchen, das während der Proben nah und, wenn möglich, versteckt saß, wurde sie in der Wertschätzung der Truppe zu einer von ihnen. Es war bekannt, dass sie allein mit Sir Henry zu Mittag gegessen hatte, und die Veröffentlichung ihres Fotos besiegelte ihren jungen Ruf. Angesichts des Interesses des Chefs und ihres Einflusses in der Presse ging man davon aus, dass sie es weit bringen würde. Dass sie Mrs. Charles Mann war, wurde geflüstert, denn anscheinend hatte sie nur nichts von dem Hindernis gewusst.

Sie erfasste die Situation instinktiv. Ihr Verstand schreckte davor zurück. Sie fühlte sich gefangen. Egal in welche Richtung sie sich bewegte, sie würde ihn verletzen ... Sie hätte ruhig im Hintergrund bleiben und ihn seinen eigenen Weg gehen lassen sollen. Indem sie ihn zwang, ins Theater zu gehen, gerieten er und seine Angelegenheiten durch ihren ungestümen Ehrgeiz für ihn ins grelle Licht der Öffentlichkeit.

Bald litt sie unter unerträglichen Qualen. Sie schrieb jeden Tag an Charles und sah ihn gelegentlich, wurde jedoch jeden Augenblick von dem Gedanken gequält, dass ihre bloße Anwesenheit ihm schaden würde und jeden Augenblick einen Angriff der eifersüchtigen Kitty hervorrufen könnte. Andererseits könnte jeden Moment ein Journalist die Geschichte ihrer Ankunft mit Charles in London aufgreifen und die Tatsache ihrer Heirat veröffentlichen ... Sie blieb bei Julia und ließ die Tage vergehen, bis sie endlich da war empfand es als ungerecht gegenüber ihren netten Freunden. Deshalb ging sie eines Abends nach dem Theaterbesuch in Julias Schlafzimmer, setzte sich ans Ende ihres Bettes, die Knie unter dem Kinn, und sagte:

„Ich bin nicht Charles' Frau, Julia."

„Das weiß ich", antwortete das freundliche Geschöpf.

„Aber ich *bin* mit ihm verheiratet."

„Guter Gott!" Julia setzte sich auf und legte die Hand auf ihre geräumige Brust ... „Keine Zeremonie!"

„Ja. In einem Büro in der Nähe des Strandes."

„Mein liebes Kind, mein liebes, liebes Kind", begann Julia zu weinen. „Es ist … es ist … es ist …"

„Ich weiß, was es ist", sagte Clara und biss die Zähne zusammen. „Ich weiß nicht, was ich tun soll."

„Du darfst ihn nie wieder sehen."

„Aber ich muss. Innerlich *bin ich mit ihm verheiratet. Ohne mich kann er nichts tun. Ich habe ihn dazu gebracht, hierher zu kommen...* "

„Wussten Sie das nicht?"

„Ich wusste nichts, außer dass ich ihn liebte."

„Aber so können Menschen nicht lieben."

'Ich tue.'

„Er ist vor all dem davongelaufen – und es gab noch andere Dinge ... Oh, mein liebes, liebes Kind, hast du niemanden, der dir gehört?"

„Nur Charles. Und ich habe ihn verletzt.'

'Was sagt er?'

„Er scheint es nicht zu merken ..."

„Ich würde ihn am liebsten um ein Haar verprügeln ... Das Einzige, wofür man dankbar sein kann, ist, dass man nicht mit ihm verheiratet ist." Ich bin mir tatsächlich nicht bewusst ! Er ist aus seiner Ehe ausgestiegen wie ein Mann, der seine Miete missbraucht.'

'Er ist ein Künstler. „Seine Arbeit ist ihm wichtiger als jedem anderen."

Julia weinte und jammerte. „Der Schurke! Der Schurke! Der Schuft!'

„Ich werde nicht zulassen, dass du ihn beschimpfst. Das werde ich nicht dulden. Das werde ich nicht dulden", rief Clara, die ihren Gefühlen in einem Wutanfall freien Lauf ließ. „Und du darfst es keiner Menschenseele erzählen, nicht einmal Freeland. Ich werde nicht zulassen, dass sich jemand einmischt. Ich werde das selbst regeln, weil ich mehr darüber weiß als jeder andere ... Es hilft mir überhaupt nicht, wenn ich höre, wie du Charles beschimpfst. Es tut mir nur weh ... Ich habe einen Fehler gemacht, und ich werde damit durchkommen."

„Aber du kannst nicht mit ihm leben."

„Du lebst bei Freeland."

„Ja. Aber wir sind nicht verheiratet, also macht sich niemand Sorgen. Zumindest bin ich verheiratet, Freeland auch. Das macht alles in Ordnung. Wenn die Leute verheiratet sind, ist es anders."

Die Komplikationen der Situation überstiegen Julias Vorstellungskraft und sie begann hysterisch zu lachen. Clara lachte ebenfalls, aber aus echter Belustigung. Aus der Distanz, die ihr nun aufgezwungen wurde, sah die Welt tatsächlich sehr komisch aus: köstlich komisch, und Charles erschien ihr in Gedanken als eine Art Harlekin, der durch die Welt tanzte, in die Häuser spähte, in denen die Leute gefangen waren, und mit seinem Zauberstab an die Türen klopfte, damit sie sich öffneten, aber niemand kam heraus.

„Ich bringe Sie zu meinem Anwalt", sagte Julia schließlich mit einem lauten Schluchzen.

„Ich will keine Anwälte", entgegnete Clara trotzig. „Charles hasst diese Frau und sie weiß es. Sie wird nicht versuchen, ihn zurückzubekommen."

„Ja. Aber sie erträgt es nicht, dass du mit ihm zusammen bist."

„Dann werde ich alleine leben und Charles auf meine Weise helfen."

„Hilf zuerst dir selbst, Liebes; dann kannst du anderen Menschen helfen."

„Das glaube ich nicht. Wenn man sich selbst bedient, ist man so beschäftigt, dass man nicht einmal merkt, dass die anderen da sind."

Natürlich erzählte Julia es Freeland, und am nächsten Morgen klopfte er an Claras Tür. Sie ließ ihn ein. Sein ziemlich verblasstes, hübsches Gesicht hatte einen sehr ernsten Ausdruck, tatsächlich ernster, als es weder das Gefühl in seinem Herzen noch der Gedanke in seinem Kopf rechtfertigten. Es war eine sehr ernste Situation, und er hatte sich angemessen verhalten ... Clara hatte tief und fest geschlafen, und ihre gute Laune erlaubte es ihr, die ganze Komplikation an sich als eher oberflächlich zu betrachten. Die Sonne schien auf den Spiegel ihrer Frisierkommode, auf ihre silbernen Pinsel, auf das Porträt von Julia in einem silbernen Rahmen und auf das neue Kleid, das erst am Tag zuvor von der Schneiderin gekommen war. Bei strahlendem Sonnenschein und dem sehnsüchtigen Gedanken an Charles in ihrem Herzen konnte Clara keine Angst haben. Kein Problem war unlösbar, kein Hindernis konnte ihrer Meinung nach unwiderstehlich sein. Deshalb lächelte sie, als Freeland mit stärkeren Schritten als üblich hereinkam. Er stand auf und sah auf sie herab.

„Das ist ein schlechtes Geschäft, Junge", sagte er, „ein wirklich schlechtes Geschäft."

'Ist es?'

„Er hat dein Leben ruiniert. Ich möchte ihn am liebsten erschießen."

„Das würde mir nicht helfen.“

„Siehst du denn nicht, wie ernst die Lage ist? Du bist weder verheiratet noch unverheiratet.“

„Kann ich nicht einfach Clara Day sein?“

Freeland war ziemlich verblüfft. Er war es gewohnt, dass Julia sich an ihm orientierte. Wenn eine Frau in einer Situation, einer Szene, nicht auf die Linie des Mannes eingeht, wo ist er dann? Und tatsächlich wusste Freeland nicht, wo er war. Sein Leben war ziemlich reibungslos von Szene zu Szene verlaufen und er war es nicht gewohnt, angehalten zu werden.

„Nein, nein, Junge“, protestierte er. „Es ist zu grässlich.“ Ihre Position ist unmöglich. Charles, verdammt noch mal, kann dich nicht beschützen. Die Welt ist hart und grausam ... Ein Mann kann die Einzelhand spielen, aber ich habe noch nie gehört, dass das von einer Frau getan wird: niemals.

„Ich werde Charles durchbringen“, sagte Clara, „und du wirst sehen, wie wir dein altes London zum Aufwachen bringen werden.“

„Aber wenn es einen Skandal gibt ...? '

„Das wird es nicht geben... Und wenn ja: na ja... na ja...“

Freeland begann seinerseits zu weinen. Clara kam ihm so erbärmlich vor, so unschuldig, so blind für alle harten Fakten der Welt. Sie war wie ein wilder Vogel, der in Ekstase flog und im Schmerz seines Gesangs immer höher flog. In der Tat war es ein äußerst rührender Anblick, wie sie da in ihrer Unschuld lag, voller Glauben, sich der Gefahr bewusst, mit vorsichtigen Gedanken beschäftigt, aber so eifrig, vital und zuversichtlich, dass ihr ganzer Glaube an Charles und ihre Liebe zu ihm in der Tiefe basierten und stärkere Kräfte des Lebens ... Sie wurde zum Kampf aufgerüttelt und war sich zutiefst bewusst, dass das Gesetz und die anderen Mittel der Gesellschaft ausschließlich dazu gedacht waren, diese tieferen, stärkeren Kräfte zu vereiteln ... Freelands sentimentales Mitgefühl schien ihr verloren zu sein ihre fröhliche Morgenstimmung war schwach und belanglos, aber dennoch charmant und erbärmlich. Er betrachtete sie als ein kleines Mädchen und war sich des leidenschaftlichen Wissens in ihr, das so weit und so schnell über seine Fähigkeiten hinausging, überhaupt nicht bewusst.

„Alles, was einer von uns tun kann“, sagte er, „werden wir immer tun.“ Er beugte sich zu ihr hinunter, nahm sie in die Arme und küsste sie, und dicke Tränen fielen ihr über die Wange. Diesen Leuten kamen die Tränen leicht, Clara nicht. Sie frohlockte vielmehr über ihre Gefahr, die für sie ein für alle Mal die Oberflächlichkeit des Lebens zerstörte, in das sie sich gestürzt hatte, um Charles zu helfen, sein Königreich zu erobern, das meilenweit von dieser

Welt der Gesetze und Vortäuschung , der unechten Gefühle und der leichten Tränen entfernt war.

„Ich kann mir nicht vorstellen, wie Charles das gemacht haben könnte", sagte Freeland und trocknete seine Augen.

„Ich habe ihn gemacht", sagte Clara und ihre Augen strahlten vor Spaß und Schalk.

VI

VÖGEL UND FISCHE

Vorerst schien es, als sei die überflüssige Kitty von der Bildfläche verschwunden. Sie machte kein Zeichen und es wurde kein Versuch unternommen, sie aufzuspüren. Clara wusste ganz genau, dass sie sich irgendwo im West End befand, aber in diesem kleinen, überfüllten Viertel war es möglich, eine Begegnung zu vermeiden. Die Leute gerieten schnell in Stimmung und lebten zwischen einem bestimmten Theater, einem bestimmten Restaurant und ihrem Zuhause, und das Lichttheater wurde fast vollständig von dem Theater getrennt, das sich selbst so ernst nahm. Die legitime Bühne hatte nichts mit der Bastardfrivolität der Häuser zu tun, deren Reiz auf Dessous, hübschen Gesichtern und wohlgeformten Gliedmaßen beruhte.

Was Charles betrifft, war er wieder einmal nicht im Bilde. Er besuchte Clara in der Wohnung und hatte eine schmerzhafte Szene mit Freeland, der auf ihn einschlug und eine Reihe harter Worte wie „Bösewicht", „selbstsüchtiges Biest" usw. usw. von sich gab, aber als er darüber sprach, war er verblüfft Charles war überhaupt nicht beleidigt und sagte leise:

'Sind Sie fertig?'

'NEIN. Was schlagen Sie vor, dagegen zu tun? Das arme Kind hat keine Menschen. Julia und ich sind für sie Vater und Mutter. Tatsächlich betrachte ich sie als meine Adoptivtochter.'

„Ich sollte sie immer genau das tun lassen, was sie wollte", sagte Charles.

„Wirst du sie dann in Ruhe lassen?"

'Sicherlich.'

Freeland betrachtete dies als einen Triumph, doch Clara war wütend auf seine Einmischung und schimpfte so lange mit ihm, bis er versprach, in Zukunft kein Wort mehr zu sagen.

„Was wirst du tun?", fragte er.

„Ich brauche Urlaub von Charles", sagte sie – ein neuer Gedanke für Freeland, deren Vorstellung von Liebe auf betörender Hingabe beruhte – „und ich werde eine Zeit lang allein leben."

Sie machte sich auf den Weg, und bevor der Tag zu Ende war , hatte sie in der schmuddeligen Gegend der engen Gassen hinter dem Leicester Square eine möblierte Wohnung gefunden und war eine Zeit lang völlig in diese Neuerwerbung vertieft. Es war ihr eigenes, ihr ganz eigenes. Es befand sich oben im Haus und blickte über Dächer und Schornsteine nach Westen, sodass sie den Londoner Sonnenuntergang als Trost und Gesellschaft empfand: mehr als genug, süßere Intimität als alles, was sie bisher unter Menschen gefunden hatte, deren oberflächliches Geschäft und Pingeligkeit Wichtigkeit tat ihr immer weh und brachte sie zur Verzweiflung ... Klarer denn je wusste sie, dass es nur Charles und seine Arbeit gab, die ihr überhaupt etwas bedeuteten. Sie sah ihn gelegentlich und wusste, dass er rundum glücklich war. Er schrieb ihr jeden Tag und seine Pläne reiften berühmt. Lord Verschoyle zeigte immer mehr Interesse, und als das Interesse seiner Lordschaft wuchs, wuchs auch Charles ' Vorstellung von seinem immensen Reichtum. Das beunruhigte Clara, die ihr Genie beweisen wollte, um zu befehlen und nicht nach Unterstützung zu verlangen. Aber Charles war hocherfreut über den Erfolg seiner Werbekampagne und über das Wachstum seines Ansehens unter den Künstlern ... „Eine solche Kombination hat es noch nie gegeben." „Wir werden das Publikum einfach überwältigen."

Claras Antwort darauf bestand darin, dafür zu sorgen, dass seine Beziehungen zu Sir Henry Butcher nicht vernachlässigt wurden. Die Explosion, die Kittys Eingreifen ausgelöst hatte, hatte ihre Bemühungen gespalten, sodass Charles nun durch Lord Verschoyle wirkte , sie durch Sir Henry Butcher, und wieder einmal war sie in einen Kampf mit Charles um die Verwirklichung seiner Träume verwickelt – nicht auf dem Papier, was ihn vollkommen zufriedenstellte – sondern im Leben, in dem allein sie das Gefühl hatte, ihre Existenz sei ehrenhaft . Sie hielt Charles fest genug, um dafür zu sorgen, dass er bei *The Tempest arbeitete* , aber da sie nicht mehr ständig bei ihm war, konnte sie sein freudiges Aufgehen in seinem Komitee nicht eindämmen. Dieses war richtig und ordnungsgemäß konstituiert. Es hatte einen Vorsitzenden, Professor Laverock, und Mr. Clott fungierte auch ehrenamtlich als dessen Sekretär, da seine Bezüge von Charles für seinen Bedarf mehr als ausreichten. Das Komitee traf sich regelmäßig einmal im Monat in Ateliers und Salons. Die besten inoffiziellen Köpfe Londons waren versammelt, und nervöse Männer beäugten einander misstrauisch und besorgt, bis Charles erschien, den Mr. Clott wie ein Schlepper um ein großes Passagierschiff herumschwirrte. Seine Anwesenheit belebte die Versammlung; der unterdrückte Idealismus seiner Anhänger kam an die Oberfläche. Dichter, deren Werke von der breiten Öffentlichkeit ignoriert wurden, Musiker, deren Kompositionen von Deutschen, Russen, Franzosen und Polen aus den Konzertsälen Londons verdrängt wurden, Dramatiker, deren Stücke nur am Sonntagabend aufgeführt wurden, Kunstkritiker, die Charles' Ausstellung gelobt hatten – alle waren sich in seiner Gegenwart einer Solidarität bewusst, die allen Neid und alle Enttäuschung bewies; Charles, berühmt in Paris, Berlin, Moskau, New York, bewegte sich unter ihnen wie ein entzündender Wind.

Er kam mit den Armen voller Papiere an, während Mr. Clott in einer kleinen schwarzen Tasche die wichtigsten Dokumente bei sich trug – Protokoll, Tagesordnung, Vorschläge, Pläne. Einige Monate lang setzte das Komitee nichts weiter durch als Beschlüsse, andere Mitglieder einzuladen und zu kooptieren, aber es schien unmöglich, irgendeine wirklich erfolgreiche Person ins Netz zu locken. Es ließ sich kein Schauspieler-Manager, kein Royal Academician, kein Dichter mit einer gesunden Verbreitung finden, der seinem Mitgefühl praktischen Ausdruck verleihen konnte, obwohl die Bewunderung für Herrn Manns Arbeit und das hohe Ansehen, das er sich für die britische Kunst auf dem Kontinent erworben hatte, von ihnen allen ausging Briefe von großer Länge, die dem Komitee so lange vorgelesen wurden, bis seine Mitglieder, von denen die meisten eher einfache Seelen waren, verwirrt waren.

Die Verstärkung von Lord Verschoyle hat einen großen Unterschied gemacht. Er war persönlich anwesend, ein schüchterner, eleganter junger Mann, der in Eton und bei der Garde für die sanfte Kunst des Nichtstuns ausgebildet wurde. Ihm gehörte ein großes Gebiet von London, und seine Ländereien wurden von einem Vorstand verwaltet, dessen Anwesenheit von ihm nicht einmal erwartet wurde, und er war ein guter junger Mann. Er wollte Geld ausgeben und seine Treuhänder verärgern, aber er wusste nicht, wie er das machen sollte. Frauen langweilten ihn. Er besaß eine Jacht, verabscheute sie aber, ließ sie im Hafen liegen und gab nur so viel Geld dafür aus, dass sie nicht vor Rost verrostete. Er unterhielt einen Stall, wollte jedoch kein anderes Treffen als Ascot wetten oder daran teilnehmen. Er hatte einen gewissen Geschmack an Kunst, interessierte sich aber nur für moderne Bilder, die er für fünfzig oder hundert Pfund kaufen konnte. Tatsächlich war er viel zu nett für seine insgesamt außergewöhnlichen Möglichkeiten, Geld zu verschwenden, denn er verabscheute Vulgarität, und die einzigen Menschen, die ihm sagen konnten, wie er seinen Reichtum verschwenden sollte – Stallknechte, Kunsthändler, Frauen aus dem West End – waren im Wesentlichen vulgär und er konnte ihre Gesellschaft nicht ertragen und ihre Mütter wollten ihn wegen seines Geldes heiraten ... Er sehnte sich danach, eine junge Frau kennenzulernen, die keine Mutter hatte, aber nie kam ihm eine entgegen. Die Gesellschaft war voll von Müttern und Damen, die das Vermögen ihrer Ehemänner und Liebhaber auf die Spitze treiben wollten. Er galt als ein Mann der Macht, aber in seinem Herzen wusste er, dass kein Mensch jemals hilfloser und elender der Gnade seiner Treuhänder, Agenten und Diener ausgeliefert war ... Er war viele Male von Personen angesprochen worden interessierte sich für Theaterstücke, Theater und Intrigen, aber da er ein seltenes und unglückliches Geschöpf war, ein reicher Mann mit gutem Geschmack, hatte er sie ebenso strikt gemieden wie die Mütter von Mayfair und Belgravia.

Er traf Charles auf seiner Ausstellung und wurde ihm vorgestellt. Charles brüllte ihn sofort aus vollem Halse an, was für großartige Dinge er durch die Verwirklichung seiner Träume erreichen könnte, und Lord Verschoyle hatte in seiner Gesellschaft das berauschende Gefühl, die Schule zu schwänzen, und wollte mehr davon. Er wurde im Moment von Lady Tremenheer , die zwei Töchter hatte, heiß umworben, und er sehnte sich sehnlichst danach, sich zu blamieren, aber sein Geschmack war so perfekt, dass er es nicht tun konnte – auf die gewöhnliche Weise. Charles war unerhört, aber so berühmt, dass er es durchziehen konnte, und Verschoyle ergriff den großen Künstler als Ausweg, wohl wissend, dass Kunst in der Meinung seiner Treuhänder mit Verschwendung gleichzusetzen war. Mit einer Klappe konnte er alle Fliegen schlagen. In einem Brief versprach er, Charles' Plan von ganzem Herzen zu unterstützen, wobei er darauf achtete, seine bösartige Indiskretion schriftlich festzuhalten.

Daraufhin fasste Charles seinen Plan. Verschoyles Reichtum enteignete das kritischste Mitglied seines Komitees, dessen Sitzungen nun furchterregender und zeremonieller wurden als je zuvor. Selbst so viele versammelte Intellektuelle konnten dem Reichtum nicht widerstehen, der sich im Laufe der Generationen angesammelt hatte, um die sanfte Persönlichkeit von Horace Biningham , Lord Verschoyle , zu umgeben, der der fremden Gesellschaft gütig zulächelte und sich, obwohl er sich der verheerenden Wirkung seines Geldes auf sie überhaupt nicht bewusst war, höchst geschmeichelt fühlte, in der Gegenwart so vieler angesehener Personen zu sein.

Die zehnte Sitzung des Ausschusses sollte die kritischste sein. Charles sollte den Plan lesen und erläutern, an dem er jahrelang gearbeitet hatte. Das Treffen sollte in seinem eigenen Haus stattfinden, und nur zu diesem Anlass bat er Clara, als Gastgeberin anwesend zu sein, und sie war so bestrebt, am Triumph dieser Seite seiner Aktivitäten teilzuhaben, dass sie zustimmte und die einzige anwesende Frau war . Unter dem Vorsitz von Professor Laverock verlas Herr Clott das Protokoll der letzten Sitzung, zu dem es keinen Kommentar gab, da nichts passiert war. Clara saß in einer Ecke neben der Tür und blickte von Angesicht zu Angesicht, wobei sie vergeblich versuchte, etwas von dem Feuer und der Begeisterung in ihr zu finden. Charles saß strahlend und voller Selbstvertrauen an einem kleinen Tisch in der Tür Mitte des Raumes, mit seinen Papieren vor sich, zwei riesigen Kerzen auf beiden Seiten und seiner Uhr in der Hand.

Nach Abschluss der Formalitäten forderte Professor Laverock Herrn Mann auf, dem Ausschuss seinen Plan vorzulesen … Selten hat ein Raum so viel eifrigen Idealismus beseelt, selten haben sich so viele mächtige Köpfe auf einen einzigen Gedanken eingelassen.

Charles glättete seine Zeitung, schüttelte sein Haar zurück und ordnete die Manschetten, die er immer trug, weil er für einen englischen Gentleman gehalten werden wollte. Seine Zuhörer setzten sich auf ihre Stühle. Er begann:

„Meine Herren, wir alle sind hier bestrebt, das Theater zu einem Tempel der Kunst zu machen, der stets offen und willkommen ist für jedes Talent, von der höchsten und kreativsten Vision bis hin zu dem des bescheidensten und geduldigsten Handwerkers."

„Ah!", seufzte jemand zufrieden.

„Wir können ein solches Theater weder von Schauspielern noch von Geschäftsleuten erwarten, die viel besser damit beschäftigt wären, Stiefel oder Seife zu verkaufen... In Deutschland wird die Kunst geehrt . Nietzsche, den ich als meinen Kollegen anerkenne, soll mit einem riesigen Stadion auf einem Hügel geehrt werden. In England haben wir uns von den Hügeln abgewandt und drängen uns in den Tälern zusammen, bis die Schönheit verloren geht und Träume nur noch schmerzliche Erinnerungen sind..."

Clara war von dieser Einleitung irritiert. Sie ähnelte zu sehr dem Geist von Sir Henry Butcher. Wenn Charles sie nur konsultiert hätte , hätte sie diesen ehrgeizigen Schwulst weggelassen und ihn auf praktische Details gebracht.

„Mein Vorschlag ist, dass wir an einem von drei geeigneten Standorten in London ein Theater errichten sollten, das gleichzeitig eine Schule und ein Kunstpalast sein soll." Es wird ein Theater nach deutschem Vorbild geben und ein Freilichttheater nach dem Plan einer Arena in Sizilien, von der ich hier Skizzen und Pläne habe."

„Ist das ganz passend für das englische Klima?" fragte Adolph Griffenberg , ein kleiner jüdischer Maler.

„Die Behinderungen des englischen Klimas werden stark übertrieben", sagte Charles. „Es könnte Schutz vor Wind und Regen geben, wenn man es für notwendig erachtet. An das Indoor-Theater wird eine Experimentierbühne angeschlossen, der ich natürlich den größten Teil meiner Energie widmen werde; dann Schulzimmer, eine Küche, ein Esszimmer, ein Tanzzimmer, ein Musikzimmer, eine Garderobe, drei Aufzüge und zwei Treppenhäuser.

„Ist das nicht zu detailliert für unseren gegenwärtigen Zweck?", fragte Griffenberg .

„Ich möchte lediglich zeigen, dass ich ein absolut praktisch veranlagter Mensch bin", erwiderte Charles. „Auf der Bühne wird es alle modernen Geräte geben, mehrere Erfindungen von mir und ein verstellbares Proszenium. Das Personal besteht aus mir, einem Dutzend Lehrern der verschiedenen Künste des Theaters und einer größeren Zahl von Schülern, die befördert werden, wenn sie Talent und Geschick bei der Anwendung dieser Künste beweisen."

Bisher war die Aufmerksamkeit groß und eifrig gewesen. Charles' glückliche Vision eines Marmortempels, erleuchtet von der inneren Sonne der Vision und rosig vor Jugend, hatte alles vorangetrieben. Er erwärmte sich für seine Aufgabe, redete weiter, während die Kerzen herunterbrannten, und kam schließlich zum finanziellen Aspekt seines Vorschlags. Griffenberg beugte sich vor und Clara beobachtete ihn besorgt.

„Ich habe die Kosten wie folgt geschätzt", sagte Charles, jetzt zuversichtlich, dass er seine Zuhörer bei sich hatte. „Ich habe meine Schätzung so niedrig wie möglich angesetzt, damit wir unser Minimum kennen: –

Das Freilichttheater . . . . 6.000 £

Das Indoor-Theater. . . . . 15.000 £

Zu Maschinen. . . . . 4.000 £

Zu den Gehältern £1.500

Mein eigenes Gehalt £5.000

Kleiderschrank £600

Erbbauzins . . . . Nominal

Musiker und Musik £600

Farbe, Materialien usw. £400

Futter für Vögel und Fische . . . £25

Es herrschte Totenstille. Ein oder zwei Männer lächelten. Andere starrten. Andere zogen sich an der Nase oder strichen sich übers Haar. Griffenberg lachte barsch und sagte:

„Entschuldigen Sie, Herr Mann. Den letzten Punkt habe ich nicht ganz verstanden."

Charles, der die veränderte Atmosphäre überhaupt nicht bemerkte, blickte auf und wiederholte:

„Futter für die Vögel und Fische ... Im Freilichttheater müssen schöne Vögel fliegen. Im Hof müssen Fischteiche mit seltenen Fischen sein ..."

„Wir haben nicht vor, eine Villa für Tiberius zu bauen", entgegnete Griffenberg , der zutiefst verletzt war. „Ich kann einem Plan, der Vögel und Fische einschließt, nicht zustimmen."

Clara war wütend auf Charles, weil er so kindisch war, und auf Griffenberg, weil er ihn ausgenutzt hatte. Sie wusste, dass Charles in Ekstase war und nicht in der Lage war, irgendeinen praktischen Punkt zu bewältigen, den sie ansprechen wollten. Es wäre fair gewesen, wenn Griffenberg an seinen Schätzungen Anstoß genommen hätte, nicht aber an den Vögeln und Fischen ... Ihr Sinn für Gerechtigkeit war so empört, dass sie, um nicht einzugreifen, aus dem Zimmer schlüpfte und ihrer Wut Luft machte in der Dunkelheit des Durchgangs.

Das Schlimmste geschah. Der Plan geriet in Vergessenheit; die Vögel und Fische blieben in Erinnerung... Griffenberg fragte ziemlich unverschämt, ob Herr Mann beabsichtige, den Plan so zu veröffentlichen, wie er war, und Charles, der die Unverschämtheit nicht bemerkte, sagte, dass er sicherlich beabsichtige, den Plan zu veröffentlichen und tatsächlich bereits eine Kopie an die Press Association geschickt habe.

„Nach Ihrem eigenen Plan oder nach dem des Komitees?"

Herr Clott intervenierte:

„Ich habe ganz klar zum Ausdruck gebracht, dass es sich bei dem Entwurf um Herrn Manns eigenen handelt, und Herr Mann hat mir eine, wie ich sagen darf, sehr schöne Beschreibung seines Theaters beigefügt, wie es einmal aussehen wird."

„Theater liegen in der Luft", sagte jemand, und alle standen auf, nur ein wenig beschämt, wenn auch mit einer gewissen Tapferkeit der Genialität, um ihre Schande zu verbergen.

Als sie den Raum verließen, huschte Clara die Treppe hinauf und hörte ihre Bemerkungen, als sie gingen. „Vögel und Fische." ... 'Außergewöhnlicher Mann.' ... 'Märchen.' ... 'Verdammte Unverschämtheit.'

Charles, der sich noch immer nicht über jede Veränderung im Klaren war, ging zwischen ihnen hin und her, dankte ihnen herzlich für ihre Unterstützung und erklärte, dass er die Lektüre, wenn er etwas zu lange gebraucht habe, nur deshalb vorgenommen habe, weil er keinen Raum für Missverständnisse gelassen habe.

Niemand blieb zurück außer einem irischen Dichter, der von den Worten entzückt war, Vögel und Fische, die wie ein Gedicht aus dem Wirrwarr der Einzelheiten hervortraten, und Verschoyle, der sich ein wenig unwohl fühlte, aber von Charles' Stimme und seiner, wie er fand, großartigen Kühnheit hingerissen war. Die drei standen da und redeten sich ein, bis sie die Welt und ihre engen Wege vergessen konnten, und Charles ritt bald auf dem Steckenpferd seiner Theorie der Königswürde und drängte Verschoyle, das Interesse des Hofes von St. James für Kunst zu wecken.

Clara gesellte sich zu ihnen, hörte eine Weile zu und trennte dann Seine Lordschaft von den beiden anderen, die heftig miteinander redeten, ohne dass einer zuhörte, sondern beide ihre Argumente einhämmerten. Sie zog Verschoyle in eine Ecke und sagte:

„Es war sehr unfair von Herrn Griffenberg soll Charles bei den Vögeln und Fischen erwischen. Sie sind sehr wichtig für ihn.'

„Das ist es, was ich an ihm mag“, sagte Verschoyle . „Ihm sind die Dinge wichtig. Uns anderen ist nichts wichtig.“

„Einige von ihnen werden aus dem Komitee ausscheiden“, sagte Clara. „Ich hoffe, Sie nicht. Es ist sehr schade, denn Charles meint es wirklich ernst.“

Verschoyle schraubte sein Fernglas zu, hielt sein Knie und wiegte es hin und her . Er war klug genug, um zu erkennen, dass das ganze Komitee auseinanderbrechen würde, wenn er zurücktrat, und er wusste, dass Clara diese schreckliche Möglichkeit ebenfalls im Sinn hatte. Er mochte Charles' Extravaganz: Sie ließ ihn sich schlecht fühlen, aber er war auch freundlich und konnte es nicht übers Herz bringen, Clara zu verletzen. Er hatte in seinem ganzen Leben nie das Gefühl gehabt, für irgendjemanden auch nur im Geringsten wichtig zu sein . Clara spürte, wie dieses Gefühl in ihm aufkam, und sie nährte es; sie erzählte ihm von ihren Kämpfen und den Bemühungen, die sie unternommen hatte, um ihren Idealisten nach London zu holen, und betonte ihm die lebenswichtige Bedeutung von Charles' Arbeit.

„Sie sind alle eifersüchtig auf ihn“, sagte sie, „all diese Leute, von denen man außerhalb Londons noch nie etwas gehört hat. Es war typisch für sie, sich auf so etwas zu versteifen.“

Verschoyle lachte.

„Mir gefällt die Vorstellung, dass es in London Vögel und Fische gibt“, sagte er. „Ich glaube, wir brauchen sie ... Wenn Sie es wären, Mrs. Mann“ – denn so war er ihr vorgestellt worden – „würde ich Sie bei allem unterstützen.“

ich nicht wäre, wären wir jetzt nicht in London.“

„Sie müssen ihn mit zum Abendessen bringen.“

Clara akzeptierte den Vorschlag in ihrem Bestreben, die Situation zu retten, ohne zu merken , dass sie sich damit selbst kompromittiert hatte.

„Sie werden mir verzeihen, dass ich das sage“, fügte Verschoyle hinzu , „aber es tut mir weh, Sie als Frau von sich sprechen zu hören. Sie sind nur ein Kind und ich hasse Frauen.“

„Ich auch“, sagte Clara, deren ganze Angst nun verflogen war. Da Verschoyle ihr Freund war, war es ihr egal, wie schnell das Komitee aufgelöst wurde. Sie hatte das Komitee immer gehasst, denn, wie ihr Großvater immer sagte, ein Komitee ist ein Mittel, mit dem die Unfähigen die Aktivitäten der Kompetenten kontrollieren ... Sie mochte Verschoyle . Er war ein einsamer kleiner Mann, und sie dachte skurrilerweise, dass nur einsame Menschen die Vögel und Fische verschlucken könnten, die so notwendig sind, um der Vision des Künstlers den letzten Schliff zu geben.

„Ich muss jetzt gehen", sagte sie zur Überraschung ihrer Begleiterin.

„Kann ich dich nicht in meinem Auto mitnehmen?" fragte er und verbarg sein Erstaunen darüber, dass sie von einem Zuhause woanders sprach. Sie stimmte zu, und er brachte sie zurück in ihre Zimmer, während Charles und der irische Dichter immer noch in einem etwas unharmonischen Duett schwärmten .

VII

ABENDESSEN

besonders gütige Gottheit wacht, müssen sicherlich Idealisten gezählt werden : Eine Flut von Katastrophen zu Wasser und zu Land sorgte für reichlich Nachrichten und machte es den Zeitungen unmöglich, Charles Manns Plan zu veröffentlichen. Die Angst seines Ausschusses, öffentlich lächerlich gemacht zu werden, verschwand, und da Lord Verschoyle nicht zurücktrat, trat auch kein anderes Mitglied zurück, und Griffenberg schickte einfach einen Protestbrief und verkündete, dass er zu beschäftigt sei, um sich aktiver an den Verfahren zu beteiligen. Er ging weg und prangerte das Theater als eine vulgäre Institution an, die kein Künstler betreten könne, ohne seine Seele zu verlieren. Er sagte dies öffentlich in einer Zeitung und löste damit eine jener entzückenden Kontroversen aus, die in den einst glücklichen Tagen der unbegrenzten Werbung eine Gelegenheit für gegenseitige Beschuldigungen auf unpersönlicher Basis boten.

Verschoyle versprach Charles dreißigtausend Pfund, wenn er einen weiteren ähnlichen Betrag aufbringen könnte, und Charles hielt sich selbst bereits für dreißigtausend Pfund wert, erhöhte Mr. Clotts Gehalt und ließ sich mit so viel Sicherheit herab, wirklich mit der Arbeit bei *The Tempest zu beginnen* .

Clara, die immer noch kleine Rollen im Imperium spielte, stellte zu ihrer Bestürzung fest, dass Sir Henry sich gegenüber der Mann-Inszenierung eher abgekühlt hatte und von anderen Stücken sprach, einem großen amerikanischen Erfolg namens „ *The Great Beyond*" und einem französischen Drama, das er ins Leben gerufen hatte hatte die Rechte einige Jahre zuvor erworben. Das war wirklich besorgniserregend, denn sie wusste, wenn sie Charles nicht schnell engagieren konnte , würde er einfach das Theater verlassen und sich, ohne Unterstützung außer von Verschoyle , der keineswegs eine bestimmte Größe war, seinen oberflächlichen Plänen widmen. Er begann sich bereits von Briefen wohlmeinender Personen aus der Provinz beeinflussen zu lassen, die ihn drängten, in den walisischen Hügeln oder im Wald von Arden ein weiteres Bayreuth zu gründen ... Geben Sie Charles einen Hinweis und er würde ein imaginäres Universum erschaffen! Wenn sie ihn nur davon abhalten könnte, Werbung zu machen, wäre er nicht dem ablenkenden Bombardement von Andeutungen und Vorschlägen ausgesetzt, das mit jedem Post auf ihn wartete, insbesondere nachdem er mit seiner gewohnten, nichtssagenden Indiskretion seine Verbindung mit dem Besitzer eines Modegeschäfts verkündete Metropole.

Verschoyle hatte keine Einwände. Seine Vorgesetzten waren entsetzt darüber, und nach einer Weile wurde er mutiger und verbrachte viel Zeit mit Charles. Er fand ihn als Schreckgespenst äußerst nützlich, um die Mütter zu verscheuchen, die ihm seit seiner Zeit in Eton das Leben zur Hölle gemacht hatten, als eine seiner Tanten ihn entsetzt hatte, indem sie eine seiner Cousinen, ein fünfzehnjähriges Kind, als sein „liebes kleines Weib" bezeichnet hatte. ... Außerdem konnte er, da er Charles oft sah, auch mehr von Clara sehen, ohne sie oder sich selbst zu kompromittieren.

Nun, in der Welt des Theaters gibt es nie Geld, aber vielleicht gibt es immer Geld. Es wird immer so gemacht, dass jeder, der damit zu tun hat, über Kredit verfügt, der durch gelegentliche Zahlungen aufrechterhalten wird. Clara erkannte dies schon sehr früh in ihrer Karriere. Sie verstand sich auf Finanzen, denn ihr Großvater hatte seine Angelegenheiten genauso mit ihr besprochen, als wäre sie seine Partnerin, und sie hatte seine Extravaganz streng im Auge behalten müssen; und sie verstand schnell, dass im Theater das Geld immer etwas schneller ausgegeben werden muss, als es verdient werden kann, um den Kreditfluss aufrechtzuerhalten. Sie erkannte auch , dass Sir Henry Butcher das Geld viel schneller ausgab und den verschiedenen vor ihm liegenden Projekten kühl und warmherzig gegenüberstand, je nachdem, wie sie die Bezahlung ermöglichten ... Er hatte Charles Manns zunehmenden Ruhm mit eifersüchtigem Interesse beobachtet, aber Mit scharfsinnigem Expertenblick wartete er auf den Moment der Kapitalisierung , bevor er sich den neumodischen Arten der Bühnenausstattung widmete, diesen verdammten griechischen Tragödien, Theaterstücken mit Vorhängen, deutschen Spielzeugsets und russischen Flummerwerken, in denen bemalte Kleckse für etwas standen Bäume und Wolken. Für Sir Henry war ein Baum ein Baum, eine Wolke eine Wolke, und er mochte nichts lieber, als echte Kaninchen auf der Bühne zu haben, wenn möglich , um die Natur zu übertreffen ... Gleichzeitig wusste er, dass sich das Publikum veränderte . Es wurde immer schwieriger, einen sofortigen Erfolg zu erzielen. Das Theater stand in der öffentlichen Wertschätzung nicht mehr auf dem gleichen Stand, und seine Persönlichkeiten verfügten nicht mehr über die große Autorität, die sie einst genossen hatten. Als der Premierminister das Imperium besuchte, wurde eher Sir Henry als der Premierminister geehrt : ein trauriger Niedergang, denn Premierminister kommen und gehen, aber ein großer Schauspieler regiert für immer als alleiniger Pächter und Manager einer ihm vertrauten Institution die allgemeine Meinung wie das Unterhaus. Premierminister waren gekommen und gegangen, sie hatten ihrerseits Sir Henrys freundliches Angebot einer Loge für den ersten Abend angenommen, aber in letzter Zeit hatten Premierminister an Popularität gewonnen und Schauspieler-Manager hatten sie verloren, so groß war der Verfall der öffentlichen Meinung seither die Einführung billiger Zeitungen, die jedem öffentlichen Charakter die Notwendigkeit einer erheblichen Energieverschwendung bei der Werbung auferlegte ... In früheren Zeiten wurde die Werbung eines großen Mannes für ihn als Anerkennung seiner Größe gemacht. Sir Henry war unruhig, konnte die zunehmende Düsternis nicht abschütteln und war zutiefst davon überzeugt, dass Lady Butcher den fatalen Fehler seiner Karriere begangen hatte, indem sie sich so ausschließlich der Vorderseite des Hauses und der gesellschaftlichen Kleidung widmete, was ihn in engen Kontakt brachte mit Personen wie Premierministern, Herzögen und Generalstaatsanwälten ... Die Öffentlichkeit war hinter den Kulissen zugelassen worden. Das Geheimnis war verschwunden. Das Theater, sogar das Imperium hatte seinen Zauber verloren. Nichts darin war heilig; nicht einmal Proben, die ständig von Journalisten, Männern und Frauen, eleganten jungen Männern und Frauen, Freunden und Bekannten seiner Familie, Schneidern, unterbrochen wurden. 'Ah! Teresa! Teresa!' seufzte Sir Henry und betrachtete das Porträt dieser Dame. „Es braucht Ihre Berührung, Ihren Charme, den schnellen Einblick in die Gesundheit des Theaters, den nur diejenigen haben, die darin geboren wurden."

Bald würde das Imperium nach einer erschreckend schlechten Saison für einen kurzen Urlaub schließen, und sein Manager musste sich über seine neue Produktion entscheiden. Herr Gillies war ganz für Sicherheit und Wirtschaftlichkeit und dafür, jedes Abenteuer auf den Frühling zu verschieben, aber Sir Henry sagte:

„Das Schicksal des ganzen Jahres wird im Oktober entschieden." Die wenigen Menschen, die wichtig sind, kommen frisch und sauber aus Karlsbad und Schottland zurück, und dann hinterlassen Sie Ihren Eindruck. Der Frühling kommt zu spät. „Wir müssen etwas Neues haben."

„Wir haben nichts Neues."

„Dieser Mann."

'Aber! Er ist verrückt. Wenn er den Club betreten würde, würde die Hälfte der Männer ihn verlassen.'

„Er hat sich bemerkbar gemacht."

„Ja. Aber auf die falsche Weise."

„Oft ist der falsche Weg am Ende der richtige."

„Sie können ihn nicht ins Theater lassen, Chef, nachdem er so über uns geredet hat, als ob keiner von uns wüsste, was er tut."

„Das könnte er sagen, wenn er unsere Bilanz sähe", meinte Sir Henry, der nichts lieber tat, als seine loyalen Untergebenen zu necken. „Wir haben nichts als dieses Melodram von Halford Bunn, in dem ich den Papst spielen müsste."

„Nun, Sie waren als Kardinal sehr erfolgreich, Chef."

'Hm! Hm! Ja.' Sir Henry erlebte den Erfolg von „*Die Nichte des Kardinals*" *erneut*, erinnerte sich aber auch an die schreckliche Zeit, die er bei den Proben mit Mr. Halford Bunn verbracht hatte, der von seinen eigenen Worten so betrunken war, dass jede Schauspielerei, die die Aufmerksamkeit von ihnen ablenkte, ihn fast trieb in Hysterie.

Sir Henry lachte.

„Bunn oder Mann ... Herr Mann sagte zu Herrn Bunn: „Ich hoffe, Sie haben einen Rekordlauf hingelegt." Herr Bunn sagte zu Herrn Mann: „Sie, Sir, sind nur ein Mitläufer."

'Ha! Ha! Ha!' lachte der Manager.

'Er! Er! Er!' lachte Sir Henry, und sie trennten sich, ohne ihr Problem gelöst zu haben, obwohl Sir Henrys Schelmen in ihm den Wunsch weckte, sowohl Bunn als auch Mann dadurch wütend zu machen, dass er seine Verträge mit den beiden zusammenlegte ... Oh! Liebling. Oh je, Autoren waren schon immer eine Herausforderung genug gewesen, aber wenn Künstler anfangen würden, ihren aufgeblähten Egoismus in die Maschinerie des Theaters zu stecken , würde das Leben seines Managers unerträglich werden ... Sir Henry liebte es, sich treiben zu lassen und zu machen plötzliche und überraschende Entscheidungen.

In diesem Fall wurde die Entscheidung für ihn getroffen – von Clara. Es war zu einer seiner größten Freuden geworden, ihr im Aquarium, wie sie es nannte, zu Mittag zu essen und mit ihr über ihre lebhaften und komischen Eindrücke von London zu lachen, und unmerklich hatte er sich in sie verliebt, nicht wie seine Gewohnheit theatralisch und oberflächlich, aber mit der Leidenschaft eines alten Mannes für die Jugend. Es tat ihm weh, plagte ihn, quälte ihn, denn sie gab ihm nie die Gelegenheit zum Flirten, sondern hielt seinen Verstand auf Hochtouren und ließ ihn sich wieder dreißig fühlen: und als er sich dreißig fühlte , wollte er dreißig sein ... Sie nie besprach mit ihm ihre privaten Angelegenheiten, aber er wusste, dass sie allein lebte. Sie verblüffte ihn, verwirrte ihn, bis es ihm oft schwerfiel, nicht in Tränen auszubrechen. Sie war so schnell und verstand so gut, hatte einen so scharfen Einblick in den Charakter und die Intrigen, die sich um sie herum abspielten, dass er sich über ihre Unschuld wunderte und sie manchmal fast dafür hasste, und für ihre Weigerung, die zugewiesene Position anzunehmen für Frauen in der Gesellschaft. Sein Geplänkel, sein Bluff waren bei ihr nutzlos. Es war für ihn schmerzhaft, ihr sein Bestes zu offenbaren, den gütigen, sanftherzigen, großzügigen Einfaltspinsel, der im Herzen er war. Da er sie liebte, konnte er nicht anders, und da er sie liebte, wütete er gegen sie.

Sie würde ihm niemals erlauben, sie in ihren Zimmern zu besuchen. Das war ein Privileg, das sie Verschoyle vorbehalten hatte . Ihre Räume waren ihr

Zufluchtsort, ihr Zufluchtsort, der Ort, an dem sie einfach und menschlich sein und die unberührte Clara Day sein konnte, die in kindlicher Freude mit ihrem Großvater gelebt hatte und in ihrer Fantasie völlig allein mit verschiedenen Charakteren war, realer als alle anderen die Personen, mit denen sie jemals in Kontakt kam, bis sie Charles Mann traf ... Er wurde nie in ihre Räume gelassen, ebenso wenig wie Sir Henry Butcher, bei dem sie zum ersten Mal die gewöhnliche Liebe des gewöhnlichen sentimentalen Mannes kennengelernt hatte. Das ließ sie so ungerührt, dass sie es verabscheute, mit all seinen lächerlichen Emotionen, seinen heimlichen Annäherungsversuchen, seiner zersetzenden Unehrlichkeit, die einen offenen Austausch von Gedanken und Gefühlen unmöglich machte ... Das war ihr schon einmal passiert, aber sie war zu jung gewesen, um es zu erkennen oder seine grundsätzliche Besitzgier, die für ihren Geist das Hauptvergehen darstellte, vollständig zu verstehen.

Sie musste Sir Henry zurechtweisen. Eine Woche später stellte sie fest, dass ihr Gehalt verdreifacht worden war. Sie gab die zusätzlichen zehn Pfund an Mr. Gillies, den Manager, zurück und wies darauf hin, dass sie dieselbe Arbeit verrichtete, klein und unwichtig, und dass dies den anderen Mädchen gegenüber nicht fair sei.

„Der Chef glaubt an Sie, Miss Day. Er möchte nicht, dass Sie uns verlassen."

„Das ist genau die Art von Sache, die mich vertreibt."

„Sie sind nicht wie andere Mädchen, Miss Day...", sagte Mr. Gillies. „Tatsächlich frage ich mich oft, was eine junge Dame, die ihre Kleidung so trägt wie Sie, im Theater macht."

Claras Gesichtsausdruck brachte ihn zum Schweigen, und sie war wütend auf den Chef, weil er sie einer solchen Vertraulichkeit ausgesetzt hatte. Sie machte Sir Henry Vorwürfe, und er erkannte seinen Fehler schnell und beteuerte so herzlich, dass er es nur als Freundlichkeit gemeint hatte, dass sie ihm nicht anders konnte als vergeben. Er flehte sie an, ihn ihre Vergebung verdienen zu lassen, indem er ihr ein Geschenk machte, was immer sie wollte; aber sie verlangte nichts.

„Ich liege Ihnen zu Füßen", sagte er und kniete nieder. „In zwei oder drei Jahren werde ich eine große Schauspielerin aus Ihnen machen. Sie werden die große Frau Ihrer Zeit sein ... Ein Frühlingstag auf dem Land mit Ihnen würde mich so jung machen wie Romeo ..."

„Stehen Sie bitte auf", sagte Clara, „und lassen Sie uns übers Geschäft reden. Sie haben Anfang des Jahres versprochen, dass Sie Charles Manns , *Der Sturm* ' *aufführen würden* ."

„Ja. Ich mache ständig Versprechungen. Man lebt von Versprechungen. Das Leben ist ein Versprechen... Wenn ich verspreche, ,*Der Sturm' aufzuführen* , kommst du dann im August zu uns nach The Lakes? Ich möchte, dass du die Bracebridges kennenlernst . Du solltest die besten Leute kennenlernen, die schwulen Leute, die Aristokraten, die einzigen Leute, die wissen, wie man unterhaltsam ist."

Das entfernte sich immer mehr vom Geschäftlichen, obwohl Clara wusste, dass es unmöglich war, Sir Henry zum Thema zu bringen. Sie ignorierte seine Aufforderung und antwortete:

,*Der Sturm'* aufführen, kann ich Lord Verschoyle als Unterstützung gewinnen."

Sir Henry war sofort eifersüchtig. Er schmollte wie ein Baby.

„Ich möchte nicht, dass Verschoyle oder irgendein anderes Jungtier dir hilft." *Ich* möchte dir helfen... Verschoyle kann dich nicht schätzen. Er kann dich unmöglich so sehen, wie du bist oder sein wirst."

Clara lächelte. Verschoyle war ihr bester Freund geworden, und mit ihm genoss sie eine tiefe, ruhige Vertrautheit, die der junge Herr mit exquisitem Fingerspitzengefühl und Geschmack pflegte, indem er sich daran erfreute, wie er es an einem Kunstwerk oder einem guten Buch tat, und das voll und ganz zu schätzen wusste Die Fähigkeit des Mädchens dazu war ihre seltenste und unwiderstehlichste Kraft ... Sir Henry war wie ein dummer Junge in seinem Wunsch, ihr einzuprägen, dass er allein sie verstehen konnte.

Er machte weiter,-

„Es erscheint so unnatürlich, dass Sie außer der alten Julia keine Freundinnen haben ... Heutzutage hat eine Schauspielerin in der Gesellschaft ihre Rolle zu spielen ... Sie haben neues Leben in mein Theater gebracht."

„Dann", sagte Clara, „lass uns *Der Sturm spielen* ."

„Aber ich möchte ,*Der Sturm' nicht machen* ."

„Charles hat gesagt, dass du das getan hast."

„Wir haben darüber gesprochen, aber wir reden die ganze Zeit im Theater ... Ich würde alles aufgeben, wenn Sie nur ein bisschen netter zu mir wären."

Sprach da der große Sir Henry? Clara sah, dass er kurz davor war, einen schuljungenhaften Wutausbruch zu machen, vielleicht sogar eine Erklärung abzugeben, und nie hatte sie den Mann mehr gemocht als in diesem Moment der Selbstdemütigung. Er wartete auf eine gewisse Entspannung in ihr, wurde aber nur mit Ausfällen konfrontiert. Er stand auf, legte die Hand über die Augen und ging seufzend im Zimmer auf und ab.

„In meinem Alter zum ersten Mal zu lieben… Es ist entsetzlich, es ist tragisch. Eine so große Position erreicht zu haben und dann nichts anzubieten zu haben, was man annehmen würde."

„Nicht einmal eine Gehaltserhöhung", sagte Clara ein wenig boshaft und verletzte ihn damit so sehr, dass er in seinem Versuch, Heldentaten zu vollbringen, zusammenbrach. Um sie um jeden Preis zu gewinnen, sagte er:

„Ja, ja. Ich werde *Der Sturm spielen* . Ich kann Prospero eine großartige Rolle geben. Ich werde *Der Sturm spielen* , wenn du Miranda bist; wenn du nichts anderes sein willst, wirst du zumindest eine Tochter für mich sein."

„Am besten laden Sie Charles und Verschoyle zum Abendessen ein", sagte Clara. „Dann können wir alle darüber reden. Aber Mr. Gillies will ich nicht ."

„Ach! Wie Teresa diesen Mann gehasst hat … Wissen Sie, manchmal glaube ich, er hat die ganze großartige Arbeit, die sie für mich geleistet hat, zunichte gemacht."

Clara hatte keine Lust, über Mr. Gillies zu sprechen. Sie hatte ihr Ziel erreicht. Sie war überzeugt, dass eine Kombination aus Butcher, Charles und Verschoyle für ihr Ziel am erfolgversprechendsten war.

„Ich hasse Mann", sagte Sir Henry. „Ich hasse ihn. Er ist ein Abtrünniger. Er verabscheut seinen eigenen Beruf. Er hat ihm den Rücken gekehrt …"

„Wenn Sie ihn kennen , werden Sie ihn lieben."

Sir Henry drehte sich um und richtete seinen Blick auf sie.

„Ich lebe in Angst", sagte er, „in Angst um dich. Du hast alles vor dir, alles, und dann wirst du dich eines Tages verlieben und dein Genie wird einem Narren zu Füßen gelegt, der es mit Füßen tritt, wie eine Kuh auf einem schönen Butterblumenblatt herumtrampelt."

Clara lächelte. Sir Henry war mit edlen Worten übermäßig vertraut und konnte nie die genaue Formulierung finden.

Das Abendessen wurde im Aquarium arrangiert, das zu Claras Ehren mit aufgestauten Blumen, Lilien, Rosen, Rittersporn und Canterbury-Glocken gefüllt war … Clara trug Grau und Grün und graue Schuhe mit Kreuzriemen um ihre exquisiten Knöchel. Sie kam mit Verschoyle , der sie in seinem Auto brachte, das er ihr zur Verfügung gestellt hatte. Sir Henry trug einen samtenen Abendanzug in Schnupftabakfarbe und starrte eifersüchtig seine Lordschaft an, die seiner Meinung nach Claras Ruf zerstören wollte.

„Ich bin froh, dass Sie Mann seine Chance geben", sagte Verschoyle . „Außergewöhnlicher Kerl, höchst außergewöhnlich ... Schade, dass sein Leben verschwendet werden sollte, besonders jetzt, wo wir beginnen, uns der Bedeutung des Theaters bewusst zu werden."

Sir Henry zuckte zusammen.

„Es *gibt* Männer", sagte er, „die gearbeitet haben, während andere geredet haben." Nehmen Sie zum Beispiel diesen Mann Shaw. Er redete jahrelang. Dann bringt er Stücke heraus, die allesamt Gerede sind.'

„Ibsen", sagte Verschoyle .

„Warum sollten wir auf der englischen Bühne weiterhin düster sagen, dass im Staat Norwegen etwas faul ist?... . Ich habe Shakespeare mehr als hundert Nächte lang aufgeführt als jeder andere Mann in der Geschichte des britischen Dramas, und ich wage zu behaupten, dass jeder angesehene Mann und jede schöne oder charmante Frau in diesem Raum mindestens eine Zigarette getrunken hat ... Isn „Das ist nicht ein Beweis für die Bedeutung des Theaters?"

„Vielleicht ist es nur ein Beweis Ihres persönlichen Charmes, Sir Henry", sagte Verschoyle , und Clara war deshalb mit ihm zufrieden... Sie genoss dieses Treffen ihrer beiden Freunde. Verschoyles Bildung war der perfekte Kontrast zu Sir Henrys Extravaganz.

Mit der Ankunft von Charles war die Gruppierung perfekt. Er kam voller Enthusiasmus herein. Seine Mappe lag unter seinem Arm und in der Hand hatte er ein Bündel Zeitungen.

„Außergewöhnliche Neuigkeiten", sagte er. „Die verzweifelten Deutschen verwandeln das Theater in einen Zirkus. Ihre Idee einer modernen griechischen Renaissance. Menschenmassen, Pferde, Clowns ... Sophokles im Zirkus!"

„Entsetzlich!", sagte Verschoyle . „Entsetzlich! Das müssen wir besser machen, Sir Henry."

„Ich *habe* es besser gemacht."

Charles beugte sich über Claras Hand und küsste sie.

„Ich habe hart gearbeitet", sagte er. 'Sehr schwer. „Meine Entwürfe sind fast fertig... Verschoyle gefällt sie."

„Ich finde sie entzückend", sagte Verschoyle .

Das Abendessen wurde serviert. Als Hommage an Claras Charme, Verschoyles Reichtum und Charles' Genialität wurde es erlesen ausgewählt:

Austern, kalter Lachs, verschiedene Fleischsorten, Gebäck und Gelees, dazu Sherry, Champagner, Portwein und Liköre, Eis und Kaffee.

Sir Henry und Charles aßen Unmengen. Sogar darin konkurrierten sie miteinander. Sie saßen einander gegenüber und griffen ständig mit den Händen über den Tisch nach Gewürzen, Brot, Keksen, Oliven, Wein ... Verschoyle und Clara bildeten einen starken Kontrast zu ihnen, obwohl beide ihr Essen amüsierten und von der Begeisterung der Großen sehr unterhalten wurden.

Sir Henry redete auf Clara ein, in einem jungenhaften Versuch, Charles zu enteignen. Er war in seiner drolligsten Art brillant und erfand eine absurde Geschichte, in der Mr. Gillies, sein Manager, und Mr. Weinberg, sein musikalischer Leiter, in eine Intrige verwickelt waren, um Miss Julia Wainwright zu ruinieren, da der eine eine Nichte und der andere eine Frau hatte, die darauf brannten, die Hauptdarstellerin im Imperium zu werden.

„Julia", sagte er, „soll Caliban spielen." Warum nicht? Du sollst Ariel und Mann spielen, und der gute alte Freeland soll Ceres sein ... Lasst uns originell sein. „Ich habe *The Tempest* schon lange nicht mehr gelesen, aber ich wage zu behaupten, dass es einen Teil für dich gibt, Verschoyle ."

'Nein danke.'

„Du könntest einer der unsichtbaren Geister sein, die das Phantomabendessen essen."

„Sie und Charles könnten das sehr gut schaffen", sagte Clara, die glaubte, dass ihre Pläne gelingen würden. Diese drei Männer wurden durch ihre Persönlichkeit zusammengehalten, und sie wollte, dass sie sich vereinen, um jene Eigenschaften in Charles hervorzudrängen, die sie zu jedem Opfer bereit machten, wenn sie nur dazu gebracht werden könnten, ihre Rolle im Leben seiner Zeit zu spielen ... Als der Wein und das Essen ihre Wirkung entfalteten, waren alle drei Männer in Hochstimmung und lachten bald vor Lachen über den riesigen Witz, den sie alle teilten, den Witz, das britische Publikum zu erfreuen.

„Es ist das wunderbarste Spiel, das jemals erfunden wurde", sagte Sir Henry. „Millionen und Abermillionen Menschen glauben alles, was man ihnen erzählt." Hurra schreien! für gebratenen Fisch, wenn der Held des Augenblicks gebratenen Fisch sagt, und Hurra! für Eis, wenn der nächste Held Eis sagt ... Ich sage Ihnen, ich könnte morgen ein Stück von Halford Bunn aufführen und sie ein paar Wochen lang davon überzeugen, dass es besser als Shakespeare ist. Ah! Sie geben uns dafür die Schuld, aber die Schuld liegt immer bei der Öffentlichkeit. Der Mann, der ein Vermögen macht, ist der Mann, der eine neue Art erfindet, sie zu langweilen ... Wir werden bald wie die Franzosen sein, wo die einzige Möglichkeit, irgendein Interesse an der Politik aufrechtzuerhalten, ab und zu ein Skandal ist.

Während sie redeten, fühlte sich Clara immer mehr von ihnen entfernt, und zeitweise fiel es ihr schwer zu glauben, dass es wirklich sie war, der all diese erstaunlichen Dinge widerfahren waren. Sie dachte, es müsse das Ende sein. Hier an einem Tisch saßen Geld, Vorstellungskraft und Effekthascherei, die drei Grundvoraussetzungen für den Erfolg, aber die drei Männer, in denen sie lebten, redeten sich selbst ein, wirkungslos zu sein. Sogar Verschoyle hatte das Fieber gepackt und redete, und sie dachte, dass die drei, mit denen sie getrennt so gut zurechtkam, zu viel für sie zusammen waren.

Sie unterhielten sich stundenlang, und sie versuchte immer wieder vergeblich, sie wieder zur Sache zu bringen. Sie würden nichts davon haben. Ihre Zungen waren locker und sie drückten ihre verschiedenen Unzufriedenheiten in boshaftem Witz aus.

Schließlich verließ sie den Tisch und nahm Charles' Mappe. Er sprang auf, riss sie ihr ziemlich grob aus der Hand und sagte :

„Ich möchte es ihnen noch nicht zeigen."

„Es wird spät, Charles", protestierte sie.

„In Moskau", sagte er, „dauert ein solches Fest mehrere Tage."

Sir Henry nutzte die Auseinandersetzung, um sich von Verschoyle zu vergewissern , dass er bereit war, Manns *Sturm* mindestens acht Wochen lang zu unterstützen. Das war gut genug für Sir Henry. Er brauchte sich die Zeichnungen nicht anzusehen... Er war wieder in seinen besten Tagen. Er wusste, dass Clara, genau wie Teresa, nicht zulassen würde, dass er sich lächerlich machte.

Clara sah das und war sehr wütend und verärgert. Es war schrecklich für sie, dass es, obwohl sie auf Eifer und Begeisterung gehofft hatte, ihr Projekt durchzuziehen, zu einem solchen Mangel an Geld und Nahrung gekommen war. Immerhin hatte Shakespeare *Der Sturm geschrieben* und sein Anteil an der Produktion war größer als der von Mann oder Butcher. Sie hatte gehofft, sie würden das Stück besprechen und ihre Ideen dazu auf einen gemeinsamen Nenner bringen.

Sie lachte jedoch über sich selbst, weil sie so jung und unschuldig war. Zweifellos würden sie sich zu gegebener Zeit wirklich mit ihrem Problem auseinandersetzen, und schließlich waren in der Welt der Männer, von der Frauen ausgeschlossen waren und vielleicht immer ausgeschlossen bleiben würden, Geld und Nahrung von größter Bedeutung. Trotzdem war sie enttäuscht und konnte es kaum verbergen.

„Ich hatte seit zwanzig Jahren keinen so schönen Abend mehr", sagte Sir Henry.

„Berühmt", sagte Charles und kehrte zum Tisch zurück. Charles war erstaunt, wie sehr er Sir Henry mochte, über dessen Taten in seinem Exil er bitter nachgedacht hatte.

Verschoyle sagte,-

„Ich wundere mich nur, dass nicht mehr Männer in meiner Position ins Theater gehen." „Wir sind so viele und können uns nichts Besseres vorstellen als Rennen, Polo und Großwild."

Da sie alle so zufrieden mit sich selbst waren, schluckte Clara ihren Kummer herunter und nahm ihre Hommage noch glücklicher entgegen, als Sir Henry sie als präsidierende Muse des Imperiums anstieß.

Sie litt unter der Reaktion eines erfüllten Ehrgeizes. Sie hatte Charles' Widerwillen überwunden, sich der Maschinerie des Theaters zu unterwerfen, und war nun selbst von einer Art Abscheu vor dessen ungeheurer Macht erfüllt, die Originalität und Kraft absorbieren und Individuen zu hilflosen Marionetten machen konnte. Aber sie wollte sich nicht eingestehen, dass sie sich möglicherweise geirrt hatte und dass es möglicherweise besser gewesen wäre , Charles seinen eigenen Weg durchkämpfen zu lassen.

Nein, nein. Wenn er sich selbst überlassen blieb, wurde er immer von seinem Verlangen nach Vögeln, Fischen und anderen derartigen Überflüssigkeiten geplagt. Als er sich in ihrer Liebe zur Kunst traf, wären er und Sir Henry bald in Streit geraten. In ihrer Liebe zum Essen konnten sie den Charme des anderen entdecken und ihre Eifersucht und ihr Misstrauen gegenüber den Zielen des anderen vergessen.

VIII

EINSAMKEIT

Verschoyle überwand ihre Abneigung, Geschenke von ihm anzunehmen, und erlaubte ihm, ihre Räume für sie einzurichten, unter der Bedingung, dass er nie ohne ihre Erlaubnis dorthin kam. Er sagte:

„Warum sollte ich nicht das Vergnügen haben, meinem Wunsch nachzugeben, Ihnen alles auf der Welt zu geben? Die Leute werden reden! ... In London reden die Leute sowieso. Wenn man uns zusammen auf der Piccadilly sehen würde, würde es Gerede geben. Sie würden sagen, ich werde Sie heiraten, aber wir wissen es besser ... Ihre Lebensweise entspricht genau meinem Ideal: absolute Unabhängigkeit, Frieden und Privatsphäre. Darin sind wir uns ziemlich ähnlich. Es scheint so seltsam, dass wir mit diesen Leuten zusammenleben, deren einziges Lebensziel darin besteht, in der Öffentlichkeit zu stehen."

Sie verbrachten viele schöne Stunden miteinander, lasen und diskutierten über die Bücher, die er armvoll für sie in einem Laden in der Charing Cross Road kaufte, wo, zur Straße hin offen, Stapel von Büchern lagen, die geradezu offensichtlich die Gesellschaft umstießen – Nietsche , Havelock Ellis, Shaw , Ibsen, anarchistische Traktate, sozialistische und Labour-Zeitschriften, billige RPA-Nachdrucke, jede Art von Buch, das in einem gewöhnlichen Geschäft nur auf Sonderbestellung erhältlich wäre ... Es war ein sehr wildes Geschäft. Die Holzarbeiten waren scharlachrot gestrichen, und über den Regalen standen in goldenen Buchstaben Namen wie Morris, Marx, Bakounin , Kropotkin, Lassalle und Mottos wie „Die Arbeiter der Welt haben nichts zu verlieren außer ihren Ketten."

Clara war es, die den Laden auf ihren Streifzügen durch das West End entdeckte, den sie bis in die entlegensten Winkel kennen lernen wollte, und seine Seltsamkeit beflügelte ihre Vorstellungskraft, als sie entdeckte, dass er trotz all seiner Wildheit von einem sanften kleinen alten Schotten geführt wurde, der die Zerstörung der Gesellschaft aufs wildeste wünschte, aber allen, die Hilfe brauchten, aufs sanfteste half und mit allen das größte Mitgefühl hatte , und es waren viele, die sich an ihn wandten, um Mitgefühl zu erhalten... Die Stammkunden seines Ladens waren arme, meist langhaarige Nüssenesser und Ideentrinker. Es gab junge Männer, die im Hintergrund seines Ladens herumlungerten, diskutierten, plauderten und die Zeit ausfüllten, die sie außerhalb ihrer Unterkunft verbringen mussten, in den häufigen Pausen zwischen ihren Versuchen, Arbeit zu verrichten, für die sie aufgrund ihrer Überzeugungen ungeeignet waren. Sie glaubten, wie er, an die Würde der Arbeit, konnten aber keine finden, die nicht unedel war. Er rühmte sich, dass er kein Buch in seinem Laden hatte, an das er nicht glaubte.

Die schöne und elegante junge Dame, die eines Tages seinen Laden betrat, überraschte und entzückte ihn mit ihrer Ausstrahlung. Sie war ein Zufall, der einem bescheidenen anarchistischen Buchhändler nicht oft widerfährt.

Als sie immer wieder kam, wurde er ihr gegenüber immer herzlicher, empfahl ihr Bücher und schenkte ihr die *Memoiren des* Fürsten Kropotkin, zumindest den zweiten Band, da er den ersten nicht finden konnte ... Er bestritt stets vehement, dass aus seinem Laden Bücher gestohlen würden, gab jedoch zu, dass seine jungen Freunde sie manchmal „ausliehen".

Die Geschichte von Kropotkins Flucht aus der Festung bewegte Clara zutiefst und sie las sie Verschoyle in ihrer Wohnung vor.

„Und dieser Mann lebt noch", sagte sie, „hier in England, wo wir umherziehen, um nach Ruhm und Geld zu jagen ... Er war wie du, Verschoyle , in einer genau gleichen Lage wie du, aber er hat es gefunden." unerträglich und kam ins Gefängnis.'

'Ah! aber das war in Russland, wo man leicht ins Gefängnis kommt. Wenn ich es immer wieder versuchen würde, würden sie mich nicht schicken. Ich bin zu reich. Sie würden es nicht tun. Wenn ich Anarchist würde, würden sie nur lachen, weil sie nicht glauben, dass die Gesellschaft jemals aus der Fassung gebracht werden kann."

„Ich bin mir ziemlich sicher, dass ich nicht umsonst in diesen Laden gegangen bin. „Mir wird etwas passieren", sagte Clara.

„Ich glaube, Ihnen ist schon genug passiert. Nicht wahr? ... Was für ein ruheloses kleines Wesen Sie sind! Da haben Sie alles zu Füßen, den größten Künstler, den reichsten Junggesellen Londons zur Verfügung, und Sie wollen, dass Ihnen etwas passiert."

„Ich will es nicht. Ich sage, ich fühle, dass es kommen muss."

„Du bist deiner Zeit voraus, meine Liebe. Das ist es, was mit dir los ist. Frauen sind noch nicht unabhängig. Sie hängen immer noch an Männern. Das ist es, was ich an ihnen nicht ausstehen kann. Ich würde es hassen, wenn eine Frau an meinem Geld hängt. Noch mehr würde ich es hassen, wenn eine Frau an mir hängt."

„Aber du solltest heiraten. Du wärst glücklicher."

Er schüttelte den Kopf und lächelte:

„Das hast du unmöglich gemacht, Clara."

'ICH?'

mich heiraten wollte, würde ich es vielleicht in Betracht ziehen ... Meine Tanten sind wütend."

'Mit mir?'

„Ja. Sie haben mehr Aufsehen erregt, als Sie sich vorstellen können. Man sagt mir, Sie seien böser als Kleopatra, und dennoch beschweren Sie sich, dass Ihnen nichts passiert."

Sie nahm ihn mit in die Buchhandlung und stellte ihn dem Buchhändler vor, einem kleinen graubärtigen Mann im Tweedanzug. Verschoyle mochte ihn und fragte ihn, was seiner Meinung nach ein Mann in seiner Position tun sollte.

„Der Mensch Jesus hat dich vor Jahren wieder auf den richtigen Weg gebracht", sagte der Buchhändler. „Verkaufe alles, was du hast, und gib es den Armen."

„Aber ich kann nicht", sagte Verschoyle . „Ich bin nur ein *cestui que trust* ."

Sowohl für Verschoyle als auch für Clara war die Buchhandlung ein Ort der Flucht, ein Urlaubsort, an dem sie mit Ideen spielen konnten, was für Verschoyle ein neues Spielzeug war. Bei Mann gab es immer eine gewisse Belastung für ihn, weil Mann etwas Bestimmtes wollte; aber mit dem Buchhändler und seinen jungen Freunden fühlte er sich wohl, denn sie waren ihm sehr ähnlich, ohne Ehrgeiz und fern von allem Druck und der Hektik der Gesellschaft. Wie er selbst wollten sie nichts anderes, als sich zu amüsieren, und wie er hassten sie Unterhaltung, die Anstrengung mit sich brachte.

Clara jedoch nahm es wie immer ernst. Die Kropotkin-Erinnerungen hatten ihre Fantasie angeregt, und sie sah in den jungen Männern der Buchhandlung potenzielle Kropotkins , Menschen, die am Rande eines Abgrunds des Leidens standen und sich nichts Besseres wünschten, als in das Elend der Welt versunken zu sein.

Die Störung ihrer Gelassenheit war so groß, dass sie sich einige Wochen lang allein zurückzog, um ihre Ideen zu sammeln. Die Welt war nicht so einfach, wie sie gedacht hatte; sicherlich keineswegs so einfach, wie es während ihrer drei Jahre mit Charles erschienen war. Wie sie gesagt hatte, war London anders. Sie war in diesem großartigen London von Butcher und Verschoyle so weit fortgeschritten , nur um durch die Buchhandlung plötzlich ein anderes London vor sich zu entdecken – das London der Armen ... Armut, die sie nie gekannt hatte, außer der Armut der Welt der Kunst die eher durch Gleichgültigkeit gegenüber Geld als durch den eklatanten Mangel an Geld entsteht. Mit Charles waren die Tage so beschäftigt und die Nächte so glücklich gewesen, dass es eine Kleinigkeit war, dass sie hin und wieder einen Tag lang hungern musste, damit es ihm nicht mangelte. Die immense Armut, die sie jetzt überall in diesem West End von London sah, in Höfen an der Charing Cross Road, in riesigen Arbeiterwohnungen, in Soho und in ihren eigenen Räumen hinten am Leicester Square, überall rund um die berechnete Pracht der Theater , überwältigte sie und veränderte viele ihrer Vorstellungen; Erstens ihre Haltung gegenüber Kitty Messenger, die sie als vulgäres Ärgernis, als schrecklichen Eingriff aus der Vergangenheit empfunden hatte . Es war ihr unmöglich, ihre sichere Position über dem schmutzigen Meer der Armut zu akzeptieren.

Sie verabscheute die Armen, ihre Trägheit, ihre Grobheit, ihre schrecklichen Manieren, ihre laute Fröhlichkeit und ihren gewalttätigen Zorn ... Vor ihrer Tür stritten sich zwei betrunkene Frauen. Sie lehnten sich an die Wand, packten sich an den Haaren und versuchten, während sie sich gegenseitig heftige Flüche ins Gesicht hauchten, zu beißen, zu kratzen und den Kopf der anderen gegen die Wand zu schlagen ... Clara rannte an ihnen vorbei und zitterte am ganzen Leib. Sie hatte noch nie die unkontrollierte Brutalität gesehen, zu der Menschen fähig sind ... Aber es kam noch schlimmer, als ein Polizist die beiden Frauen festnahm und grob wegzerrte.

Und danach begegnete sie immer wieder ähnlichen Szenen oder verkommenen und heruntergekommenen Gestalten. Es war, als wäre sie blind gewesen und könnte plötzlich sehen – oder war die Welt böse geworden?

Wie konnte Verschoyle , wie konnte Charles, wie konnten all die gut gekleideten und wohlgenährten Menschen so glücklich sein, während sich so etwas vor ihren Augen abspielte? Vielleicht konnten sie sie, genau wie sie selbst, nicht sehen. Es war sehr seltsam.

Noch seltsamer war die Energiefreisetzung in ihr, die ein neues persönliches Interesse an ihrem eigenen Leben mit sich brachte. Sie begann, andere Frauen aufmerksamer zu betrachten und sie ein wenig besser zu verstehen, sogar Verständnis für ihre Eitelkeit, ihre Gedankenlosigkeit, ihr Beharren auf Huldigung und Schmeichelei von ihren Männern zu entwickeln. Von da ging sie zu einer etwas verwirrten Selbstbetrachtung über und erkannte , dass es außergewöhnlich war, dass sie in der Lage gewesen war, ihre Verbindung zu Charles abzubrechen und das Unpersönliche aufrechtzuerhalten, während die persönliche Beziehung unterbrochen war – oder verschwunden? Ja. Das war ganz außergewöhnlich, und deshalb wusste sie, dass sie nie das Leben einer gewöhnlichen Frau führen konnte, die ganz von Äußerlichkeiten, von Stellung, Kleidung, Essen und Haushalt, Geschäften in Anspruch genommen wurde.

Sie erinnerte sich, dass Charles gesagt hatte, dass seine Gefühle für sie am äußersten Ende der Liebe stünden, und sicherlich hatte sie noch nie so etwas wie die Beziehung, sagen wir, Freeland und Julia erlebt – eine lockere, angenehme Romanze. Entweder einfach oder bequem zu sein war ihr zu einem Gräuel geworden, und im Grunde war dies der Grund für ihre

Unzufriedenheit. Es war zu einfach gewesen, Charles den Beginn des Erfolgs zu verschaffen. Sie hatten sich die Kontrolle über die Maschinerie des Theaters gesichert und mussten nun im Einklang mit deren Funktionsweise handeln.

Einige Wochen lang war sie gelähmt und konnte nichts anderes tun, als dasitzen und grübeln; sie konnte kaum bewusst denken, sondern starrte auf sich selbst und die Kräfte, die sich in ihr regten, immer stärker wurden und ihre Vorstellungskraft übernahmen, die bis dahin völlig frei gewesen war und unangefochten die Herrschaft über ihr Wesen innehatte. Dies war eine Zeit höchster Qual. Sie wollte sich nicht ergeben. Ohne zu wissen, was von ihr verlangt wurde, schrie sie: „Ich will nicht, ich will nicht." Aber die Kräfte, die sich in ihr regten, waren unerbittlich und veränderten ihr gesamtes körperliches Seinsgefühl. Ihr Körper veränderte sich, ihre Figur veränderte sich ganz subtil und unmerklich, ihr Gesicht gewann an Kraft und Schönheit, aber sie verabscheute die Veränderung, weil sie ohne Bezug zu ihrem eigenen Willen oder ihrer eigenen Vorstellungskraft stattfand, die zum ersten Mal in ihrem Leben durchkreuzt wurde … Es war entsetzlich für sie, die es immer so leicht gefunden hatte, das Leben anderer zu lenken, zu sehen, wie ihr eigenes Leben mit schrecklicher Geschwindigkeit außer Kontrolle geriet … Kein Gedanke, keine Vorstellung ihrer letzten Tage war jetzt gültig. Im schlimmsten Stadium schienen ihr selbst die einfachsten Bewegungen unverständlich. Der Anblick ihres schönen Arms, der ihr immer Lust bereitet hatte, stieß sie jetzt als etwas Phantastisches und unwiderstehlich Komisches ab, abstoßend Komisches zu dieser Zeit, da sie Opfer so vieler undurchsichtiger Leiden war, so tief, dass sie es auf keine Ursache zurückführen konnte, so heftig, dass sie keinen Zweck darin erkennen konnte.

Lesen war für sie fast die einzige Erleichterung, und sie verschlang neben anderen merkwürdigen Werken, die sie in ihrer Buchhandlung fand, General Booths *Darkest London* und Roses *The Truth about the Transvaal* . Romane konnte sie überhaupt nicht lesen. Belletristik war ganz gut, aber sie sollte irgendeinen Bezug zu den menschlichen Gefühlen haben, so wie sie sind. Nach ihrem Leben in Charles' Fantasie brauchte sie eine Kost aus harten Fakten, und wie üblich bekam sie, was sie brauchte. Sowohl Booth als auch Rose beschäftigten sich mit der Vergangenheit, aber das machte sie umso schmackhafter und sie beruhigten sie. Die Fakten, die sie jetzt entdeckte, waren anderen Köpfen schon bewusst gewesen, und ihr eigener hatte deren ganze Last nicht ohne Unterstützung tragen können … In ihrer unberührten Jugend hatte sie immer die Verantwortung für das ganze Universum übernommen, und solange ihr das Leben leicht gemacht worden war, zuerst von ihrem Großvater und dann von Charles, war die Last erträglich gewesen, und sie hatte das Universum so gestalten können , dass es ihnen angenehm war. Doch nun, da das Leben plötzlich ohne ersichtlichen Grund unglaublich schwierig war, war die Last größer, als sie ertragen konnte, und es war eine Erleichterung für sie, in diesen beiden Büchern Ausdruck eines leidenden Gewissens zu finden … Beim Lesen von „Rose" erinnerte sie sich an ein Sprichwort ihres Großvaters: „Die Briten errichten überall, wo sie hingehen, Slums, denn in jedem britischen Kopf steckt ein Slum."

Sie konnte in den Büchern Erleichterung finden, doch sie konnte das Aufwallen der geheimnisvollen Kräfte nicht eindämmen, die die Klarheit ihres Geistes trübten und ihre normalerweise schnelle Intuition träge machten.

Sie war sehr dankbar, dass sie Charles ins Imperium gelenkt hatte, bevor dieser Kataklysmus in ihr ausbrach... Sie konnte gut allein sein, um, wenn möglich , die Überfülle an neuen Eindrücken zu verarbeiten, unter der sie litt. Sie hatte keine Gedanken mehr, sondern nur Obsessionen. London... London... London... Der tosende Verkehr: die Menschenmassen: Coventry Street bei Nacht: die erleuchteten Theater: die Statue am Piccadilly Circus: das Hotel, in dem sie und Charles ihre erste Nacht in London verbracht hatten: die bemalten Gesichter der Frauen: Polizisten: Portiers: wundervolle, nachts beleuchtete Autos, die durch die Straßen glitten, mit eleganten Damen im Abendkleid, die sich entspannt zurücklehnten, gelangweilt, mechanisch, so hart und mechanisch wie die Autos, die sie durch die Straßen fuhren: die betrunkenen Frauen, die sich vor ihrer Tür prügelten: die Frau gegenüber ihrem Fenster, die einen Kanarienvogel in einem Käfig hielt und die Aspidistra auf ihrem Fensterbrett so liebevoll goss: U-Bahnen: Aufzüge: grelle Lichter und weiße Fliesen... London... London... London...

Durch all das zog sich ein roter Faden voller kämpfender, bewusster Absichten, die sie vor dem Elend bewahrten und es ihr unmöglich machten, nachzugeben. Tief in ihrem Herzen wusste sie, dass sie es nicht konnte; dass sie entkommen war; dass es für sie nie etwas Schreckliches, Schreckliches, Überwältigendes sein würde, eine Frau zu sein.

Mit diesem Wissen ging ein Jubel, ein Stolz, ein triumphales Gefühl einher, eine fast tödliche Gefahr überstanden zu haben, deren volle Natur noch enthüllt werden musste. Und sie hatte es alleine überstanden. Ihre kindliche Abneigung gegen ihre Weiblichkeit war verschwunden. Sie akzeptierte es, rühmte es als ihr Instrument und wusste, dass sie sich nie darin verlieren würde.

Für immer war diese Krise mit Kropotkins Flucht aus dem Gefängnis verbunden, und sie war voller freudiger Dankbarkeit gegenüber dem kleinen Buchhändler, der ihr das Buch geliehen hatte, nachdem der erste Band ausgeliehen worden war.

Ihr Verständnis war durch diese plötzliche Erschütterung ihres Lebens unermesslich gewachsen, und sie war sehr stolz auf die Treue zu ihrem Instinkt, die sie dazu gebracht hatte, allein damit zu kämpfen; Und als sie nun Frauen sah, die in äußere Dinge versunken waren, wusste sie, dass sie bei ihnen Zuflucht vor genau solchen Krämpfen gesucht hatten, von denen sie, wenn sie versucht hätten, ihnen entgegenzutreten, überschwemmt worden wären. Sie klammerten sich an äußere Dinge, um nicht im Strudel der inneren Welt der Weiblichkeit unterzugehen ... Ah! Es war das Höchste, eine Frau zu sein, die wildesten und mächtigsten aller Manifestationen des Lebens in sich zu tragen, zu lächeln und all diese gewalttätigen Kräfte in Charme zu verwandeln, zu leiden und alles Leiden in sichtbare Schönheit zu verwandeln.

Wenn Clara jetzt überhaupt Mitleid mit Männern hatte, dann mit denen, die immer in Fantasiewelten leben, von ihren eigenen Vorstellungen angelockt werden in dem vergeblichen Bemühen, das Geheimnis zu lösen, dessen Schlüssel nur eine wahre und treue Frau besitzt.

Als sie sich wieder ihrem Leben außerhalb des Ladens zuwandte , geschah dies über die Buchhandlung, wo sie ihren Freund, den Buchhändler, in dem schäbigen kleinen Raum im hinteren Teil seines Ladens vorfand, wo er sein Mittagessen aus Weizenkeksen und Äpfeln verzehrte.

Er bot ihr einen Apfel an. Sie nahm ihn und setzte sich auf einen mit einem Seil zusammengebundenen Bücherstapel.

„Du siehst hübsch aus", sagte er.

„Ich glaube, ich werde kommen und Ihr Assistent sein."

„Eine feine junge Dame wie Sie?"

„Vielleicht treffe ich jemanden wie Kropotkin."

'Ah! Ist das nicht großartig? Keiner Ihrer Dumas und Stevensons kann das schlagen; ein echtes Ereignis in unserem eigenen Leben ... Aber ich kann mir keinen Assistenten leisten.'

'Oh! „Sie scheinen immer viele Leute in Ihrem Geschäft zu haben."

„Diese verdammten Verleger setzen ihre Preise für den armen Buchhändler immer weiter in die Höhe, und mein Gehirn ist mein ganzes Kapital, und ich werde das Zeug, das wie Seifenstücke geworden ist, nicht verkaufen, auch wenn die Autoren vielleicht so berühmt sind wie der alte Nick und ..." Die Verleger fahren vielleicht mit ihren Autos vorbei und bauen ihre Schlösser auf dem Land ... Ich verkaufe die ganze Woche über meine Bücher, und sonntags baue ich auf meinem eigenen Grundstück mein eigenes Essen an, und ich werde mich durchsetzen, bis ich es bin Sie werden in die Erde gelegt und haben einen Stapel Bücher, um mich unten zu halten, wenn ich tot bin, wie sie es in meinem Leben getan haben.'

Er steckte sich eine Apfelscheibe in den Mund und kaute daran herum, während aus seinen gesunden Wangen ein rosiger Trotz gegen eine ungeordnete Welt schimmerte.

Auf seinem Schreibtisch sah Clara sein Kontobuch, einen Stapel Rechnungen und alte Schecks, und es war nicht schwer, den Grund für seine Schwierigkeiten zu erraten.

„Ich bin sicher, ich sollte Ihre Bücher für Sie verkaufen."

„Sie würden ganz London in meinen Laden locken, junge Dame , so wie Sie die Leute ins Theater locken würden; aber der Buchhandel ist ein staubiges Geschäft und nichts für helle Köpfe oder feine Leute."

Clara blickte in den Laden hinaus und freute sich über die Freundlichkeit. Ein schlanker, hungrig aussehender Mann kam herein, kaufte eine Zeitung und blätterte weiter in den Büchern. Sie konnte sein Gesicht nicht sehen, aber etwas in seiner Bewegung verriet die Qualität seines Witzes und sein präzises Bewusstsein. Er ergriff ein Buch mit gewohnter Gewandtheit, als könnte er seinen Inhalt mit den Fingerspitzen schmecken und abwägen, blätterte darin und legte es weg, als wäre es endgültig entsorgt. In allem, was er tat, lag eine konzentrierte Konzentration, die es endgültig und endgültig machte. Er war so empfindlich, dass er bei der Annäherung einer anderen Person zurückwich, als wolle er einen unangenehmen Aufprall vermeiden ... Er war sehr schäbig, aber vornehm und originell. Nachdem er ein halbes Dutzend Bücher in die Hand genommen hatte und darin keinen Reiz fand, hielt er inne, überlegte und verließ den Laden, ganz offensichtlich mit der klaren Absicht, einen notwendigen und unvermeidlichen Zweck im Kopf zu haben.

Sein Weggang war ein Schock für Clara, so sehr hatte sie sich auf ihn konzentriert; doch obwohl sie seinen Namen unbedingt wissen wollte, brachte sie es nicht übers Herz, ihren alten Freund zu fragen, wer er war. Das spielte keine Rolle. Er war es, und Charing Cross Road war durch tiefgreifende Erfahrungen zu einem heiligen Ort geworden, die Buchhandlung zu einem Raum, der heiliger war als alle anderen.

Clara saß noch einige Zeit schweigend bei ihrem alten Freund, der sich nach dem Mittagessen seine Pfeife anzündete und mit gekreuzten Beinen, blinzelnd und wiederkäuend, dasaß. Sie starrte in den Laden, und es kam ihr immer noch so vor, als stünde die bemerkenswerte Gestalt dort und blätterte in den Büchern herum, grübelte und entschied. Ihre Gefühle durchströmten sie, erhoben sie und sie hatte das Gefühl, mit allen belebten und unbelebten Dingen wunderbar vertraut zu sein. Sie berührte den Schreibtisch an ihrer

Seite, und es kam ihr vor, als würde das Leben durch ihre Finger in das Holz prickeln. Sie lächelte den alten Mann an und seine Augen zuckten, und er nickte ihr leicht schief. Sie wollte ihm sagen, dass die Welt ein wunderbarer Ort sei, aber sie konnte nur weiter lächeln, und als sie den Laden verließ, schob der Buchhändler seinen Hut auf seinen Hinterkopf, kratzte sich am Bart und sagte:

„Heringe! Ich sagte zu Jenny , sie würde mir Glück bringen. Aber sie ist mit deinem Birkie verschwendet ' ca'd ein Lord.'

IX

MAGIE

Als Clara den Laden verließ, erschien London ihr wie eine freundliche Stadt. Ein frischer Wind wehte, und sie blieb einige Augenblicke stehen, um die scharfe Luft einzuatmen. Der Himmel war voller Wolken, grau, weiß und zimtfarben gegen das rauchige Blau, als sie sich mit neu nach Schönheit und Freundlichkeit dürstenden Augen nach Süden wandte. Über den Dächern thronte die Statue von Lord Nelson in absurder Höhe über dem London, das seine Emma verhöhnte, und Clara lachte, als sie den kleinen grauen Mann mit dem Dreispitz sah, der für sie die köstliche Absurdität Londons symbolisierte , wo nichts und niemand in seiner Unermesslichkeit jemals von der geringsten Bedeutung sein konnte ... Das war ihr Charme, dass man dort die Gleichgültigkeit der Menschheit spüren konnte, genau wie man auf einem Hügel die Gleichgültigkeit der Natur spüren kann. Eine Stadt der Fremden! Jeder war jedem anderen fremd. Das war gut und gesund. Nichts in London war zur Schau gestellt, nichts war für den Touristen hergerichtet. Wenn man in London in Zimmern lebte, konnte man sich so einsam fühlen wie in einer Hütte in der Wildnis.

Sie ging zum Imperium hinunter und als sie durch die Bühnentür eintrat, fand sie Charles im angeregten Gespräch mit dem Bühnenbildner Mr. Smithson, der eine Zeichnung betrachtete und sich zweifelnd am Kopf kratzte.

„Es ist klug, Herr Mann, aber nichts wie die Küste." Sir Henry möchte bestimmt, dass seine Wellen abgehen, und die Sonne sollte ein bisschen so aussehen.'

„Das ist mein Plan, Mr. Smithson." Sir Henry sagte, Sie würden es malen. Wenn du es nicht willst, mache ich es selbst.... Ah! „Clara, kommen Sie und erklären Sie Mr. Smithson, was wir wollen."

Smithson drehte sich wütend um.

„Er gibt mir eine blühende Zeichnung mit Purpur-, Gold- und Blautönen und allen Farben außer den natürlichen Farben eines Ortes am Meer." Ich male seit dreißig Jahren Bühnenbilder und sollte inzwischen wissen, wie eine Bühneninsel aussieht. „Ich habe im Laufe meiner Zeit ein Dutzend Sets für *The Tempest gemacht.*"

„Es ist eine verzauberte Insel", sagte Clara.

„Aber Prospero war Herzog *von* Mailand . Gott weiß, welche Art von Beleuchtung es braucht.'

Charles warf seinen Hut auf den Boden und stampfte darauf herum.

„Dummkopf! Narr! Idiot!' er schrie. „Geh weg und male es so, wie ich es dir sage."

„Verdammt, wenn ich das tue", sagte Smithson. „Meine Firma hat die gesamte Kulisse für dieses Theater gemalt, seit Sir Henry es übernommen hat, und wir hatten unseren Namen auf dem Programm, und wir haben einen Ruf zu verlieren." Wenn Shakespeare von einer Insel spricht, meint er eine Insel, nicht den Krater eines blühenden Vulkans ..."

Mr. Smithson seine Zeichnung aus der Hand und sagte mit einem Ausdruck äußerster Qual:

„Clara, du hast mich in dieses höllische Theater gezerrt." Könnten Sie bitte dafür sorgen, dass ich dadurch nicht in den Wahnsinn getrieben werde? Bin ich ein Künstler?'

„Sie sind vielleicht ein Künstler, Mr. Mann", sagte Mr. Smithson, „aber ich bin ein praktischer Bühnenmaler. Ich habe schon Bühnenbilder gemalt, bevor Sie geboren wurden. Ich war drei Jahre alt und arbeitete in der Werkstatt meines Vaters, als ich zu Gustus Harris' Zeiten meinen ersten Farbklecks für das Tal der Diamanten für Drury Lane auftrug."

Der Streit hätte endlos weitergehen können, aber glücklicherweise kam Sir Henry mit Lady Butcher die Treppe herunter. Er war makellos gekleidet in Gehrock und Zylinder, grauen Kaschmirhosen und weißer Weste, um mit seiner Frau an einem eleganten Empfang teilzunehmen. Mit einer tiefen Verbeugung nahm er seinen sehr glänzenden Hut ab und sagte zu Lady Butcher:

„Mein lieber Mr. Charles Mann."

Lady Butcher nickte knapp.

„Meine Liebe, Miss Day ..."

„Che-arming!", sagte Lady Butcher gedehnt und streckte ihre Hand sehr hoch in die Luft. Clara griff danach und schüttelte sie heftig.

„ Mr. Smithson gefällt Charles' Zeichnung der Höhlenszene nicht", sagte Clara. „Er kann sie nicht richtig erkennen, wissen Sie, weil sie ein bisschen anders ist."

„Es dauert gleich, meine Liebe", sagte Sir Henry, und Lady Butcher segelte auf die Straße hinaus.

„Was ist los, Smithson?"

„So etwas haben wir noch nie gemacht. So etwas gibt es in der Natur nicht."

„Es gibt in der Natur nichts Vergleichbares zu Caliban", sagte Clara süß, und Sir Henry verstand ihren Wink, blickte Smithson finster an und knurrte:

„Ich habe es bestanden. Wenn Änderungen erforderlich sind, können wir dies bei der Probe klären. Fortfahren. Ich will es sehen, bevor ich weggehe.'

„Aber es gibt keine Messungen, Sir Henry."

„Sie wissen, was wir können und was nicht."

„Sehr gut, Sir Henry." Mr. Smithson setzte seine Melone auf und eilte davon.

Charles bückte sich, um seinen zerschlissenen Hut aufzuheben, und Sir Henry ergriff Claras Arm, drückte ihn fest, blickte durch die Tür auf seine prächtige Frau und stieß einen gewaltigen Seufzer aus. Clara lächelte ihn in ihrem erstaunlichen neuen Glück an und er murmelte:

„Du wirst jeden Tag schöner." A-ah! Guten Tag, Mann. Das Theater steht Ihnen zur Verfügung.'

Er heftete seinen Blick einen Moment lang auf Clara und riss sich dann los.

Auf dem Ständer lagen ein oder zwei Briefe für sie. Sie nahm sie heraus und drehte sich um. Charles stand da, nachdem er seinen Hut geglättet hatte, und starrte reumütig durch seinen Kneifer.

„Diese Leute sind mir viel zu beschäftigt", sagte er. „All die Arbeit, die ich investiert habe, scheint ihnen nichts zu bedeuten. Ich hatte vor zwei Tagen einen schrecklichen Anfall von Butcher, und jetzt ist mir dieser Smithson zu viel geworden. Sie behandeln mich wie einen Schneider und erwarten von mir, dass ich meine Kulisse so zuschneide, dass sie in ihr Theater passt … Ich wünschte, du würdest zurückkommen, Feigling. Ich bin in einem schrecklichen Durcheinander. Ich habe gearbeitet, bis ich nicht mehr sehen kann, und ich habe *Der Sturm gelesen, bis mein Verstand so salzig ist wie ein getrockneter Schellfisch … Aber ich habe einen* wunderbaren Caliban gezeichnet , halb Fisch, halb Frosch, halb Mensch … Leben, das aus dem Meer erwächst. Ich bin jetzt sicher, dass wir alle aus dem Meer hervorgegangen sind und dass das Leben auf der Erde nur das ist, was übrig bleibt, nachdem die Sonne es ausgetrocknet hat …"

Clara sah ihn besorgt an. Sie fühlte sich immer noch für ihn verantwortlich, aber sie war nicht länger ein fester Bestandteil von ihm. Sie war frei von seiner Fantasie und konnte ihr kritisch gegenüberstehen.

„Macht nichts, Charles", sagte sie. „Lass uns gehen und uns die Bühne ansehen, und du kannst mir erzählen, was du geplant hast, und dann werden wir rausgehen und reden und entscheiden, was wir in den Ferien machen werden." Ich habe versprochen, für ein paar Tage zu Sir Henry in den Lakes zu fahren, und Verschoyle hat versprochen, mich dorthin zu fahren."

Charles' Finger tasteten eher schwach um seine Lippen, und zu ihrem Kummer sah sie, dass er wieder an seinen Nägeln kaute.

„Kommst du nie wieder zurück, mein Huhn, meine Liebe?" ... Es tut mir leid, dass wir jetzt nach London gekommen sind. Wir hätten nach Sizilien fahren sollen, wie ich wollte. An solchen Orten kann man leben. Hier sind alle so geschäftstüchtig, so festgelegt, so daran gewöhnt, auf eine bestimmte Art und Weise zu handeln und zu denken.'

„Ist etwas passiert?" fragte Clara, wohlwissend, dass er nie ohne Grund kritisch war.

„Nein", antwortete er eher kurz, „nein."

Sie war ziemlich irritiert von ihm. Er hatte kein Recht, so dumm und hilflos zu sein, sich von ihr demütigen zu lassen, indem sie ihn aus seinem Streit mit Smithson herausholte, auf den er sich niemals hätte einlassen dürfen. Smithson war schließlich nur eine Art Händler.

Sie gingen auf die Bühne und Charles schwärmte von der Kulisse, die er entworfen hatte. Mit Charles war Reden eher eine sportliche Leistung. Er holte ein Maßband aus der Tasche, rannte damit umher und machte Kreidestriche auf den Brettern.

Die Kulissentür stand offen, und das Sonnenlicht fiel in einem großen Strahl auf ihn, und Clara, die ihn beobachtete, tat ihm plötzlich schmerzlich leid. Er steigerte sich in pulsierende Begeisterung, ein Schwall von Worten strömte über seine Lippen, während er mit seltsamen Gesten die hoch aufragenden Felsen, die vom Wind verdrehten Bäume, das Gewirr von Zitronen, das blaue Licht, das die Grotte des Zauberers erhellte, das goldene Licht, das um die aus dem Meer ragende Felseninsel schwebte, beschrieb. All das sprach er, während die Sonne durch sein langes, gelbes Haar schien und seine silbernen Strähnen enthüllte ... Endlich stand er im Sonnenlicht, mit ausgestreckten Armen, als würde er seine Vision vom Himmel heraufbeschwören, damit sie auf der Bühne Gestalt annahm.

Clara, die ihn beobachtete, erkannte, dass er ein geborener Schauspieler war. Er betrat die Bühne mit liebevollen Füßen und mit einer Bewegung, die sich völlig von der unterschied, die er auf der Straße oder unter Leuten an den Tag legte, die nicht zum Theater gehörten. Das war ganz gewiss der wahre Charles. Das Licht der Sonne auf ihm war unpassend. Es verhöhnte ihn und offenbarte unerbittlich die Tatsache, dass er nicht mehr jung war. Die Kulissentür wurde geschlossen und die Dissonanz hörte auf, aber deutlicher denn je zeigte sich Charles als Schauspieler, der leicht und liebevoll seine angeborene Höhe betrat. Der Einfluss des Ortes beeinflusste sogar ihn selbst, und nachdem er seine imaginäre Kulisse um sich herum aufgebaut hatte, sagte er:

„Eine meiner ersten Rollen war die des unter Holzstämmen taumelnden Ferdinand."

Er nahm einen imaginären Baumstamm an und rezitierte:

, die mir so schwer fallen würde, wie es abscheulich ist;
aber die Herrin, der ich diene, belebt das, was tot ist, und macht meine
Arbeit zum Vergnügen: Oh, sie ist
zehnmal sanfter als die Krabbe ihres Vaters;
Und er ist von Härte geprägt. Ich muss einige Tausende dieser
Baumstämme entfernen und sie aufstapeln, aufgrund einer schmerzhaften
Anweisung: Meine süße Herrin weint, wenn sie mich arbeiten sieht; und
sagt, solche Gemeinheiten hätten den Testamentsvollstrecker nie gemocht.

Er erzeugte die Illusion von Jugend, und seine Stimme war so bezaubernd, dass Clara, wie Miranda, weinte, als sie ihn sah ... Er warf seine Rolle mit einem lauten Schrei ab, stürzte sich auf sie und umarmte sie.

„Chicken", sagte er, „lass uns nicht länger albern sein. Wir haben es geschafft. Hier sind wir im Theater. Wir haben die Bühne erobert, und bald werden alle Sitze da draußen voll sein mit eifrigen Leuten, die fragen: ‚Wer sind diese Wunder? Kann das sein? Das sind doch sicher niemand anderes als Charles und Clara Mann?'"

„Tag", sagte sie.

Er stampfte ungeduldig mit dem Fuß auf.

„Was steckt in einem Namen? Tag, wenn Sie so wollen. Künstler können und müssen tun, was sie wollen. Dies ist unser wahres Leben, hier schaffen wir Schönheit. Der Rest ist für Stadtbeamte und Börsenmakler, die sich nicht darauf verlassen können, sich anständig zu benehmen, wenn sie nicht über ein perfektes Netz von Regeln verfügen, denen sie nicht entkommen können."

„Ich möchte nicht darüber reden. Machen Sie mit Ihrer Arbeit weiter, Charles."

„Ich bin für heute fertig... Darf ich dich zum Abendessen einladen?"

'NEIN. Ich habe Verschoyle versprochen .'

'Verdammt! Du solltest nicht so oft mit ihm gesehen werden. Die Leute werden sagen, dass du mich wegen seines Geldes verlassen hast.'

„Ich dachte, es wäre den Künstlern egal, was die Leute sagen."

„Das tun sie nicht, Clara. Das tun sie nicht.'

„Du musst vernünftig sein, Charles. Du bist nicht sicher. „Man kann kein Risiko eingehen, bis man erfolgreich ist."

„Dann wird es mir nicht gelingen." Ich werde nicht weitermachen... Es ist etwas äußerst Unglückliches passiert. „Clott ist mit dem ganzen Geld auf der Bank verschwunden … Ich habe ihn die Schecks unterschreiben lassen."

'Oh! Oh! du Narr, Charles.'

„Er hat immer wieder Schecks von mir bekommen."

'Wie?'

„Er sagte, er würde es der Polizei sagen."

Clara stampfte mit dem Fuß auf. Abscheulich! Wie abscheulich die Menschen waren … Sie musste Charles beschützen, aber wenn sie bei ihm war , setzte sie ihn der schrecklichsten Gefahr aus. War jemals ein Mädchen in einer so verrückten Lage?

Was es noch schlimmer machte, war, dass sich ihre Einstellung ihm gegenüber geändert hatte. Sie war nicht mehr so sehr in ihn versunken, dass sie das Leben nur noch durch seine Augen sehen konnte. Abgesehen von ihm war sie gewachsen und hatte eine eigene unabhängige Existenz entwickelt.

„Wie viel hat er genommen?"

„Zweihundertzehn Pfund." Wir können ihn nicht strafrechtlich verfolgen, sonst verrät er es. „Er weiß das, sonst hätte er es nicht getan."

'Wo ist er?'

„Ich weiß nicht. Laverock traf ihn neulich und befragte ihn zu einigen Angelegenheiten des Komitees. Er hatte die Unverschämtheit zu sagen, dass er zurückgetreten sei und zu Geld gekommen sei, so dass sein Name jetzt nicht mehr Clott, sondern Cumberland sei."

Und wieder sagte Clara in ihrem Herzen: „Es ist meine Schuld."

Charles konnte ruhig glauben, die Welt werde von Magie regiert. Kunst ist Magie, aber sie hätte wissen müssen, dass diese Magie nur bei ganz wenigen wirkt und dass die vielen, die sich nur durch List leiten lassen, sie immer ausnutzen … Der arme Charles! Auf Schritt und Tritt von seiner eigenen Einfalt betrogen, sogar von ihrem Eifer, ihm zu helfen!

„Es ist schade", sagte Clara mit Tränen in den Augen. „Wir können nichts tun." Außerdem würde ich niemals jemanden ins Gefängnis schicken, was auch immer er tun würde. Aber was für eine dreckige kleine Kröte... Wie hat er das herausgefunden?'

'Ich weiß nicht. „Er ist der Typ Mann, der im Theater herumhängt und sich am Freitagabend fünf Schilling leiht."

Vorbei war die Magie der Bühne, verschwunden die Macht in Charles. Er sah einfach nur wie ein müder, heruntergekommener Kerl aus, der sich mehr als nur ein bisschen schämte. Er ließ den Kopf hängen und murmelte:

„Das passiert immer, wenn ich reich bin. Ich war furchtbar unglücklich darüber. Ich dachte nicht, dass ich es Ihnen sagen könnte. Ich ging gestern in ein Geschäft, um einen Revolver zu kaufen, aber ich kaufte stattdessen einen Fotorahmen, weil der Mann so nett war, dass ich den Gedanken nicht ertragen konnte, dass er mir half, mein Leben zu beenden... Ich scheine alles, was ich berühre, zu vermasseln, und doch hat niemand je gewagt zu sagen, dass ich kein großer Künstler bin."

Clara ging von ihm weg über die Bühne. Es hatte schon früher Verwirrungen gegeben, aber nichts so Schlimmes wie dieses.

Während sie ging, stellte sie fest, dass sie durch seine Beobachtung die Kunst gelernt hatte, die Bühne zu betreten und zu etwas zu werden, das mehr als sie selbst war, was für eine dramatische Präsentation notwendig ist. Diese plötzliche Erkenntnis erfüllte sie mit einem entzückten Nervenkitzel, und wieder einmal wurde ihr Leben von Magie durchflutet, so dass dieses neue Problem, genau wie ihr altes, sehr weit entfernt schien und sie Charles' Behauptung, er müsse seinem Leben ein Ende bereiten, sogar bis zu diesem Punkt verstehen konnte versuchte, einen Revolver zu kaufen, was unmöglich wurde, als ihn jemand freundlich ansprach. Sie fühlte sich zuversichtlich und sicher und fühlte sich im Theater wohl, das ein Zufluchtsort war, den nichts in der Außenwelt verletzen konnte.

„Mach dir keine Sorgen, Carlo", sagte sie. „Ich werde dafür sorgen, dass es klargestellt wird."

„Dann kommst du zurück und hör auf mit diesem Unsinn vom Alleinleben?"

„Wenn *The Tempest* fertig ist , werden wir weitersehen. Das will ich nicht riskieren. Was jetzt zählt, ist *The Tempest* ."

„Wirst du darin spielen?"

„Ich weiß es noch nicht … Gehen Sie in den Zuschauerraum und sagen Sie mir, was Sie von meiner Stimme halten?"

Charles ging in den ersten Rang, und Clara, die ihre neu erworbene Kunst übte , wandte sich an einen imaginären Ferdinand – der ihr jetzt lebendiger und realer vorkam – und deklamierte:

„Ich kenne niemanden
aus meinem Geschlecht! Ich erinnere mich an kein Frauengesicht, außer an

mein eigenes in meinem Spiegel. Noch habe ich mehr gesehen, die ich Männer nennen könnte, als Sie, guter Freund und mein lieber Vater. Wie die Gesichtszüge aussehen, weiß ich nicht . Aber bei meiner Bescheidenheit –

dem Juwel in meiner Mitgift – möchte ich auf der Welt keinen anderen Gefährten als Sie."

Sie hielt inne. Der lebendige, wirkliche Ferdinand ihrer Vorstellung verwandelte sich in die Gestalt des mageren, hungrig aussehenden Mannes aus dem Buchladen. Er wandte sich ihr zu, und sein Gesicht war edel in seinem Leiden, kraftvoll und stark, um die Last des Geistes dahinter zu tragen. Sehr süß und sanft war der Ausdruck in seinen Augen, in höchst ergreifendem Kontrast zu der rauen Härte, die eine leidenschaftliche Selbstbeherrschung in seine Züge geformt hatte... Ihr Herz schmerzte unter diesem Erstaunen, dass sie in diesem Phantom sein Gesicht sehen, kennen und lieben konnte, auf das im Leben ihre Augen nie gefallen waren.

„Weiter", rief Charles aus der ersten Reihe. „Bewundernswert. Ich hätte nie gedacht, dass Sie das schaffen."

„Das reicht", antwortete sie und bemühte sich heftig, ihre Verwirrung und süße Qual abzuschütteln.

„Wenn ich ihn treffe", sagte sie in ihrem Herzen, „werde ich ihn lieben und es wird nichts anderes geben."

Laut sagte sie: –

'Ich darf nicht.'

Sie hatte es sich zur Aufgabe gemacht, Charles' Ehrgeiz voranzutreiben, und solange es ihr nicht gelungen war , gab sie nicht nach, noch würde sie im Leben irgendeinen Vorteil oder auch nur eine natürliche Erfüllung anstreben.

Charles kam aufgeregt zurück.

„Es war wunderbar", sagte er. 'Was ist mit dir passiert? Deine Stimme ist so voll und rund. Du verlierst dich völlig, du sprichst mit einer Stimme, die die ganze Farbe , Schönheit und den Zauber meiner Insel in sich trägt . Du bewegst dich einfach und zwangsläufig, so dass jede Geste rhythmisch ist und wie eine musikalische Untermalung der Worte ... Du wirst ein Künstler sein. Du bist ein Künstler. So etwas hat es seit jeher nicht mehr gegeben... Duse konnte mit ihrer Stimme nicht mehr anfangen.'

„Ich wusste es nicht", sagte sie. „Ich wusste es nicht."

„Aber ich habe es getan", rief er. „Ich habe es getan. Ich wusste, dass Sie ein Wunder werden würden ... Scheiß aufs Geld, scheiß auf Butcher, scheiß auf Clott, und verdammt sei das Komitee. Zusammen werden wir unwiderstehlich sein – so wie wir es waren. Sie haben mir nicht gesagt, dass Sie praktizieren . Wenn das der Grund ist, warum Sie allein sein wollen, habe ich nichts dagegen einzuwenden. Ich war ein egoistisches Vieh."

Sie war tief bewegt. Nie zuvor hatte Charles auch nur die geringste Rücksicht auf sie genommen. Die Menschen als solche bedeuteten ihm nichts, aber für einen Künstler, wie für die Kunst, war ihm keine Mühe zu groß, kein Opfer zu extrem.

Er ergriff ihre Hände und küsste sie immer wieder.

„Ich war Ihr erstes Publikum", sagte er. „Komm jetzt raus und ich kaufe dir Blumen; Dein Zimmer soll so voller Blumen sein, dass du dich kaum hindurchbewegen kannst. Was Verschoyle betrifft , er soll bezahlen. Es soll sein Privileg sein, für uns zu bezahlen, während wir der Welt den unschätzbaren Schatz geben, der in uns ist."

Seine Worte stießen sie ziemlich ab und verletzten sie, und insgeheim protestierte sie:

„Aber ich bin eine Frau. Aber ich bin eine Frau.'

Es tat ihr grausam weh, dass Charles dafür blind war, blind für die katastrophale Veränderung in ihr, blind für ihre neue Schönheit und ihre neu gewonnene Charakterstärke. Schließlich war die Magie der Bühne nur eine Illusion, ein Trick, der, wenn er nicht eine Blüte der tieferen Magie des Herzens wäre, leer, eitel, verächtlich, etwas von Dunkelheit und Schmeichelei war.

„Vielleicht war es nur ein Unfall", sagte Clara.

„Mach es noch einmal!", sagte Charles im befehlenden Ton.

'Was?'

'Mach es nochmal!'

„Ich kann nicht."

„Mach es noch einmal, sage ich dir. Wenn du so etwas machst, musst du herausfinden, wie du es gemacht hast. Kunst ist kein Zufallsprodukt. Du musst es jetzt noch einmal machen."

'NEIN.'

Zu ihrem Entsetzen und Erstaunen stürzte er sich auf sie, packte sie grob an den Schultern und schüttelte sie, bis ihr Kopf von einer Seite auf die andere rollte und ihre Zähne klapperten. Er war außer sich vor Leidenschaft, rücksichtslos, unpersönlich in seiner Wut, diesen Kunstschatz zu fangen und festzuhalten, der so plötzlich in dem Kind aufgetaucht war, das er bisher für ungefähr so wichtig gehalten hatte wie seinen Hut oder seinen Spazierstock.

„Bei Gott", sagte er, „ich hätte wissen können, dass ich dich nicht umsonst aus Picquarts Atelier gefischt habe …"

„Wie kannst du es wagen, so mit mir zu sprechen?"

Sie schlug seine Hände weg, stand zitternd vor wütender Wut da und schlug mit der Zunge auf ihn ein.

„Ich bin keine Farbe, die man aus einer Tube pressen kann", sagte sie. „Du behandelst die Leute, als wären sie genau das, und dann beschwerst du dich, wenn sie dich angreifen … Ich weiß, was du willst." Du willst aus mir herausquetschen, was deiner eigenen Arbeit fehlt …'

Charles schwankte unter diesem Angriff und seine Arme fielen schlaff an seiner Seite herab.

„Verzeih mir", sagte er, „ich wusste nicht, was ich tat." Ich war überwältigt von meinem Erstaunen und meiner Freude … Wirklich, wirklich, ich vergaß, dass die Bühne leer war. Ich dachte, wir arbeiten…'

Clara starrte ihn an. Konnte er sich wirklich so völlig in dem Stück verlieren? Oder redete er sich nur selbst ein, dass es so war? … Mit einer plötzlichen Intuition wusste sie, dass er sie in aller Unschuld anlog und dass das, was ihn wütend gemacht hatte, das Wissen war, das er niemals zugeben konnte, dass sie in seiner Fantasie kein Kind mehr war, das glücklich lebte, sondern ein Mensch Wesen und Künstlerin, die einen eigenen königlichen Besitz erworben hatte. Sie hatte ihn überholt. Sie war eine Künstlerin geworden, ohne ihre Menschlichkeit zu verlieren. Von nun an musste sie sich mit der Realität auseinandersetzen und ihn seiner gemalten Mummenschanz überlassen … Sie konnte seine Raserei, seine Wut, seine Verzweiflung verstehen.

„Das reicht, Charles", sagte sie sehr ruhig. „Ich werde sehen, was sich wegen Mr. Clott tun lässt, und was auch immer geschieht, ich werde dafür sorgen, dass Ihnen nichts zustößt … Wenn Sie möchten, können Sie heute Abend mit Verschoyle und mir zu Abend essen. Sie können jetzt mit mir nach Hause kommen, während ich mich anziehe. Ich treffe ihn im Carlton und dann gehen wir weiter in die Oper."

„Weiß Verschoyle Bescheid?"

„Er weiß, dass du du bist und dass ich ich bin – das ist alles, was ihn interessiert … Er ist ein guter Mann. Wenn die Leute zu viel Geld haben müssen, ist er der richtige Mann dafür. Er würde einen Mann nie aus Geldmangel im Stich lassen – wenn der Mann es wert wäre."

„Ah!", sagte Charles beruhigt. Das war wie die alte Clara, die sprach, aber mit mehr Selbstvertrauen, einem sichereren Wissen und weniger verwirrender Intuition und Vermutungen.

X

DIE ENGLISCHEN SEEN

Ein paar Wochen später verließ Clara mit Verschoyle und einer seiner armen Verwandten, einer Miss Vibart Withers, als Aufsichtsperson London in einem 60 -PS- Fiat, der alle anderthalb Minuten gierig die Bath Road entlang fuhr. ... Es war gut, der dichten Hitze Londons entkommen zu sein, in die Ausländer und Provinzbewohner eingedrungen waren, und sich in eine Stadt der Vergnügungen und Sommerkleider zu verwandeln, sodass ihr normales Leben unterging und ihr Charakter verborgen blieb. Die Stadt wurde zu einem ebenso trägen und schläfrigen Schauspiel wie ein Mohnfeld, über dem fröhliche und leuchtende Schmetterlinge tanzten. Sehr süß war es damals, sich von ihr und allem, was darin geschah, abzuwenden, der süßen Luft zuzuwenden und zwischen grünen Feldern und Obstgärten, durch kleine Städte hindurch zu fliegen, in Abständen die Themse zu überqueren und dies bei jeder Überfahrt zu spüren London lag so viel weiter weg. Henley, Oxford, Lechlade und die Cotswolds – das war der erste Tag, und als Clara die nach Klee duftende Luft einatmete und über die blauen Ebenen bis zu den hügeligen Hügeln von Malvern blickte, warf sie den Kopf zurück und lachte vor Freude ... Wie wunderbar, sich an einem Tag von allem zu befreien und alle Fesseln hinter sich zu lassen!

„Niemand braucht sich jetzt Sorgen zu machen", sagte sie mit dem bezaubernden Lächeln, das all ihre Entdeckungen so bezaubernd machte. „Wenn die Leute in Schwierigkeiten geraten, können sie einfach in ein Auto steigen und wegfahren. Die Welt ist groß genug für alle."

„Aber die Leute lieben ihre Probleme", antwortete Verschoyle . „Ich habe mein ganzes Leben lang nach Problemen gesucht, aber ich kann sie nicht finden. Das ist mein Problem."

„Jeder sollte glücklich sein", sagte sie.

„Auf ihre eigene Art. Die meisten Menschen sind mit ihren Problemen sehr zufrieden. Sie machen sich viel mehr Sorgen darüber als über ihre Freuden oder darüber, andere Menschen glücklich zu machen."

„Erinnerst du dich an die Vögel und Fische?"

„Nicht wahr? Es waren die Vögel und Fische, die mich auf dich aufmerksam gemacht haben."

„Ich denke, das war es, was Charles damit meinte – Flucht, Bedeutungslosigkeit, Urlaub."

„Das ist ganz richtig. Nichts sollte so ernst sein, wie es ist, denn nichts ist so ernst, wie es aussieht, wenn man sich wirklich damit auseinandersetzt. Das

Leben sieht immer wie eine leere Wand aus, bis man an sie herantritt, und dann gibt es eine kleine Tür, die aus der Ferne unsichtbar ist ... Das habe ich herausgefunden, als ich dich traf.

„Und hast du es durchgemacht?"

„Gerade durch und raus auf die andere Seite."

Clara nahm liebevoll seine Hand und ihre Blicke trafen sich in einem glücklichen Lächeln. Sie waren Freunde für immer , die Beziehung, die seinem Temperament am besten entsprach und die sie am meisten brauchte.

Von da an ging sie zu einer offenen Diskussion über ihre eigene Situation in Bezug auf Charles und das Loch über, in dem er sich durch den flüchtenden Mr. Clott befand.

„Ich wusste, dass dieser Kerl ein Schurke war", sagte Verschoyle . „Er hat versucht, sich Geld von mir zu leihen und mich über die Form meiner Pferde aufzuklären." Wie um alles in der Welt wurde er jemals Sekretär eines Komitees zur Förderung der dramatischen Kunst?

„Er ist aufgetaucht. Alles in Charles' Leben kommt ans Licht. *Ich* bin aufgetaucht.'

„Und heißt du wirklich Day?"

„Es war der Name meines Großvaters... Ich hatte nie einen anderen." Ich erinnere mich an niemanden außer einer italienischen Krankenschwester mit einem sehr braunen Gesicht und sehr weißen Zähnen. Er starb vor vier Jahren in Paris. Meine Leute waren in Indien.'

„Ach! Manchmal verirren sich Familien in den verschiedenen Teilen des Britischen Empires. Es ist so groß, wissen Sie. Ich bin sicher, die Engländer werden sich eines schönen Tages darin verirren."

Er ging wortlos über ihre Stellung als Ehefrau und Nicht-Ehefrau hinweg, wurde aber nur freundlicher und rücksichtsvoller. Es war für sie eine Erleichterung und Erleichterung, darüber zu sprechen. Jedes Hindernis für ihre Freundschaft war aus dem Weg geräumt, aber manchmal, wenn sie durch die Felder gingen , umklammerte er seinen Stock ganz fest und schlug nach einem Schierling oder einer Hundsmargerite, und manchmal, wenn er fuhr, drückte er das Gaspedal durch und ließ das Auto durchdrehen. Wenn sie Charles auf der Straße begegnet wären, wäre es ihm schlecht ergangen.

Sie verbrachten sechs Tage auf ihrer Reise durch Shropshire, Cheshire und die Dunkelheit von South Lancashire. Sie übernachteten in angenehmen Gasthöfen und machten viele seltsame Bekanntschaften, Bagger, Touristen, junge Männer mit Rucksäcken auf dem Rücken, die aus den großen Städten flohen, und manchmal halfen sie diesen jungen Männern über triste Straßenabschnitte.

„Die glücklichsten sechs Tage meines Lebens", sagte Verschoyle , als sie sich den Bergen näherten. „Ich war noch nie in England auf Tour." Irgendwie weiß man in London nichts von England. Man hat Langeweile und geht rüber nach Homburg oder Aix-les- Bains . Wie eng ist das Leben selbst mit Auto und Yacht!'

Wie eng das Leben sein konnte, entdeckte Clara bald bei den Butchers, wo das Londoner Leben einfach in einem schönen Tal weitergeführt wurde, an dessen Grund ein kleiner See lag, der wie ein Spiegel glänzte und die darüber liegenden Hügel lebhaft widerspiegelte.

Die Butchers hatten ein langes, niedriges Haus in einem wunderschönen Garten, der theatralisch so arrangiert war, dass die Blumen aussahen, als wären sie gemalt, und die Bäume keine Wurzeln hatten, sondern so waren, als wären sie an die Erde geklammert und gebügelt. Von ihrem Garten aus wirkten selbst die Hügel wie ein Hintergrund.

Das Haus war voller eleganter junger Männer und Frauen, die das Theater betraten und verließen und keine Hemmungen hatten, sogar die Proben zu unterbrechen. Sie machten sich über Sir Henry lustig und belästigten Lady Butcher mit Skandal, weil sie das Vergnügen hatte, sie witzige, bissige Dinge sagen zu hören, die ihr, da sie keine Gnade kannte, leicht über die Lippen kamen. Sie behandelte Clara gewissenhaft, als wäre sie ein fester Bestandteil von Verschoyle und würde wie sein Auto oder sein Chauffeur untergebracht werden ... Außer als gesellschaftliches Gut verabscheute Lady Butcher das Theater, und sie verabscheute Schauspielerinnen.

Während die Tage vergingen – ausnahmsweise einmal war das Wetter in Westmoreland herrlich –, wurde Clara klar, dass Lady Butcher das Projekt von Charles' Inszenierung von „ *Der Sturm* " hasste . Sie ließ keine Gelegenheit aus, mit der Zunge auf ihn einzustechen. Sie betrachtete ihn als einen Vagabunden.

Sie lebte in einem sehr engen und engen Kreis und respektierte Cliquen mehr als Einzelpersonen. Verschoyle war reich genug, um außerhalb einer Clique zu leben, aber dass ein Mann, der Karriere machen wollte, allein leben und arbeiten sollte, war in ihren Augen eine Art Blasphemie. Was Clara betrifft – Lady Butcher hielt sie für ein Luder, eine gestalterische Schauspielerin, eine von vielen, die versucht hatten, Sir Henry vom gesellschaftlichen zum beruflichen Aspekt des Theaters umzulenken, das Lady Butcher, kurz gesagt, als sie betrachtete Sie besaß einen eigenen Salon, der ihr im Wettbewerb der Londoner Hostessen einen einzigartigen Vorteil gegenüber ihren Konkurrenten verschaffte .

Es war für Lady Butcher umso ärgerlicher, dass Clara und Verschoyle genau zu diesem Zeitpunkt auftauchten, da eines Tages zwei Kabinettsminister mit dem Auto zum Mittagessen herüberkommen sollten und ein berühmter Redakteur für ein paar Nächte bleiben sollte, während ihre lieben Freunde, die Bracebridges (Graf und Gräfin), mit ihrem Sohn und ihrer Tochter zu ihrem jährlichen Besuch erwartet wurden.

Clara war von dieser Atmosphäre gesellschaftlicher Berechnung genervt und verbrachte die meiste Zeit mit Verschoyle , bei Spaziergängen in den Hügeln oder beim Rudern auf dem See. Unglücklicherweise weckte sie dabei jedoch die jungenhafte Eifersucht in Sir Henry, der sie, da er sie „entdeckt" hatte, als sein Eigentum betrachtete und der Ansicht war, dass jede Romanze, die sie sich wünschte, über ihn stattfinden sollte ... Er machte seine Frau wütend, indem er Clara allen anderen jungen Damen vorzog, und als er sie eines Abends nach dem Essen zu einem Spaziergang im Mondschein mitnahm, löste sie schallendes Gelächter aus, als sie sagte:

„Henry kann dem Geruch von Schminke ebenso wenig widerstehen wie ein Hund dem eines gegrillten Knochens."

Das war amüsant, aber ungerecht, denn Sir Henry betrachtete seinen Wunsch nach Claras Gesellschaft als einen gesunden Impuls zu höheren Dingen — zumindest sagte er ihr das, als er sie durch den Obstgarten und den steinigen Pfad hinaufführte, an dem ein kleiner Bach entlang floss , bis zum Felsen, der Haus und Garten dominierte. Es war mit Heidekraut und Winzerbeeren bedeckt , und knapp unterhalb des Gipfels wuchsen zwei Ebereschenbäume. Der Mond war so hell, dass die Farbe der Beeren fast wahrnehmbar war. Sir Henry stand da und blickte in den Mond und seufzte plötzlich :

„Aa-ah!"

„Was für eine perfekte Nacht!" sagte Clara.

„In einer Nacht wie dieser —"

„In so einer Nacht —"

„Ich habe es vergessen", sagte Sir Henry. „Es steht im *Kaufmann von Venedig* . Irgendwas über Mondschein, als Lorenzo und Jessica durchbrannten. Du wärst die perfekte Jessica ... Ich habe einmal Lorenzo gespielt."

Clara hätte am liebsten gelacht. Es war eines der entzückendsten Merkmale von Sir Henrys Charakter, dass er sich selbst nie als alt oder als etwas anderes als einen romantischen Helden sehen konnte.

„Ja", sagte er, „Sie haben den entscheidenden Unterschied gemacht. Es war bemerkenswert, wie Sie unter den Schauspielern in meinem Theater hervorstachen... Noch bemerkenswerter ist es unter all den anderen Maskierten in dem Haus dort unten. Die ganze Welt ist eine Bühne –"

„Oh nein", sagte Clara. 'Es ist schön. Ich wusste nicht, dass England so schön ist. Als wir mit dem Auto nach Norden fuhren , fand ich jedes County besser als das andere – und London vergaß ich ganz.'

„Es ist schon einige Jahre her, seit ich auf Tour war", sagte Sir Henry. „Meine Frau ist damit nicht einverstanden, aber es gibt nichts Vergleichbares, um Sie auf dem Laufenden zu halten." Das eigentliche Publikum kommt nicht aus London. Ein paar Jahre auf Tour würden dir sehr gut tun. Du sollst dir zuerst einen Namen machen ... Es gibt jetzt keine Schauspieler und Schauspielerinnen, nur weil sie nicht auf Tour gehen. Sie wollen Geld in London – Geld in New York – und es ist schade, dass sie es bekommen.'

Clara kletterte auf den höchsten Punkt des Felsens und stand da, während der sanfte Wind durch ihr dichtes Haar spielte, ihre geöffneten Lippen und ihren weißen Hals streichelte und ihr leichtes Kleid an ihren Gliedern verflüssigte.

„Oh, mein Gott!", rief Sir Henry und starrte sie entzückt an. „Ariel!"

Als sie dort stand , war sie ganz in das Wunder der Nacht versunken, wurde eins mit ihr, ein Strahl im Mondlicht, ein Seufzer im Wind, ein blinkender Stern, eine winzige Wolke, die über den Berggipfeln schwebte. Sie schwebte so leicht, dass es wie ein Wunder schien, dass sie nicht davonflog, fast widernatürlich, dass sie so still stehen konnte. Ihre Lippen öffneten sich und sie sang, wie sie es als Kind immer getan hatte:

Kommt zu diesem gelben Sand
und nehmt euch dann an den Händen.'

Sie hatte eine kleine, junge Stimme, süß und tief, eine jungenhafte Stimme, die überhaupt nichts Weibliches an sich hatte.

Sie beugte sich vor und blickte über den Rand des Felsens, und Sir Henry, der so tief bewegt war, dass alle seine gewöhnlichen geistigen Prozesse gestört waren, dachte mit schrecklicher Angst, dass sie sich hinabstürzen würde. Solch eine Vollkommenheit könnte zu Recht in einer Tragödie enden, und er dachte voller Kummer an Mann und Verschoyle , dachte daran, dass sie diese Schönheit besudelt und entehrt hatten , dachte, dass diese plötzliche Begeisterung und Abstraktion von der Angst herrühren musste, die so oft und so oft in ihren Augen verraten wurde häufig.

'Aufpassen! Aufpassen!' namens Sir Henry.

Sie sprang neben ihm ins Heidekraut, und er sagte:

„Es scheint ein Verbrechen zu sein, dich zurück ins Haus zu bringen." Was hat es mit Ihnen zu tun, ob wir zur nächsten Gartenparty in der Downing Street eingeladen werden oder nicht ? Du bist Ariel und kannst einen Gürtel um die Erde legen.... Ich habe fast Angst vor dir. Können wir nicht weglaufen und zu Wanderspielern werden? Du denkst vielleicht, ich sei beneidenswert, aber mein Leben war sehr unglücklich.... Ich möchte dir helfen...'

Für Clara war klar, dass er nicht wusste, was er sagte, und tatsächlich war er unbeschwert und mondsüchtig, außerhalb seines gewöhnlichen Erfahrungsbereichs. Er plapperte weiter:

„Wenn ich das Gefühl hätte, dass ich auch nur das Kleinste getan habe, um Ihnen zu helfen, wäre ich darauf stolzer als auf alles andere in meiner Karriere."

„Aber ich will keine Hilfe..."

'Ah! Das denkst du jetzt. Aber warten Sie drei Jahre ... Sie denken, ein Schauspieler kann nichts vom Leben wissen, aber wer weiß mehr? Ist er nicht in der Lage, alle feinen Nuancen von Gefühlen, die Wirkung jeder Art von Erfahrung wiederzugeben? Die Menschen, die nichts vom Leben wissen, sind Ihre Künstler im Kloster wie Mann oder Ihr im Geld ertrunkener Verschoyle Ich kannte mich noch nicht.'

Tatsächlich wurde er mit seiner jungenhaften Romantik ziemlich lächerlich. Er war zweimal verheiratet und hatte sieben Familien. Aber auch Clara stand im Bann des Mondes, und seine unbeholfene Reaktion auf ihre Stimmung hatte sie berührt.

„Das Leben ist eine erbärmliche Angelegenheit für eine Frau", sagte Sir Henry. „Ich lebe in Angst davor, dass du in die gemeinsame Erfahrung hineingezogen wirst."

(Wusste er von Charles oder wusste er nicht?)

Clara lachte. Das nahm sie zu ernst.

„Ah, du kannst jetzt lachen, solange du jung bist, aber die Jugend zieht an , sie wird in den Strudel hineingezogen und geht verloren ... Steckt mehr in dir als Jugend?"

„Viel, viel mehr", sagte Clara jubelnd. „So jemanden wie mich hat es noch nie gegeben."

„Beim Himmel!" schwor Sir Henry. „Das ist wahr... Du hast mich verhext – und wir gehen besser zum Haus zurück... Wirst du mich dich hinuntertragen lassen?"

Ohne auf ihre Erlaubnis zu warten, hob er sie hoch, und sie ließ sich den letzten steinigen Weg hinuntertragen, denn ihre dünnen Schuhe waren bereits durchnässt. Er ahnte nicht, dass sie einen guten Grund hatte, und sein Herz pochte in seiner großen Brust.

Es war eine Nacht der Nächte für ihn gewesen. Jahre der unruhigen Ablenkung waren dahingeschmolzen. Nicht einmal auf dem Höhepunkt seines Erfolgs hatte er sich so sicher gefühlt, dem Rest der Menschheit so völlig überlegen, dass er ihre Ehrerbietung sowohl befehlen als auch verdienen konnte. In keinem Stück hatte er sich jemals ein romantischeres Finale ausgedacht als dieses, in dem er seine eroberte Elfe – denn so dachte er sie – zurück auf die Erde trug. Als er sie absetzte, warf er seine Brust vor und wandte sich den Sternen zu, wie es seine Gewohnheit war, sich seinen Zuhörern zuzuwenden, und verneigte sich dreimal, nach rechts, nach links, in die Mitte , mit der Hand auf dem Herzen.

Verschoyle war sehr wütend auf sie, als sie zurückkam.

„Sie wissen, wie diese Leute über solche Dinge denken", sagte er.

„Was sie denken und was ich tue, ist ganz anders", erwiderte Clara mit leuchtenden Augen und glühenden Wangen in der Nachtluft. „Es macht ihn glücklich, und wenn du mit mir glücklich bist, versteht er nicht, warum er das nicht sein sollte." *Pourquoi pas moi aussi* ? „Männer sind alle gleich."

„Es ist nicht dasselbe... Was für ein Kind du bist!" Eines Tages wirst du lieben und dann wirst du ganz anders sehen ... Der alte Narr denkt, dass du – –"

'NEIN. Er sagte, ich sei Ariel. So bin ich. So bin ich.... Ich frage mich, dass ich noch nie zuvor daran gedacht habe. Ich werde niemals eine Frau sein, wie Frauen es waren –"

„Es gab gute Frauen."

„Tra la la ! Die guten Frauen haben der Welt weitaus mehr Schaden zugefügt als alle bösen Frauen zusammen. Lady B ist eine gute Frau."

„Eine bemalte Tigerin. *Sie* wird Ihnen nicht so schnell vergeben. Sie glaubt – das auch."

„Die Leute können nicht über das hinaus denken, was sie sind. Sie können nicht von mir erwarten, dass ich so bin, wie andere Leute denken."

„Ich möchte, dass du du selbst bist."

„ Das bin ich auch... Sie werden mich in ein oder zwei Tagen mitnehmen. Ich möchte die Bracebridges nur zum Spaß sehen, *und* die Kabinettsminister, und dann möchte ich ihre Erinnerungen eine nach der anderen in den Seen ertränken, an denen wir vorbeikommen. Wir werden sie alle sehen, nicht wahr?"

„Ich möchte hier weg. Ich kann es nicht ertragen, in dieser Geldatmosphäre mit dir zusammen zu sein."

„Nun, nun. Du hast mir versprochen, dass du dich nie wie ein Liebhaber benehmen würdest."

„Ich dachte, ich verhalte mich wie ein wütender Bruder."

Sie war deshalb mit ihm zufrieden. Sie wusste, dass seine Probleme teilweise darauf zurückzuführen waren, dass er der einzige Sohn war.

Die Bracebridges waren enttäuschend: ein sehr langweiliger Mann, eine harte und verwegene Frau, aber für Lady Butcher waren sie offenbar das Wunder aller Wunder. Sie und Lady Bracebridge waren füreinander die „liebe Ethel" und die „liebste Madge". Zusammen bildeten sie eine einzige dominante und sehr beeindruckende Persönlichkeit, der man gehorchen musste. Sie stürzten sich auf die Hausgesellschaft, durchforsteten die Angelegenheiten jedes einzelnen Mitglieds und hatten in drei Tagen zwei Verlobungen und eine Scheidung arrangiert. Sie befahlen Verschoyle – durch Vorschlag –, eine Mrs. Slesinger zu heiraten , die unscheinbar, aber fast so reich war wie er selbst, und in seiner Not wäre er beinahe unterlegen gewesen; aber Clara eilte ihm zu Hilfe und musste feststellen, dass ihre Position durch geflüstertes Geschwätz, kalte Blicke und ausgesprochene Unhöflichkeit fast unmöglich gemacht wurde. Sie wurde von Picknicks und Bootsausflügen ausgeschlossen und fast verächtlich mit Sir Henry zusammengebracht, der nach Lady Bracebridges Ankunft nicht mehr Herr im eigenen Haus war... Als die Kabinettsminister eintrafen, wurde die Situation unmöglich, da sie Chaos anrichteten. Der Haushalt wurde durcheinandergebracht und in der Verwirrung packte Clara ihre Sachen, ließ ihre Koffer in die Garage tragen und verschwand mit Verschoyle .

Sagte er,-

„Diese verdammten Politiker kommen nicht von der Bühne runter. Haben Sie gesehen, wie dieser alte Narr die Luft zersägte, als er von Irland sprach, und haben Sie gehört, wie der andere blökte, als er von der Reform des Armenrechts sprach? Sie sind zu sehen – immer zu sehen … Genau wie diese höllischen Seen. Ich kann Landschaften nicht ertragen, die mich stundenlang in einem Eisenbahnwaggon anstarren."

„Das macht nichts", sagte Clara. „Sie mögen Lady Butcher gegenüber ungerecht sein, aber Sie dürfen Rydal gegenüber nicht ungerecht sein."

„Es ist so still und altmodisch … Ich kann nicht daran denken, ohne an Wordsworth zu denken, und ich möchte nicht an Wordsworth denken … Mit dir zusammen zu sein weckt in mir den Wunsch, in die Zukunft zu gehen, und da ist etwas, das uns alle zurückhält."

Trotzdem fand ihr Urlaub einen triumphalen Abschluss, und sie vergaßen die Butchers und ihre Londoner Eleganz, als sie in den lieblichen Tälern von Gasthaus zu Gasthaus zogen, mit dem Auto halsbrecherische Hügel hinauf und hinunter fuhren und zu Fuß den Great Gable und den Scafell erklommen, auf deren Gipfel Clara in der scharfen Luft und dem böigen Wind ihre Flügel ausstreckte und in ihrer wilden Fröhlichkeit umhertanzte und vor Freude schrie, so hoch über der Erde zu sein, wo die Menschen einander mit eifersüchtigen Augen beäugten, damit keiner mehr Glück hatte als der andere.

„Das können sie nicht verderben", sagte sie.

'WHO?'

„Oh, all die Leute da unten. Sie können Charles verwöhnen, und dich und mich und den dummen alten Sir Henry, aber das hier können sie nicht verderben."

„In der Schweiz", sagte Verschoyle , „gibt es Berge, die höher sind als dieser, und sie bauen Eisenbahnen hinauf, und auf der Spitze der Eisenbahnen kaufen englische Gouvernanten Alpenstöcke und lassen den Namen des Berges in den Wald brennen."

„Wenn ich ein Berg wäre", sagte Clara, „und sie haben mir das angetan, dann würde ich mich in einen Vulkan verwandeln und sie alle verbrennen, alle Ingenieure und alle englischen Gouvernanten … Ich bin sicher, Lady Bracebridge war eine. " Gouvernante.'

„Ganz sofort", sagte Verschoyle und starrte sie mit runden, jungenhaften Augen an, als erwartete er halb, dass sie sich sofort in einen Vulkan verwandeln würde. Bei Clara konnte alles passieren, und ihre Worte kamen aus so tiefen Tiefen ihres Wesens, dass sie fast die Kraft einer Prophezeiung hatten.

XI

CHARING CROSS ROAD

Wenn es eine Straße gibt, die mehr als jede andere den Geist Londons in sich trägt, dann ist es Charing Cross Road. Sie beginnt mit Pickles und endet mit Kunst; sie verbindet Crosse und Blackwell mit der National Gallery. Dazwischen liegen Buchhandlungen, Theater und Varietés, und doch ist es eine Straße ohne Prunk. Niemand in Charing Cross Road kann anmaßend sein: niemand könnte anders als freundlich und nachbarschaftlich sein . Alle guten Bücher kommen schließlich dorthin, um die Menschen zu finden, die sie lesen werden, lange nachdem sie von den Menschen vergessen wurden, die nur über sie reden. Bücher bleiben, während Leser und Schwätzer verschwinden, und Charing Cross Road hält durch ihren Handel mit Büchern die Kontinuität des Londoner Lebens am Leben und verdient ihren Ruhm. Die Bücher, die diesen Hafen erreichen, sind zum größten Teil ehrlich, und deshalb verlässt so mancher müde Mensch die Straßen, in denen Männer und Frauen schwindeln, und wendet sich diesem Ort zu, wo die Gedanken ehrlicher Männer auf Regalen gestapelt oder in Kisten mit der Aufschrift „ Twopence ", „Fourpence", „Sixpence" im Freien ausgestellt werden … Ein echter Markt! Ein Jahrmarkt ohne Eitelkeit. In den Fenstern gibt es Bilder zu bewundern, Erinnerungsstücke an verstorbene Künstler und Schriftsteller, und es herrscht ein ständiger Strom von Menschen, die merkwürdigste Mischung, die man irgendwo auf der Welt finden kann … Alle, die nicht viel zu tun haben, gehen zur Charing Cross Road, um dort alle zu treffen, die aus dem Hauptstrom der Menschheit herausgefallen sind, und sich die Menschen anzusehen, die vorbeiziehen.

Sie können in diesem herrlichen Rückzugsort – dem besten Ferienort in ganz England – Lebensmittel kaufen und diese in der wilden Buchhandlung verzehren, die von dem sanftmütigen Mann geführt wird, der Claras Namen gesegnet hat und ihr Foto in seiner kleinen Dunkelkammer im hinteren Teil des Ladens aufbewahrt.

Adnor Rodd verbrachte seine Ferien immer in Charing Cross Road, denn wenn er aufs Land fuhr , arbeitete er noch härter als in London. Er schrieb Theaterstücke und hielt sich so gut es ging über Wasser, denn er hasste das Theater so sehr, dass er sich nie durch eine Bühnentür zwängen konnte. Schweigend und schweigsam ging er seines Weges, kümmerte sich um nichts als seine Arbeit und schonte weder sich selbst noch andere, um sie zu verfolgen.

Er hatte in London mit Geld und Freunden angefangen, aber die Arbeit wurde zu einem solchen Laster für ihn, dass er beides verlor, bis auf gerade genug, um am Leben zu bleiben – um weiterzuarbeiten. Ab und zu wurde er von einem Dramatiker, einem Kritiker oder einem Literaten „entdeckt", aber da er nie in seinem Leben ein Kompliment erwiderte, führte die „Entdeckung" nie sehr weit … Ein paar Leute wussten, dass es einen seltsamen Mann namens Rodd gab, der Meisterwerke schrieb, aber einfach nicht die üblichen kommerziellen Mechanismen nutzen wollte oder konnte, um sie in Geld oder Ruhm zu verwandeln; aber diese wenigen hoben die Augenbrauen oder schüttelten den Kopf, wenn er erwähnt wurde. Armer Kerl! Er war aus dem Rennen und würde wahrscheinlich nie Mitglied des Thespic Club werden, eine Wahl, die einen Mann zu einem echten Dramatiker macht, dessen Name für eine Woche Geschäft gut sein kann.

Rodd dachte nie in Geschäftsbegriffen. Er dachte in Begriffen menschlicher Beziehungen und komponierte – und hörte nie auf zu komponieren – aus ihnen Dramen, lebendig, unbarmherzig, schrecklich. Das war natürlich sehr schlecht für ihn, denn es zwang ihn zu einer angespannten Distanz zum Leben um ihn herum, und wenn er Menschen traf, war er immer darauf aus, herauszufinden, was sie wirklich dachten, anstatt zu akzeptieren, was sie ihm glauben lassen wollten, was in ihren Köpfen vorging. Das konnte er ebenso wenig, wie er seine beträchtlichen technischen Fähigkeiten einsetzen konnte, um die Süßwaren zu zaubern, die im Theater jener Tage, Gott schütze uns, als Theaterstück durchgingen. Er wollte mit dem dramatischen Wesen der Menschen, denen er begegnete, in Kontakt kommen, aber jeder verbarg es oder schützte sich vor ihm, und so lebte er allein. Seiner Arbeit zuliebe legte er die gewöhnliche soziale Persönlichkeit ab, die er sich aufgrund seiner Erziehung angeeignet hatte, und ging entblößt durch die Welt, ziemlich furchterregend; aber so ungemein sensibel, dass ein einziges großes Vergnügen – eine Blume, das Lächeln einer Frau, ein starker Mann, der seinem Freund die Hand schüttelt, ein Treffen zweier Liebender, ein richtiger Streit zwischen zwei Männern, die sich hassten, die Aufmerksamkeit eines freundlichen Hundes – all das Grauen und den Ekel auslöschen konnte, die das meiste, was er sah und fühlte, in ihm auslöste. Er war sich seiner selbst so sicher wie der Wind seiner selbst, aber er war ohne Einbildung … Als er noch sehr jung war, war er von ein oder zwei Frauen entdeckt worden. Das war genug. Er wusste, dass die Begierde der Frauen es nicht wert ist, befriedigt zu werden, und er ließ sie in Ruhe, sofern sie nicht in Not waren, und dann half er ihnen im Allgemeinen auch auf die Gefahr hin, dass sie dachten, er sei in sie verliebt. Dann musste er erklären, dass er ihnen geholfen hatte, wie er einem Kind oder einem kranken Mann helfen würde. Normalerweise weinten sie und sagten, er sei ein Lügner und Betrüger, aber er wusste, was die Tränen der Frauen wert sind, und als sie so weit gekommen waren, ließ er sie in Ruhe, um zu verhindern, dass sie noch weiter gingen … Aber er hatte immer Frauen, die sich um ihn kümmerten, Frauen, die dankbar waren, Frauen, die, nachdem sie einmal sein Mitgefühl gekostet hatten, nicht mehr ohne es leben konnten. Sein Mitgefühl war leidenschaftlich und für manche Naturen wie starker Alkohol. Nur sehr wenige Männer konnten es ertragen, weil es direkt in die geheimsten Winkel des Herzens ging, und Männer, anders als Frauen, möchten sich ihren eigenen Geheimnissen nicht stellen.

Er lebte in drei Zimmern oben in einem Haus in Bloomsbury, eines für seine Bücher, eines für seine Arbeit und eines für sich selbst – zum Schlafen und Baden. Im Gegensatz zu den meisten Männern, denen die Außenwelt gleichgültig ist, war er sauber, weil er feststellte, dass Schlamperei seine Leistungsfähigkeit beeinträchtigte und seine Energie schwächte. Er war geistig genauso anspruchsvoll wie ein trainierter Sportler körperlich.

Die scheinbar unumstößliche Unvereinbarkeit von Theater und Drama nahm er gut gelaunt hin.

Ein Mann mit einem einzigen Ziel scheint in einer Welt, in der die Ziele verstreut sind, verrückt zu sein, aber Rodd litt unter einer doppelten Isolation. Gewöhnliche Menschen hielten ihn für einen verrückten Narren, weil er seine Gaben und seine Persönlichkeit nicht ausnutzen wollte oder konnte; während die Menschen, die wirklich am Boden zerstört waren, seine geistige Gesundheit und die humorvolle Toleranz, mit der er ihre kleinen Schwächen verwöhnte, fürchteten.

Er genoss die Charing Cross Road, weil sie ihm ziemlich ähnlich war: Sie wurde von ihren unedlen „Besseren", den Straßen, die der Kosmopolitismus dem echten englischen London aufgezwungen hatte, beiseite geschaufelt und verachtet. Dieses London konnte er in der Charing Cross Road finden, wo noch immer das Herz schlug, von dem Fielding und Dickens ihre Inspiration geschöpft hatten, das tapfere Herz, das trotz all seiner Leiden und aller Demütigungen, die ihm auferlegt wurden, lachen konnte. In der Charing Cross Road konnte er fast jeden Tag Falstaff und Doll Tearsheet, Tom Jones und Partridge, Sam Weller und Sairey treffen Gamp und ihre Nachkommen gingen jeden Tag ins Ausland, gingen in Läden ein und aus, gingen ihren Geschäften nach und ahnten nicht, dass sie in die Welt der Kunst versetzt werden würden, wenn Rodd aus dem Urlaub zu seiner Arbeit zurückkehrte. Er liebte dieses London, das wahre London, leidenschaftlich und hasste alles, was es leugnete oder zu leugnen schien. Er liebte es so sehr, dass er kaum persönliche Liebe brauchte, und er verabscheute jede Loyalität, die seine Loyalität gegenüber Shakespeare, Fielding und Dickens, allesamt Dramatikern, beeinträchtigte, obwohl Fieldings Drama für das Theater seiner Zeit zu wichtig und fehlgeschlagen war Es zerlegte es in Atome, so dass sich die Schauspieler seit seiner Zeit so gut sie konnten durchkämpfen mussten und das so gut taten, dass sie das Drama völlig vergessen hatten. Sie hatten eine Art theatralisches Basrelief entwickelt und waren damit so zufrieden, dass sie die runden Figuren dramatischer Skulpturen mit Abscheu betrachteten ... Sie wagten es nicht, in ihrem Theater Platz für *Hedda Gabler* und *John Gabriel Borkman zu schaffen* , weil sie zerstörten dagegen die Illusionen, mit denen sie ihre Aktivitäten aufrechterhielten.

Der schottische Buchhändler war ein guter Freund von Rodd und ein treuer Verehrer, obwohl er nicht im Geringsten verstand, was der seltsame Mann vorhatte. Rodd sprach immer von der Tugend einer geordneten Welt, während der Buchhändler in Träumen der Anarchie lebte, in denen Männer und Frauen in Ruhe gelassen wurden, damit das Gute in ihnen zum Vorschein kommen und ein Jahrtausend der Güte schaffen konnte. Rodds Forschungen über das menschliche Herz hatten ihm nur zu deutlich den Schrecken offenbart, der an den Quellen des menschlichen Lebens brennt, aber weil ihm die Träume des Buchhändlers lieb waren, weil sie ihn glücklich und wohlwollend machten, konnte Rodd sich nie dazu durchringen, seine Argumente so weit zu treiben, dass er sie erschütterte.

Eines Tages in diesem schönen Sommer unserer Geschichte bog Rodd in die Buchhandlung ein, um das Mittagessen zu verzehren, das er im German Delicatessen- Magasin die Straße hinauf gekauft hatte. Er fand den Buchhändler vor Glück überschäumend, wie er seine Bücher abstaubte, sie neu ordnete, große Pakete mit neuen Büchern leerte, und zwar auch nicht so sehr subversive Bücher, außer insofern, als jede Literatur subversiv ist.

'Hallo!' sagte Rodd. „Ich dachte, das wäre die schwache Jahreszeit?"

„Ich bin reich", entgegnete der Buchhändler. „Die verdammten Verleger kriechen auf mich zu." Sie hatten ihren schmutzigen Gewinn, und sie wissen, dass ich das Zeug verschieben kann, und sie sind auf den Knien vor mir und flehen mich an, ihren Dreck zu Hunderten zu nehmen – zu meinem eigenen Preis.'

(Das war eine verzeihliche Übertreibung, aber es war lange her, dass der Buchhändler so viele neue Bestände hatte.)

„Wenn ich jemals eine Veränderung möchte", sagte Rodd, „werde ich dich als deinen Assistenten einstellen."

Der Kiefer des Buchhändlers klappte herunter und er starrte Rodd an.

„Es könnte schlimmer sein", sagte er. „Das ist das zweite Angebot, das ich dieses Jahr habe."

'Oh! Wer hat den ersten gemacht?'

'Ah!' Der Buchhändler legte seinen Finger an seine Nase und kicherte. 'Ah! Jemand, der in mich verliebt ist.'

„Es gibt zu viele Bücher", sagte Rodd. „Zu viel Schrott."

Er wandte sich den Regalen zu, in denen die Stücke aufbewahrt wurden – Shaw, Barker, Galsworthy, Ibsen, Schnitzler, Hauptmann, Tschekow , Andrejew, Claudel, Strindberg, Wedekind, alle Autoren der Sturm-und-Drang-Zeit, als in ganz Europa versucht wurde, dem Theater Literatur aufzudrängen, um , wie Rodd dachte, die Tyrannei des gedruckten Wortes zu brechen. Das war eine seiner Lieblingsideen , dass die Tyrannei des Drucks, unter der die Welt so lange gelitten hatte, durch das Drama gebrochen werden würde. Nur das menschliche Herz könne die Obsessionen des menschlichen Geistes brechen, sonst würde die Menschheit die Fassung verlieren und versuchen, sie zu zerschmettern, indem sie Menschenköpfe einschlug ... Rodd betrachtete die Menschheit immer als eine Einheit, als einen Organismus, der den Gesetzen des organischen Lebens unterworfen ist. Gespräche über Personen und Nationen, Gruppen und Zusammenschlüsse schienen ihm irrelevant. Die Menschheit hatte einen Willen, und alles musste sich diesem fügen oder darunter leiden. Gegenwärtig schien es ihm, als sei der Wille der Menschheit krank und die Gesellschaft hier in London wie anderswo träge. Er flüchtete sich in seine Fantasie, wo er seine dramatische Energie voll einsetzen konnte. Im Großen und Ganzen hasste er Bücher, aber seine Zuneigung zur Charing Cross Road und zum Buchhändler zog ihn in den Laden, der den Bemühungen revolutionärer Idealisten gewidmet war, die er im Großen und Ganzen für falsch hielt. Er wollte keine Revolution, sondern die Wiederherstellung der Gesundheit der Menschheit, und wie so viele andere hatte er sein Allheilmittel – das Drama. Die Luft war jedoch so voller sozialer und politischer Theorien, dass er nicht erwartete, dass ihn irgendjemand verstehen würde.

„Haben Sie Manns neues Buch?" Er fragte den Buchhändler, der es herstellte: vierzig Tafeln mit Charles' Lieblingsentwürfen in ziemlich belanglosem Buchdruck. Rodd kaufte es und in diesem Moment betrat Clara den Laden.

Rodd schenkte ihr keine Beachtung. Der Buchhändler ließ ihn mit seinem Geld in der Hand zurück, und er blätterte die Seiten von Charles' Buch um und schüttelte den Kopf über die seltsamen Irrlichter der Absätze. Clara sprach, und er versteifte sich, starrte auf die Bücher vor sich, drehte sich um, erblickte ihr Profil und stand da und blickte voller Erstaunen – das Gesicht eines Mädchens, das mehr als hübsch war, ein Gesicht, in dem Absicht und Beweis dafür steckten klare Wahrnehmung.

Nach ihrem Urlaub sah sie prächtig aus. Sie strahlte vor Gesundheit. Sie bewegte sich, und zwar völlig unbekümmert um ihre Umgebung. Sie lebte sofort in Rodds Vorstellungskraft, nahm ihren rechtmäßigen Platz ein, ganz selbstverständlich neben Beatrice, Portia, Cordelia und Sophia Western. Seine Vorstellungskraft musste überhaupt nicht auf sie einwirken, um sie neu zu erschaffen oder zum dramatischen Wesen ihrer Persönlichkeit vorzudringen, das sie in jeder ihrer Gesten offenbarte.

Er konnte nicht hören, was sie sagte, aber ihre Stimme ließ sein Herz erzittern. Er schnappte nach Luft, taumelte und ließ Charles Manns Buch mit einem lauten Knall fallen.

Clara, die ihn nicht gesehen hatte, drehte sich um und war ebenfalls überwältigt. Er ging auf sie zu und verschlang sie mit seinen Augen, und ihre Augen suchten die seinen.

„Das ist Rodd", sagte der Buchhändler. „ Adnor Rodd, ein guter Freund von mir."

„Rodd", wiederholte Clara.

„Er interessiert sich sehr für das Theater", sagte der Buchhändler.

„Ich habe mir gerade das neue Buch von Charles Mann angesehen ... Darf ich es dir geben?"

Er ging weg, um das Buch aufzuheben, und als er zurückkam, umklammerte er es, holte er seinen Füllfederhalter heraus und schrieb mit kleiner, präziser Hand hinein:

„An meinen Freund, von Adnor Rodd."

„Mein Name ist Clara Day", sagte sie,

„Du kannst noch keinen Namen haben... Du bist einfach du."

Sie verstand ihn. Er meinte, dass Äußerlichkeiten in dem entzückten Schock ihrer Begegnung keine Rolle spielten. Während sie da standen und einander anstarrten, verschwand der Buchladen, London verschwand, es gab nichts außer ihnen beiden auf der ganzen Erde. Keiner von beiden konnte sich bewegen. Der Anfang und das Ende waren in diesem Moment. Nichts, was sie tun konnten, konnte es ändern oder die Welt wieder so machen, wie sie für sie gewesen war... Bewusst gab es keiner von beiden zu, beide klammerten sich stur an das, was sie aus ihrem Leben gemacht hatten.

Er hielt das Buch noch immer in der Hand. Sie hatte ihres nicht herausgestreckt. Er schrieb „Clara Day" und wollte es mehrmals aufschreiben, wie er es mit den Namen der Personen in seinen Stücken tat, um sicherzugehen, dass sie richtig genannt wurden.

Mit einem schwach wiederkehrenden Gefühl der Wirklichkeit dachte er an seine drei Zimmer in Bloomsbury und an die hundertfünfzig Pfund im Jahr, von denen er lebte, und mit einem ironischen Lächeln reichte er ihr das Buch, musterte ihre kostbaren Kleider, verbeugte sich und wandte sich ab... Für seine Vorstellungskraft genügte es, sie in diesem einen Moment kennengelernt und geliebt zu haben. Sie hatte die intellektuelle Distanz, in der er lebte, zerstört: die eisige Einsamkeit, in der er so schmerzlich weiterkämpfte, hatte ein Ende.

Er hatte sich so schnell bewegt, dass sie überrascht war, und er hatte die Schwelle des Ladens erreicht, bevor sie ihm nachlief und ihn am Arm berührte.

„Bitte", sagte sie. „Sie haben eines vergessen – das Datum."

Er schrieb das Datum in das Buch und wollte hingehen, aber sie sagte:

„Ich muss mehr über Sie wissen, wenn ich Ihr Geschenk annehmen soll."

„Sie sprechen so perfektes Englisch", sagte er und staunte über sie. „Heutzutage sprechen die Leute nicht mehr so, sondern in einem schlampigen Jargon."

„Ich habe im Ausland gelebt", erzählte sie ihm, und ohne weitere Worte gingen sie zusammen auf die Straße hinaus, wobei sie das Buch ganz fest im Arm hielt.

Sie waren eine Strecke schweigend gegangen, bevor er sprach.

„War es Zufall, dass Sie in diesem Laden waren?"

„Oh nein", sagte sie. „Der alte Mann ist ein Freund von mir."

(Er bemerkte, dass sie „die Alte" sagte und nicht, wie die meisten Leute es taten, „die Yold ". Es war diese Perfektion in ihr, die sie so unglaublich machte. Bis ins kleinste Detail war sie perfekt und er wusste nicht, ob er lachen sollte oder nicht weinen.)

„Es ist absurd", sagte er in seinem Herzen, „so kann es nicht passieren." Das kann nicht wahr sein.'

Clara hatte nichts anderes im Sinn, als ihn dazu zu bringen, seinen Geist und sein Herz für sie zu öffnen, um so leicht und schmerzlos die Anspannung in ihm zu lösen.

Sie gingen in ein Teehaus in der Coventry Street, und er saß da und starrte sie finster an. Ein kleines Orchester spielte eine synkopierte Melodie. Der Laden war voller Vorstadtbewohner, die ihre Flucht in eine vulgäre Aufregung genossen, die ihnen die Wohltätigkeit von Joseph Lyons ermöglichte. Der Raum war ganz in Gold und Marmor gehalten und hatte reichlich elektrisches Licht. Eine Kellnerin kam auf sie zu, aber Rodd war so auf Clara konzentriert, dass er seine Gedanken nicht sammeln konnte, und sie musste Tee bestellen.

„Wer bist du?", fragte er.

„Ich bin Schauspielerin im Imperium.“

Er warf den Kopf in den Nacken und lachte schallend.

„Ist es lustig?“, fragte sie.

'Sehr.'

Sie lächelte ein wenig boshaft und fragte:

'Wer bist du?'

„Ich bin ein komischer Kauz … Ich habe mein Leben damit vergeudet, von den Leuten mehr zu erwarten, als sie geben konnten, und ihnen mehr anzubieten, als sie brauchten.“

'Du siehst müde aus.'

„Ich bin müde – völlig erschöpft … Sie sind keine richtige Schauspielerin.“

„Ich werde dafür bezahlt, wenn ich dadurch einer werde.“

„Ich meine, Sie spielen jetzt keine Rolle. Schauspielerinnen hören nie auf. Sie orientieren sich an ihren Ehemännern und Liebhabern und machen weiter, bis sie umfallen. Ihre Ehemänner und Liebhaber schmeißen sie normalerweise raus, bevor sie das tun … Die gewöhnliche Frau ist auf ihre bescheidene Art eine Schauspielerin, aber Sie sind das überhaupt nicht … Ich kann Sie nicht einordnen. Was machen Sie in London? Sie sollten nicht in London sein. Sie sollten uns in unserem eigenen Saft schmoren lassen.“

Die Kellnerin brachte ihnen Tee und das Orchester lieferte eine noch unerhörtere Darbietung ab als zuvor.

„Ragtime und du!“ Er ging weiter. „Sie passen nicht zusammen.“ Ragtime ist etwas für müde Gehirne und abgestumpfte Sinne, für Menschen, die jeglichen Instinkt und jede Intuition verloren haben. Was hast du mit ihnen zu tun? Du wirst dich wegen ihrer harten Gleichgültigkeit einfach zu Tode prügeln … Du bist nur ein Kind. „Du solltest nach Hause geschickt werden.“

„Und angenommen, ich habe keine.“

Er zuckte mit den Schultern.

„Das war eine Zumutung.“ Verzeihen Sie mir!' Er nahm das Buch, das er ihr gegeben hatte. „Dieser Mann ist wie alle anderen.“ Er möchte eine statische Show durch eine dynamische und vitale Aufführung ersetzen, um dem Theater seine eigene Kunst aufzuzwingen. Das haben die Schauspieler so lange gemacht, bis sie irgendetwas anderes verdrängt haben. Er will sie vertreiben. Das ist alles, aber er hat große Gaben …'

„Bitte rede nicht über andere Leute", sagte Clara. „Ich möchte von dir hören. Was hast du in der Buchhandlung gemacht?"

Dann erzählte er ihr, warum er nach Charing Cross Road gefahren war, um einen Urlaub zu finden, der das Leben erträglicher machen würde; sie beschrieb ihre Urlaubsreise durch das Land mit dem herrlichen Abschluss in den Seen. Er sah ziemlich düster aus und schüttelte den Kopf:

„Das würde mir nicht passen. Ich gehe gern langsam und verweile bei den Dingen, die mir gefallen, um ihren wahren Charakter in mich aufzunehmen. Es ist angenehm, sich schnell fortzubewegen, aber diese ganze Autogeschichte scheint mir nur ein weiterer Trick zu sein – eine Flucht vor dem Leben … Ich sollte es tun, wenn ich meinem Temperament treu wäre, aber ich liebe meinen Job zu sehr. Ich bin ein Intellektueller, aber ich kann nicht tatenlos zusehen und ich kann nicht weglaufen."

Clara war noch nie jemandem wie ihm begegnet. Sein Gesicht zeigte so tiefes Elend, und seine Worte schienen nur eine Wolke zu sein, die den Rückzug verdecken sollte, den er sichtlich vor ihr machte. Das würde sie nicht zulassen. Sie war sich seiner sicher. Seine Haltung war eine Herausforderung für sie. Die Kraft, mit der er sprach, ließ Charles und sogar sie selbst schwach und phantastisch erscheinen, und sie wollte beweisen, dass sie so solide, so bestimmt und präzise war oder sein konnte wie er.

Sie wusste, was es bedeutete, von ihrem eigenen Willen getrieben zu sein. Ihr Mitgefühl galt ihm. Er war bis zur Erschöpfung getrieben.

„Ich habe versucht, die Frau der Zukunft zu erschaffen", sagte er. „Ibsens Frauen sind reine Nerven. Ich möchte eine Frau erschaffen, die sich von ihren emotionalen Erfahrungen lösen und Versagen akzeptieren kann, wie es ein Mann tut, in dem Glauben, dass der menschliche Geist auf lange Sicht stärker ist als die Natur. Wenn Instinkte verwirrt sind, kann man ihnen nicht trauen. Frauen müssen das noch lernen... Wenn sie es lernen, können wir anfangen, auf den richtigen Weg zu kommen."

Es schien egal zu sein, ob sie ihn verstand oder nicht. Sie hatte Mitgefühl für ihn und er redete gern mit ihm.

„Das scheint der Kern des Problems zu sein. Aber es ist ein wenig beunruhigend, wenn man versucht hat, eine Frau zu erschaffen, und dann in einen Buchladen geht und sie findet."

„Woher wissen Sie das?", fragte sie. „Vielleicht spiele ich nur. Das ist es, was Frauen tun. Sie finden instinktiv das Ideal im Kopf eines Mannes heraus und reproduzieren es."

Er schüttelte den Kopf.

„Alle Ideale für alle Menschen? ... Du hast das Spiel verschenkt.'

„Das ist vielleicht nur der cleverste Trick von allen."

Einen Moment lang war er ihr gegenüber misstrauisch, aber diese Koketterie war edel und dazu gedacht, ihn zu erfreuen und zu beruhigen.

„Mir steht eine schlimme Zeit bevor", sagte er schlicht. „Bisher war es für mich zu einfach. Ich habe mir zwanzig Jahre Zeit gegeben, um das zu produzieren, was ich will und was die Welt haben muss ... So einfach ist das nicht.'

„Trink doch deinen Tee." Ich glaube, du nimmst alles zu streng. Die Leute wissen nicht, dass sie gleichgültig sind. „Es gibt so viele Dinge zu tun, so viele Leute zu treffen, sie sind so beschäftigt, dass sie nicht merken , dass sie stehen bleiben und sich immer wieder wiederholen."

„Verdammt das Orchester!" sagte Rodd. Die erste Violine spielte ein Solo mit gedämpften Streichern. „Wenn die Leute das ertragen, werden sie alles ertragen." Es ist langsamer Mord.'

„Glauben Sie, dass es ihnen gefällt", antwortete Clara.

„Langsamer Mord?"

'NEIN. Die Musik.'

'Gleiche Sache.' Er lachte. 'Nun ja. Du hast mir meinen Beruf geraubt. Wann werden wir uns wiedersehen?'

'Morgen?'

'Morgen. Du wirst sehen, wie ich lebe – Wenn du Zeit hast, würde ich dich gerne zu einem Konzert mitnehmen. „Ich teste meine Freunde immer mit Musik."

„Sogar die neue Frau?"

Seine Augen funkelten und ein Lächeln spielte um seine empfindlichen Lippen.

XII

RODD ZU HAUSE

Sie trafen sich am nächsten Tag, einem heißen Augusttag, an dem die Hitze von den Gehwegen und den Häuserwänden aufstieg. Rodd war der Erste, der in der Buchhandlung ankam, in der sie sich verabredet hatten. Der Buchhändler ärgerte sich über den „jungen Leddy ", weil Rodd noch nie mit irgendjemandem – weder Mann noch Frau – im Laden gesprochen hatte.

„Das ist ein toller junger Kerl ", sagte der Buchhändler. „Sie weiß, dass man sich selbst Gutes tut, wenn man anderen Gutes tut." Und wohlgemerkt, das ist eine Tatsache. Es ist keine Predigt. Das ist eine harte wissenschaftliche Tatsache."

'Wer ist sie?' fragte Rodd.

„Sie ist eine Schauspielerin und den Herren gegenüber freundlich eingestellt." Wie sie auf einen armen Laden wie meinen stieß, kann ich euch nicht sagen. Aber sie kam herein und mein Glück änderte sich von diesem Tag an.'

Clara kam herein. Sie stand auf der Schwelle des Ladens und blätterte in den Papieren, die dort auf einem Tisch lagen. Sie hatte Rodd gesehen, aber sie wollte noch ein oder zwei Minuten gewinnen, bevor sie mit ihm sprach, so groß war der Schock gewesen, ihn zu treffen. Seit sie ihn am Tag zuvor verlassen hatte, hatte sie nichts anderes getan, als auf die Zeit zu warten, ihn wiederzusehen, aber als die Zeit gekommen war, musste sie sich aus der grübelnden Konzentration auf ihn befreien, die all ihre Energie in Anspruch nahm. Sie fürchtete sich vor dem Treffen. In der Erinnerung war ihr seine Persönlichkeit klarer und deutlicher vorgekommen als in seiner tatsächlichen Gegenwart, wenn die Kraft seiner Ideen alles andere verdunkelte. Er war unglücklich, er war arm, er war einsam, und es ärgerte sie, dass ein solcher Mann eine dieser Eigenschaften hatte. Er wirkte so energisch, und doch zeugte es von Schwäche, arm, unglücklich und einsam in einer Welt zu sein, in der Reichtum und Gesellschaft, wie sie bewiesen hatte, so leicht zu erreichen waren … Er wartete, bis sie sich bewegte, und das machte sie wütend. Er blieb stehen und wartete, bis sie sich bewegte. Der Zorn in ihr war so heftig, dass sie beinahe auf der Stelle aus dem Laden gegangen wäre, aber sie sah, dass seine Augen sie fest im Blick hatten, und ging auf ihn zu und streckte ihm die Hand entgegen. Er hielt sie fest und sagte:

„Ich hatte Angst, dass du vielleicht nicht kommst."

„Warum sollte ich nicht?"

„Ich habe dir so wenig zu geben."

„Sie haben mir gestern ein gutes Angebot gemacht."

'Alles.'

Der Buchhändler blickte zu der Büste von William Morris in seinem Lyrikregal auf und zwinkerte. Dann schlich er auf Zehenspitzen davon.

Clara vergab ihm, dass er ihr nicht entgegenkam. Seine Direktheit in der Rede überzeugte sie von seiner Stärke und Ehrlichkeit.

Keiner von beiden wollte Zeit verschwenden. Ihre Intimität hatte bereits bei ihrer ersten Begegnung begonnen.

„Es ist zu heiß in London", sagte er. „Sollen wir nach Highgate oder Hampstead laufen?"

Clara wollte ihn berühren, um sich zu vergewissern, dass er wirklich ein Mann war und nicht nur ein wandernder Geist, und sie legte ihre Hand auf seinen Arm. Er war schmerzhaft dünn, und sie wusste instinktiv, dass er nicht richtig gepflegt wurde, und andererseits war sie voller Misstrauen. War es nur ihr Mitgefühl, das ihr Leben mit seinem in Verbindung brachte? ... Der Schock hatte ihr vollkommen klar gemacht, dass sie an Charles als Mann nie das geringste Interesse gehabt hatte. Das war verheerend gewesen, und sie schreckte davor zurück, durch ihre Impulsivität noch mehr Ärger zu verursachen. Diesem Mann wehzutun, wäre ernst. Niemand außer ihm selbst konnte Charles wehtun; und selbst dann wachte er morgens immer singend und pfeifend auf wie ein glücklicher Junge oder eine Amsel in einem blühenden Kirschbaum.

Sie fuhren mit der U-Bahn nach Highgate und unternahmen während des Klapperns und Dröhnens des Zuges im Tunnel keinen Versuch, sich zu unterhalten.

Als sie den langen Hügel hinaufgingen , sagte er:

„Du hast mich umgehauen. Ich hätte nie gedacht, dass das jemand tun würde. Ich hätte nie gedacht, dass ich jemals jemanden treffen würde, der so stark ist wie ich ... Liebe ist eine schreckliche Sache. Der Aufeinanderprall zweier Persönlichkeiten. Sie zerstört alles andere und lässt keinen Raum für etwas anderes."

„Ich hoffte, es würde dich glücklich machen", sagte Clara und akzeptierte es als völlig natürlich, dass sie alles beiseite schoben, was zwischen ihnen und ihrem Wunsch stand, zusammen zu sein und Gedanken, Gefühle und all die tiefen Qualitäten in ihnen zu teilen, die niemand sonst offenbaren konnte. Sie konnte ihn ebenso wenig verleugnen wie die Sonne, die am Morgen aufgeht, und für den Moment war sie zufrieden damit, alles andere in ihrem Leben zu vergessen ... Es war so unweigerlich richtig, dass sie, nachdem sie sich im Herzen Londons kennengelernt hatten, ihm den Rücken kehrten und sich der Erde, dem Sonnenschein, dem blauen Himmel und den Bäumen in ihrem Sommergrün und dem Wasser, das in der Sonne lächelte, aussetzten. Die wilde Energie in ihren Herzen ließ den heißen Augusttag, die Vorstadtszene und die trägen Vorstadtbewohner spielzeugartig und unwirklich erscheinen, als würden sie aus einer anderen Welt darauf herabblicken, und das taten sie auch, denn sie waren bis an die Anfänge der Schöpfung gestürzt, und ihre neue Welt war im Entstehen. So groß ist die Macht der Liebe, dass sie, nachdem sie alle Wahrheit aus der Welt, wie sie von Menschen geschaffen wurde, herausgezogen hat, den Rest hinwegfegt und von neuem beginnt, indem sie alles Lebenswichtige und Wertvolle verwirft und zerstört, aber mit größter Zärtlichkeit bewahrt. Die Liebe nimmt ihre beiden Auserwählten und webt einen Zauber um sie, um sie vor den quälenden Berührungen der Welt zu bewahren, damit sie die Kraft haben, der Qual der Schöpfung standzuhalten, die sie durchströmt und nicht ruht, bis sie zu einer Seele, einer Welt geschmiedet oder getrennt, zerbrochen und niedergeworfen sind.

Von diesen beiden war es Rodd, der am meisten darunter litt. Der wilde Wille, der ihn in seiner langen Arbeit für die Kunst, die er verehrte, aufrecht erhalten hatte, wollte nicht nachgeben. Er wollte beides, seine Arbeit und dieses plötzliche, überraschende Mädchen, das in sein Leben getreten war, und er wollte beides zu seinen eigenen Bedingungen. Gleichzeitig machte ihn der in ihm entstandene Konflikt nur noch sensibler für die Schönheit und die einfachen Freuden der Gärten und Felder, durch die sie gingen ... Das war neu für ihn. Bisher hatte er solche Dinge nur mit einer entfernten ästhetischen Distanziertheit genossen.

Auch darauf wollte er nur ungern verzichten, doch die plötzliche Freude über das Mädchen war zu stark für ihn. Zu solcher Schönheit muss sich der strengste Wille beugen. Kein Vogelgesang, kein plötzliches Licht auf einer Wolke, keine zitternde Blume in ihrer Ekstase , kein Baum in voller Blüte könnte von so großer Schönheit erzählen wie diese Freude, die aus den tiefsten Tiefen ihrer Seele in ihre Augen blitzte, auf sie Lippen, die ihre Kehle weich machen, jede ihrer Bewegungen verflüssigen und in ihre Stimme eine Musik einbringen, die noch kein Dichter je gesungen hat, die sich kein Musikergehirn ausgedacht hat, Musik, die aus tieferen Regionen kommt, als die menschliche Seele erkennen kann, und die weit über die gesetzten Grenzen hinausgeht menschliche Wahrnehmung.

Rodd war benommen und schwindlig davon und sehnte sich hin und wieder danach, sie zu berühren, sie zu halten, um sicherzugehen, dass sie in der Schnelligkeit ihrer Freude nicht davonfliegen würde... Er sprach ernst und feierlich, mit intensiver Konzentration, über die Menschen in seinem Leben, die im Vergleich zu ihr so traurig aussahen. Er komponierte sie offensichtlich zu einem Drama, das er jedoch nicht zu Ende zu führen wagte. Dass es jemals wieder einen solchen Tag wie diesen geben könnte, überstieg seine Hoffnungen, dass er jemals zu dem zurückkehren könnte, was er war, überstieg seine Ausdauer...

„Mir ist neulich etwas Merkwürdiges passiert", sagte er. „Ich lebe unter merkwürdigen Leuten, die sich an das Theater und die Zeitungen hängen. Da ist eine Frau –"

Clara hielt den Atem an und sah sie wie einen Tiger an. Er bemerkte die Veränderung nicht und ging weiter.

„Da ist eine Frau. Sie wohnt direkt unter mir. Sie hat zwei Kinder und Gott weiß, wie sie lebt. Abends wartete sie auf der Treppe auf mich und schaute mir beim Aufstieg zu. Aber ich habe nie mit ihr gesprochen –"

Clara lächelte glücklich.

„Sie hat mir immer kleine Dienste erwiesen. Sie hat meine Socken gestopft und mir manchmal etwas Leckeres gekocht und es vor meine Tür gestellt. Das ging monatelang so, ich habe nie mit ihr gesprochen, weil sie eine schreckliche Mutter hat, die bei ihr lebt... Vor ein oder zwei Wochen kam ich abends nach oben und sie sagte mir, eines ihrer Kinder sei krank, und bat mich, den Arzt zu holen... Ich tat es, und sie sah so erschöpft aus, dass ich hineinging und ihr half. Die Mutter war überhaupt nicht zu gebrauchen; ein fettes, faules Biest von einer Frau, die trinkt, flucht, isst und schläft... Wir rangen mit dem Tod um das Leben des Kindes, aber wir wurden besiegt... Es starb. Sie wartet jetzt auf mich und versucht, mit mir zu reden, aber ich werde es nicht tun. Sie ist rasend in ihren Aufmerksamkeiten. Sie will Mitgefühl. Sie hat es, aber sie will mehr als das. Ein Wort von mir, und ich würde sie nie abschütteln können. Sie klammerte sich an mich, und weil sie sich an mich klammerte, glaubte sie, dass sie mich liebte, aber sie wollte nichts als meine Schwäche... Das ist schon einmal passiert. Sie scheinen in der Schwäche eines Mannes einen bitteren Triumph zu finden.'

Die Demut seines Geständnisses berührte Clara zutiefst. Es war die Demut der Gefühle des Mannes im Gegensatz zu seiner wilden, intellektuellen Arroganz, die sie zu einem Mitgefühl bewegte, das sie in ihrer raschen Freude bestärkte. Seine Geschichte offenbarte ihr sein Leben so lebendig, dass sie das Gefühl hatte, ihn ohne weiteres durch und durch zu kennen. Alles andere waren Einzelheiten, die sie nicht besonders interessierten.

Sie gingen eine Zeit lang schweigend weiter, er grübelte, sie lächelte glücklich, und sie stellte sich die beiden Seiten seines Lebens vor, die reiche und kraftvolle Tätigkeit seiner Vorstellungskraft und die schlichte Zärtlichkeit seiner Einsamkeit.

Es schien, als wäre sie an der Reihe zu gestehen, aber sie konnte es nicht. Die Vollkommenheit des Tages würde für sie beeinträchtigt werden, und das würde sie nicht tun. Er würde es verstehen. Ja, er würde es verstehen, aber Männer haben Illusionen, die ihnen sehr am Herzen liegen. Sie musste sie beschützen und ihn behalten lassen, bis die teure Realität es für ihn erforderlich machte, sie wegzuwerfen.

In Hampstead kamen sie in einer Feiertagsschar und mischten sich unter sie, froh, wieder einmal mit einfachen Leuten in Kontakt zu sein, die sich die Vergnügungen gönnten, für die sie lebten. Es gab Schiffschaukeln, Karussells, Kokosnuss-Spielautomaten, Penny-in-den-Spielautomaten ... Der Besitzer des Karussells sah ziemlich ähnlich aus wie Sir Henry Butcher, und Clara erkannte erschrocken, dass das Imperium und diese bunt bemalte Maschine beide Teil desselben Gewerbes waren. Die Leute zahlten ihre zwei Pence oder ihre halbe Guinee und bekamen eine gewisse Aufregung geboten, einen Anteil an einem Spiel, ein Vergnügen, das ohne Anstrengung ihrerseits die Monotonie des Daseins durchbrach ... Von den beiden zog sie an diesem Augusttag das Karussell vor. Es war im Freien und es war einfach und anspruchslos; und es war sicher besser, die Leute mit Holzpferden zu unterhalten als mit ebenso mechanischen und kläglich von Maschinen angetriebenen Menschen ... Sie war verärgert über Rodd, weil ihn das alberne Gekicher der Dienstmädchen und die verwegenen Kapriolen des jungen Mannes zur Weißglut trieben.

„Ich hasse die Vergnügungen der Menschen", sagte er. „Sie sind das Maß für die Qualität ihrer Arbeit – faule, schlampige, monotone Wiederholung, die nichts Großartiges hervorbringt außer Maschinen, wundervollen Motoren, wunderbaren Schiffen, wunderbaren Autos, aber langweiligen, lustlosen, durchnässten Menschen – träge. Es ist die Trägheit Londons, die so entsetzlich ist."

Clara ließ sich von ihm auf den Holzpferden mitnehmen und sie drehten dreimal die Runde. Widerstrebend gab er zu, dass es ihm Spaß gemacht hatte.

„Aber nur, weil du es getan hast."

Um ihn noch mehr auf die Probe zu stellen, ließ sie ihn im Hof eines Gasthauses Tee trinken, an einem langen Tisch mit einer Reihe von East-End-Bewohnern, ganzen Familien, Brautpaaren und jungen Männern und Mädchen, die sich aus der Menge gegenseitig ausgewählt hatten. Sie starrten das bemerkenswerte Paar an, die elegante junge Frau und den launischen, gutaussehenden Mann, aber sie machten keine unverschämte Bemerkung, außer dass, als sie gingen, ein Mädchen schrie:

'Mein! Schau dir ihre Schuhe an.'

Und ein anderes Mädchen sagte traurig:

„Ich wünschte, ich hätte solche Beine *und* Seidenstrümpfe.“

Es war fast Abend. Der Dunst über der Heide schimmerte aprikosenfarben. Fenster, die die tiefstehende Sonne einfingen, loderten wie Feuerflächen. Die Menschen auf der Heide wurden kleiner und schienen in der Landschaft zu versinken, und ihre Bewegungen waren kaum wahrnehmbar.

Rodd fragte: –

„War es ein guter Tag für dich?“

'Ein wundervoller Tag. „Ich möchte sehen, wo du wohnst.“

Er brachte sie nach Hause. Unten in London, nach dem Heath, schien die Luft dick und stickig. Der Platz, an dem er lebte, war von unangenehmen Straßen umgeben, aus denen fast überwältigende Gerüche hereinwehten. Sein Haus war ein einstmals elegantes Herrenhaus, das jetzt in Wohnungen aufgeteilt war. Er hatte das, was einst die Dienstbotenunterkünfte unter dem Dach waren, drei Zimmer und ein Badezimmer. Die Fenster seines Wohnzimmers blickten auf die Baumwipfel. Hier arbeitete er. Das Zimmer enthielt nichts außer einem Tisch, einem Stuhl, einem Klavier und einem Sofa.

„Das ist das einzige Zimmer“, sagte er.

„Diese Frau hat auf dich gewartet“, sagte Clara.

„War sie das? Ich habe sie nicht gesehen.“

„Ja. Als sie mich sah, huschte sie in ihr Zimmer.“

Er nahm sein Manuskript vom Tisch.

„Es ist stehen geblieben.“ Reumütig blätterte er darin um, befingerte die Seiten, begann zu lesen und war gerade dabei, darin vertieft zu sein, als sie es ihm aus der Hand riss.

„Wie kannst du es wagen, es zu lesen, wenn ich bei dir bin?“, rief sie. „Es wurde geschrieben, bevor du mich kanntest. Es ist nicht gut ... Ich weiß, dass es nicht gut ist.“

Er war fassungslos über diesen Eifersuchtsausbruch und protestierte:

„Da stecken jahrelange Arbeit drin.“

„Aber was nützt es, hier zu sitzen und zu arbeiten, wenn man nie etwas damit anfängt?“

Er zeigte auf das Sofa und sagte:

„Da ist meine Arbeit drin: randvoll, Notizen, Skizzen, halbfertige Sachen, Sachen, die überarbeitet werden müssen... Ich habe darauf gewartet, dass etwas passiert. Ich könnte nie nur arbeiten, um anderen zu gefallen und erfolgreiche Schauspieler mit Rollen auszustatten..."

„Ich bin eine erfolgreiche Schauspielerin."

„Du? Oh nein."

„Aber das bin ich. Ich bin für einen Auftritt im Imperium in *Der Sturm* *engagiert* . Charles Mann ist für die Inszenierung zuständig."

„Ich habe etwas darüber gesehen, aber ich habe es nicht geglaubt."

„So war auch die Arbeit von Charles Mann", sie zeigte auf das Sofa, „bis ich ihn traf."

'Sie kennen ihn?'

'Ja ja.'

(Sie brachte es nicht übers Herz, es ihm zu sagen.)

„Butcher wird zu stark für ihn sein. Butcher kontrolliert nämlich die Maschine."

„Aber das Geld kontrolliert Butcher!"

Er war wütend.

„Sie! Sie reden von Geld! Das ist das Geheimnis des ganzen kriminellen Geschäfts. Geld kontrolliert die Kunst. Geld lehnt die Kunst ab. Geld ist auch eine sensible Sache. Es lehnt Kraft, Spontaneität, Originalität ab. Es will Wiederholung, Unveränderlichkeit, Berechenbarkeit . Geld ... Sie können mit Genugtuung darüber reden, dass das Geld Butcher kontrolliert, nachdem wir einen himmlischen Tag mit süßer Luft verbracht und unser Glück besungen haben!"

„Man muss den Tatsachen ins Auge sehen."

„Sicher. Aber man muss sie nicht umarmen."

Hier in diesem Raum war er ein anderer Mann. Die Demut, die seine liebenswerteste Eigenschaft war, ging in seiner kreativen Arroganz unter. Fast schien es, als ob er ihr Eindringen als Bedrohung für das Leben empfand, das er sich geschaffen hatte, für die Welt der leidenden und gequälten Geschöpfe, mit denen er sich umgeben hatte, die Geschöpfe, die er so sehr geliebt hatte, dass es zu Kontakt mit seinen Mitmenschen gekommen war in gewisser Weise ein Verrat an ihnen zu sein. Die Atmosphäre des Raumes war in außerordentlichem Maße von seiner Persönlichkeit und den immensen kontinuierlichen Anstrengungen geprägt, die er unternommen hatte, um sein Ziel zu erreichen. Hier war etwas Dämonisches und Herausforderndes in ihm. Er präsentierte ihr diesen leeren

Raum als sein Leben und schien es mit Trotz zu überschütten, um es zu stören.

Sie hatte noch nie eine so heftige, anregende Herausforderung für ihre Persönlichkeit erlebt. In ihrem Herzen verglich sie diesen strengen Raum mit der Zeremonie des Imperiums, und es bestand kein Zweifel, welcher der beiden die größere Vitalität enthielt. Hier in der Einsamkeit schuf ein Mann das, was allein die aufwendige und kostspielige Maschinerie des großen Theaters rechtfertigen konnte, die der sanfte und jungenhafte Sir Henry Butcher fast eine Generation lang genutzt hatte, um seine eigene einnehmende Persönlichkeit auszuspielen.

Clara schämte sich für die Eifersucht, die sie dazu gebracht hatte, Rodds Werk aus der Hand zu reißen. Sie hatte seine Leidenschaft gegen sie entfacht. Er, der während seiner ganzen ehrgeizigen Jugend der Feindseligkeit und Gleichgültigkeit der Welt ausgesetzt gewesen war, wurde von der Feindseligkeit der Liebe entflammt, die seinen wilden Willen – niemals Kompromisse zu schließen, sondern an der Logik seiner Vision festzuhalten – erschüttert, aber noch nicht entwurzelt hatte. Die Wut in ihm war unerträglich. Sie sagte:

„Gefällt es dir nicht?“

Was?'

„Meine Zugehörigkeit zum Imperium.“

„Es steht mir nicht zu, etwas zu mögen oder nicht zu mögen. Ich bin nicht der Kontrolleur deiner Bewegungen. Ich würde niemals die Bewegungen irgendeines Lebewesens kontrollieren.“

„Außer bei Ihrer Arbeit.“

„Sie arbeiten an ihrer eigenen Rettung. Sie haben nichts mit mir zu tun, genauso wenig wie die Frau auf der Treppe.“

„Aber du liebst sie.“

(Er hatte sie für sie so real gemacht, wie sie für sich selbst waren.)

„Sie lassen mich nicht in Ruhe. Sie wollen leben.... Aber sie können nur auf der Bühne leben.“

Er schüttelte den Kopf und sagte mit äußerster Arroganz:

„Das werden sie tun, wenn die Bühne für sie bereit ist.“

Sie konnte die Anstrengung nicht länger ertragen und um ihn in die Realität zurückzubringen, sagte sie:

'Wie alt bist du?'

'Einunddreißig.'

Sein nächster Schritt entsetzte sie. Er trat vor, ergriff sein Manuskript und zerriss es in Stücke.

'Dort!' Er sagte: „Sind Sie zufrieden?"

'NEIN. Das war kindisch von dir... Du wirst dich nur hinsetzen und noch einmal von vorne anfangen.'

„Ich schwöre, das werde ich nicht tun." Ich schwöre es. Es ist fertig. Das ist alles vorbei... Ich weiß nicht, wie ich jemals wieder von vorne anfangen soll. Vielleicht werde ich es nicht tun... Die ganze letzte Nacht habe ich darum gekämpft, dem zu entkommen, ihm nicht ins Auge zu sehen... Sie sind alle gemein und unedel und erbärmlich; die meisten von ihnen waren hirnkrank; und nicht geeignet, in derselben Welt wie Sie zu leben. Sie sind nicht geeignet, auf der öffentlichen Bühne zur Schau gestellt zu werden, diese armen, nervösen kleinen modernen Menschen mit ihren ausgetrockneten Instinkten und ihren verdorrten Gedanken, klug und hilflos, verwesend in Untätigkeit ... Nein. Es war alles falsch. Ich war ein Dummkopf, aber ich konnte nicht so tun. Ich glaube, ich wusste es in meinem Kopf, aber du musstest es mir klar machen. Ich bin nicht in der Lage, so zu leben Welt wie du. „Ich hätte dich heute nicht sehen sollen ..."

„Kannst du nicht über dich selbst lachen?"

'Lachen! „Lieber Gott, ich mache nichts anderes."

„Ich meine – glücklich. Du wärst nicht du selbst, wenn du keine Fehler machen würdest – um zu lernen. Sie mussten mehr über Ihre Arbeit lernen als nur die Tricks. Ist es nicht so? Du verabscheust die Schauspielerei. Aber dort ist es genauso. „Ich wollte mehr darüber lernen als nur die Tricks."

„Ja, das ist es; um die Tricks zu lernen und anständig zu bleiben. Dadurch zeichnet man sich aus.'

Clara reichte ihm die Hand:

'Sehr gut, dann. Wir verstehen uns und es gibt nichts so Schreckliches an meinem Aufenthalt im Imperium. Ist da?'

Er hielt ihre Hand. Sie wollte, dass er sie zu sich zog, sie an sich drückte, ihn für alles tröstete, was er verloren hatte; Aber wieder einmal ließ er sich von seiner Demut leiten, und er verneigte sich nur tief und dankte ihr herzlich für ihre Großzügigkeit, einem so armen Teufel wie ihm einen so exquisiten Tag zu schenken.

Von einem weiteren Treffen wurde nichts gesagt. Als er sie die Treppe hinunterführte, öffnete sich die Tür der Wohnung darunter und das Gesicht einer Frau lugte hervor. Am Fuß der Treppe trafen sie einen Mann in Frack und Zylinder, der an ihnen vorbeiging, seinen Hut abnahm und ihn vor sein Gesicht hielt, aber bevor er das tat, hatte Clara ihn erkannt . Herr Cumberland, früher Herr Clott.

„Wohnt dieser Mann hier?", fragte sie Rodd an der Tür.

Rodd blickte die Treppe hinauf.

„Nein", sagte er. „Nein. Ich glaube, ich habe ihn schon einmal gesehen, aber in dem Haus wohnen viele Leute. Seltsame Leute. Sie kommen und gehen, aber ich sitze oben in meinem Zimmer, schaue in die Baumwipfel und arbeite …"

„Du solltest dich mit dem Theater in Verbindung setzen", sagte Clara; „Schlucken Sie Ihre Skrupel herunter und finden Sie heraus, dass wir gar nicht so schlecht sind."

Sie blieben einige Augenblicke auf der breiten Türschwelle stehen. Es war inzwischen Nacht und die Lampen brannten. Liebende schlenderten unter den Bäumen vorbei, und am Geländer des Gartens saßen sich gegenüberliegende Paare aneinandergeschlossen.

„Man verwandelt einen Augusttag in Frühling", sagte Rodd.

Clara tippte liebevoll auf seine Hand und rannte, um sich loszureißen, den Platz entlang und um die Ecke. Sie zitterte mit allen Nerven vor der Belastung durch so viele Konflikte und war wütend auf sich selbst, weil sie ihn so hochmütig angegangen war. Er war mehr zu respektieren als jeder andere Mann, den sie jemals getroffen hatte, und doch hatte sie ihn – so dachte sie zumindest – behandelt, als wäre er ein anderer Charles. Sie konnte das Ausmaß dessen, was ihr widerfahren war, nicht ermessen und ihre Gedanken flogen zu praktischen Details. Was für eine Ewigkeit schien es her zu sein, seit sie fröhlich herumgelaufen war und sang: „Das bin ich in London!" Und wie seltsam, wie bedrohlich war es, dass sie auf der Treppe Mr. Clott oder Cumberland getroffen hatte !

XIII

„DER STURM"

Damals gab es noch Jahreszeiten: Herbst, Weihnachtsferien und Frühling. Im August, wenn der Rest der Welt Ferien hatte, waren die Theater, gereinigt und erneuert für einen neuen Versuch, die Menge zu erobern (die unbesiegbar ist und ihre Millionen verschiedener Wege geht), voller hoffnungsvoller, geschäftiger Menschen, die auf Erfolg hofften, um ihnen die ruhige, unbeschwerte Zeit und die Sicherheit zu geben, die, wie immer ersehnt, nie kommt.

Das Imperium war neu gepolstert und dekoriert worden, und dies wurde ordnungsgemäß angekündigt. Mr. Smithson hatte in der Muße, die er dadurch hatte, dass er von der vollen Verantwortung für die Szenerie entbunden worden war, einen neuen Bühnenauftritt gemalt, von dem Fotos in den Zeitungen erschienen. Herr Gillies wurde interviewt. Sir Henry wurde interviewt, Charles Mann wurde interviewt. Der Ball der Werbung rollte munter weiter. Sogar Mr. Halford Bunn, der berühmte Autor, dessen neues Stück zurückgestellt worden war, half mit, indem er die neue launische Szenerie in den Rubriken einer angesehenen Tageszeitung attackierte und eine lange Korrespondenz auslöste, in der Charles ein gutes Geschäft machte mit der Begründung, er habe die Geschenke, die ihm gehörten, auch anderen Ländern gegeben. Er stürzte sich ins Getümmel und wies darauf hin, dass er sein eigenes Land verlassen habe, weil es in einem sonnigen Klima angenehmer sei, zu verhungern.

Er war berauscht von der Vorfreude auf seinen Triumph. Die praktischen Schwierigkeiten, die er geschaffen hatte, und die, die ihm von Mr. Gillies und Mr. Smithson in den Weg gelegt worden waren , waren überwunden, und zu sehen, wie seine Pläne tatsächlich im Großen und Ganzen auf Rückentüchern, Flügeln und Gaze verwirklicht wurden , gab ihm das Gefühl der Solidität, das ihn, wenn es vorher in sein Leben gekommen wäre, fast zu einem normalen Menschen gemacht hätte ... Clara sollte Ariel sein. Das geliebte Kind sollte die Magie seiner Persönlichkeit einbringen, um die Schönheit zu entfachen, die es in Form und Farbe geschaffen hatte . Er hatte sich fast mit der Idee abgefunden, dass die Charaktere in der Fantasie von Männern und Frauen verkörpert werden.

Sir Henry war voller Enthusiasmus und Eifer in die Stadt zurückgekehrt. Mann und Clara waren ein starkes Team, um die Tyrannei der gesellschaftlichen Nutzung des Vorderhauses gegenüber der künstlerischen Nutzung der Bühne zu durchbrechen. In dieser Saison sollten Lady Butcher und Lady Bracebridge jedenfalls nicht alles nach ihrem Willen bekommen.

Es gab einen kleinen Rückschlag und eine Enttäuschung. Ein aufstrebender Impresario brachte eine Produktion aus Deutschland mit, in der Form und Design den Naturalismus zerstört hatten. Diese wurde in einer der Hallen aufgeführt und war ein sofortiger Erfolg, und Charles schrieb in einem Anfall von Eifersucht eine leider gehässige Attacke auf den deutschen Produzenten und beschuldigte ihn, seine Ideen gestohlen zu haben. Sir Henry, ein geborener Publizist, war wütend und drohte, sein Projekt aufzugeben. Die richtige Vorgehensweise bestand darin, das deutsche Produkt zu begrüßen und mit einem angemessenen Verweis auf Perkins und Anilinfarbstoffe verschämt darauf hinzuweisen, was London leisten konnte.... Er war so wütend auf Charles, dass er sich im Aquarium einschloss und sich weigerte, Proben einzuberufen.

Clara sah ihn und er machte ihr Vorwürfe:

„Warum hast du diesen schrecklichen Mann in mein wunderschönes Theater gebracht? Er hat alle verärgert, von Gillies bis zum Callboy, und jetzt hat er uns zum Gespött gemacht, und dieser Impresario kann sagen, dass wir eifersüchtig sind. Wir Künstler müssen zusammenhalten, sonst werden wir von den Geschäftsleuten umgeworfen, und wo wird dann das Theater sein? ... Wo würdest du sein, mein Lieber? Sie zwangen dich, deine Kleider auszuziehen und mit vielen anderen jungen Frauen über die Bühne zu rennen, und das nannten sie – Kunst ... Das Theater ist entweder ein Tempel oder es ist in der westlichen Zivilisation das, worum es beim Sklavenmarkt geht der Osten. Dieser verdammte Idiot von Ihnen kann nichts außerhalb seiner eigenen Umgebung sehen. Er denkt, er sei wichtiger als ich; aber ist ein Buchbinder wichtiger als John Galsworthy?'

„Du darfst nicht so wütend sein." Niemand nimmt Charles ernst, außer in seiner Arbeit. Jeder erwartet von ihm, dass er dumme Dinge tut. Mit einem würdevollen Brief kann man das ganz einfach in Ordnung bringen.'

„Aber ich kann nicht sagen, dass mein eigener Bühnenmaler ein verdammter Idiot ist."

„Du brauchst ihn nicht zu erwähnen", sagte Clara. „Sagen Sie einfach, wie sehr Sie die deutsche Inszenierung bewundern und sprechen Sie über die Renaissance des Theaters."

Sir Henry nahm kleinlich Stift und Papier, schrieb einen Brief und reichte ihn ihr.

„Geht das?" er hat gefragt.

Sie las es, stimmte zu und bewunderte seine Geschicklichkeit. Es gab Komplimente an alle und Charles wurde nicht erwähnt.

„Diese Dinge *sind* wichtig", sagte Sir Henry. „Der reibungslose Ablauf der Vorausschreibung ist die halbe Miete." Es verschafft Ihnen in den ersten drei Wochen Ihr Publikum und schafft Vertrauen in die Presse. Das ist das Wichtigste... Ich war wirklich kurz davor, die ganze Sache zu vermasseln. Lady Butcher möchte nichts Besseres.'

„Ich denke, Verschoyle wäre beleidigt, wenn Sie es täten."

'Ah! Verschoyle ...' Sir Henry sah sie misstrauisch an. Obwohl er es wollte, fühlte er sich bei ihr nie ganz wohl. Sie war nicht berechenbar wie die Frauen, die er gekannt hatte. Was sie wollten, waren bestimmte und fast immer materielle Dinge, während ihre Absichten geheim, subtil und, wie er manchmal vermutete, außerhalb seiner Reichweite lagen. Sie war neu. Das war ihre Faszination. Sie gehörte zu dieser seltsamen Welt, die aus dissonanter rhythmischer Musik, aus russischem Ballett und Romanen, aus einer Art Poesie, die jeder schreiben konnte, aus Moden, die ihm unanständig vorkamen, und aus einer Gesellschaft entstand, die wilder und lauter war als je zuvor Das Böhmen seiner Zeit war es gewesen, weil Frauen – auch Damen – der treibende Geist darin waren und Frauen sich nie an die Regeln eines Spiels hielten ... Und doch vergötterte er sie auf seine jungenhafte, sentimentale Art und klammerte sich an sie sie, als ob er glaubte, sie könnte ihn in diese neue Welt entführen.

„Ich kann mit Mann nicht weitermachen", sagte er fast unter Tränen. „Es ist zu beunruhigend." Man weiß nie, was er tun wird, und schließlich ist das Theater ein Geschäft, nicht wahr ? – Nicht wahr?'

„Das nehme ich an", antwortete Clara.

Es war außergewöhnlich zu spüren, wie die große Maschinerie des Theaters für die Uraufführung des Stücks in Schwung kam. Es war wunderbar , im Verlauf der Proben in die schönste Fantasie vertieft zu werden, die jemals vom menschlichen Geist erschaffen wurde. Clara war mit Leib und Seele dabei . Das Leben außerhalb des Theaterstücks hörte für sie auf. Sie lebte vollständig zwischen ihren Zimmern und der Bühne des Theaters. Im Gegensatz zu den anderen Musikern schaute sie sich, wenn sie nicht erwünscht war , den Rest des Stücks an, gab sich ihm völlig hin und entdeckte immer wieder eine enorme Bedeutungskraft in Worten, die ihr so vertraut waren, dass sie wie erinnerte Musik wirkten , ein gewohnheitsmäßiger Gedanke ohne bewussten Bezug zu irgendetwas unter der Sonne ... Und als ihr Sinn für die Schönheit des Stücks lebendiger wurde, erschien ihr der Apparat, der es in Bewegung hielt, immer komischer ... Herr Gillies hatte tausend und einen Punkt , zu dem er seinen Chef konsultierte, ohne Rücksicht auf die bevorstehende Arbeit auf der Bühne. Lady Butcher kam geschäftig hereingestürmt, nahm Sir Henry beiseite und flüsterte ihm zu, und Worte wie „ Bracebridge – Sir George – Lady Amabel – Premierminister –

Kanzler" kamen zischend heraus. Als die Probe dann wieder aufgenommen wurde , blieb sie stehen und betrachtete sie mit dem nachsichtigen Lächeln der Frau eines Pfarrers bei einem Schulfest ... Während der exquisiten Szene zwischen Prospero und Miranda wurde eines Tages die Bühnentür aufgerissen, und Mr. Smithson kam mit einem Eine kleine Armee von Männern warf Farbtöpfe auf die Bretter, warf Hämmer hin und stürmte mit flachen Schuhen und Fliegentüchern über die Bühne. Doch trotz all dieser Unfälle, die den Geist der Burleske einführten, überlebte das Stück. Sir Henry tolerierte Unterbrechungen bis zu einem gewissen Grad, aber wenn eine Putzfrau im Auditorium anfing zu putzen oder plötzlich das Licht anschaltete, drehte er sich um und brüllte in die Dunkelheit hinaus:

„Hör auf mit dem Lärm! Wie kann ich proben, wenn ich dauernd abgelenkt bin? Geh weg und mach woanders sauber! Wir können jetzt nicht sauber sein... Bitte mach weiter."

Die Besetzung bestand aus sehr angesehenen und hochbezahlten Schauspielern, wobei alle Hauptdarsteller Damen und Herren waren, die lieber nicht arbeiten würden, als weniger als zwanzig oder fünfundzwanzig Pfund pro Woche zu akzeptieren. Ein oder zwei waren vornehme junge Leute, die vorgaben, das Imperium zu verachten, aber lächelnd zugaben, dass das Geld sehr nützlich sei. Sie waren auch ziemlich verächtlich gegenüber Charles, weil er nicht intellektuell war.

Charles besuchte zunächst die Proben und versuchte, sich einzumischen, wurde aber öffentlich zurechtgewiesen und aufgefordert, sich um seine eigenen Angelegenheiten zu kümmern. Es hätte einen heftigen Streit gegeben, aber Clara ging zu ihm und zerrte ihn gerade noch rechtzeitig weg. Er blieb einige Tage weg, kam aber zurück und saß düster im Zuschauerraum. Er war aus seinem möblierten Haus ausgezogen und wohnte in Räumen über einem Schinken- und Rindfleischladen, was, wie er sagte, den Vorteil hatte, warm zu sein.

„Das ist keine Inszenierung", brummelte er, „das ist ein Gerangel. Er ruiniert das Ganze mit seinem Schauspiel, das an die Mitte der viktorianischen Epoche erinnert. Er sollte das Ganze von dir aus auf die Bühne bringen, du Feigling ... Du weißt, was ich will. Du verstehst mich. Die Technik der anderen ist völlig falsch. Es ist eine Technik, um die Aufmerksamkeit von der Szenerie abzulenken, rohes, ungemildertes Gepolter ... Bitte ihn unbedingt, mich helfen zu lassen! Was kann er tun, wenn er ins Stück ein- und ausgeht und mit all diesen Idioten, die ständig hereinstürmen, hundert und eine Sache bespricht?"

„Das hätten Sie in Ihrem Vertrag festlegen sollen", sagte sie. „Jetzt ist es zu spät. Er versteht sein Geschäft, Charles, wenn die Leute ihn nur in Ruhe lassen würden."

So gingen die Proben noch ein paar Tage weiter. Clara war immer mehr in das Theater vertieft. Die magische Realität von Ariel übertraf alles andere in ihrem Leben, außer der Erinnerung an Rodd in seinem leeren Zimmer, und auch diese wollte sie auslöschen, denn sie war voller Vorahnungen von Gefahr und war überzeugt, dass sie es durch ihre Hingabe an das Theater beherrschen könnte. Sie konnte die Gefahr nicht benennen, aber sie bedrohte Charles und sie bedrohte Rodd, den sie nie wiedersehen wollte.

Sir Henry war von ihr entzückt und sagte, sie habe seiner eigenen Kunst neuen Schwung verliehen.

„Früher habe ich Caliban gespielt", sagte er. „Aber Prospero ist die Rolle, wenn es eine Ariel geben soll, die sich so bewegen kann wie Sie und mit einer Feenstimme sprechen kann wie Sie ... Der Rest des Stücks ist Tagesgeschäft ...

„Geh und mache dich wie eine Nymphe des Meeres: sei
keinem Anblick außer deinem und meinem unterworfen, unsichtbar für jeden anderen Augapfel."

Und für Clara traf es fast wörtlich zu. Sie fühlte sich wie ein Geist, der sich zwischen diesen Menschen bewegte, die auf dieser Insel im West End von London gestrandet waren, alle vom Geld dieser großen, tosenden Stadt verzaubert, alle versklavt, alle amphibisch, lebend zwischen zwei Elementen, dem tatsächlichen und das Eingebildete, aber in keinem von beiden, wegen des Zaubers, der sie völlig und leidenschaftlich fesselte ... Während sie das Stück miterlebte, sah sie, wie Sir Henry mit Prospero verschmolz, und als er sagte:

„Du sollst so frei sein
wie Bergwinde; aber dann tue genau alle Punkte meines Befehls."

Sie nahm das auch wörtlich und war glücklich, sich einem Willen zu ergeben, der mächtiger war als ihr eigener ... Sie wusste nicht, dass der Wille, den sie anerkannte, Shakespeares war, und dass sie es mit ihrer seltenen Fähigkeit, in der Fantasie zu leben, war schleicht sich in sein Leben, akzeptiert das Leben und erlangt ihre Freiheit zu seinen Bedingungen.

Nach einiger Zeit begann ihr Geist das gesamte Unternehmen zu beeinflussen. Sie erzeugte eine Verzauberung, in der sich alle bewegten, und als Charles zusah, begann er die Kunst besser zu verstehen, die er zum ersten Mal in ihr wahrgenommen hatte, als er versucht hatte, sie wie eine geübte Hand zu zwingen, etwas scheinbar Zufälliges einzufangen und zu reparieren Wirkung.... Es war kein Zufall. Das Mädchen besaß ein seltenes dramatisches Genie, völlig unberührt — rein genug und stark genug, um in der theatralischen Atmosphäre des Imperiums zu bestehen und sich zu bewegen ... Darüber hinaus verstand Charles, dass sie für seine Ideen kämpfte, und das tat er auch , vor seinen Augen und ermöglichte so ihre Erfüllung.

Man konnte mit Sir Henry reden und streiten, bis man blau im Gesicht war, aber wenn man ihm ein echtes Schauspielstück vorlegte, verstand er es sofort, wurde begeistert und erfinderisch, ja sogar mutig in Sachen Neuerungen. Wenn man ihm das vorlegte, ließ er jeden Gedanken an das Publikum und die Zeitungen fallen und opferte sogar die Bedeutung seiner eigenen Persönlichkeit für den Dienst dieser Kunst, die er verehrte. Im Laufe der Proben wurde er daher aufmerksamer, hatte weniger Geduld mit Unterbrechungen und hörte schließlich ganz damit auf. Er begann sich für seine eigene Rolle zu interessieren und stritt mit den Schauspielern, die seine Szenen mit ihm teilten.

„Noch nie", sagte er zu Clara, „habe ich Proben so genossen wie diese. Ich fürchte nur, sie laufen zu reibungslos. Wir werden bei der Aufführung überreif sein ..."

Er nahm wieder freundschaftliche Beziehungen zu Charles auf und machte ein oder zwei Vorschläge für Bühnenbild und Kostüme, die Charles, der begonnen hatte, die Grundlagen der Diplomatie zu erlernen, vorgab, aufzuschreiben. Sir Henry war großmütig. Er mied seine Frau und seine üblichen Kumpanen und widmete sich Charles und Clara, die sein Schaustellerauge als potenziell sehr wertvolles Eigentum eingestuft hatte.

„Das sollte der Anfang großer Dinge für dich sein, mein Junge", sagte er zu Charles. „Alle Manager werden dir zu Füßen liegen, aber das Imperium ist der Ort für große Arbeit, den kühnen Angriff, die weite Linie ..."

Charles war ein wenig misstrauisch gegenüber solch einer aufrichtigen Bekehrung. Er kannte diese Begeisterung während der Proben und fühlte sich unwohl, weil seine Erwartung eines grenzenlosen Reichtums nicht in Erfüllung gegangen war. Er hatte seinen Vorschuss aufgebraucht und konnte Mr. Gillies, der ihn verabscheute und seinen Einmarsch in das Theater als ruinöse Abkehr von dessen Traditionen betrachtete, keinen weiteren entlocken . Clara hielt Mr. Gillies für lediglich eine der Schwärmereien seines Chefs. Sie haben nie sehr lange gehalten. Er hatte seinen Chef immer wieder an den Rand einer Katastrophe geraten sehen, aber immer hatte er sich rechtzeitig zurückgezogen ... Mr. Gillies war wie ein ständiger Ostwind, der auf Charles' Glück wehte. Ohne Mr. Gillies hätte es grenzenlosen Reichtum gegeben ... Es war ungeheuerlich: Verschoyle hatte Charles' Talent unterstützt und Mr. Gillies saß auf dem Geld. Butcher konnte es fürstlich ausgeben, aber Charles musste oft zu Clara gehen und sie nach dem Preis seines Mittagessens fragen. Auf dem Höhepunkt seines Ruhms, als der

Erfolg fast in greifbarer Nähe war, musste er fast hungern, weil Genie keinen Kredit hat.

Dagegen war nichts zu machen. Er borgte sich hier und da Geld, wusste aber, dass es ihm nicht wirklich half. Es führte lediglich zu Gerüchten über seine finanzielle Lage, und er wollte nicht, dass Butcher oder Verschoyle erfuhren, dass ihm das Geld durch die Finger floss. Er brauchte ihre Unterstützung nach diesem Erfolg, um seine Pläne voranzutreiben. Also borgte er sich Geld von Clara, und sie, die für alles außer der fesselnden Entwicklung des Stücks völlig gleichgültig war, erlaubte Sir Henry, ihr Essen zu bezahlen, ihr Mahlzeiten allein im Aquarium zu geben und ihr sogar Kleider und Schmuck zu kaufen. Sie zeigte nicht das geringste Interesse daran, aber da es ihm offenbar Vergnügen bereitete, sie mit Geschenken und Aufmerksamkeiten zu überschütten, ertrug sie es und dachte keinen Augenblick daran, welche Wendung seine Verliebtheit nehmen würde.

Während sie in ihrer Arbeit Fortschritte machte , spürte sie, dass sie das erreichte, was sie sich wünschte: eine Leidenschaft für ihre Kunst, die der von Rodd ebenbürtig war. Eine Zeit lang hatte sie alle Gedanken an ihn beiseite geschoben, aber als sie an Meisterschaft und Macht über das gesamte Geschehen auf der Bühne gewann, schlich er sich wieder in ihre Gedanken, und sie konnte ihm mit einem größeren Gefühl der Gleichheit, mit mehr Verständnis und ohne jene Eifersucht gegenübertreten, deren Erinnerung ihr weh tat... Sie hatte ein Gefühl der Loyalität gegenüber der Kunst entwickelt, das mehr bedeutete als Loyalität gegenüber Charles. Sie hatte ihn gerettet, ihm geholfen, ihn so weit gebracht. Von nun an musste er lernen, auf eigenen Füßen zu stehen. Sie war froh, dass sie ihn verlassen hatte.

All diese Überlegungen schienen sehr weit weg, als sie sich immer tiefer in das Stück hineinarbeitete, das für sie eine Realität enthielt, die im Leben nirgendwo zu finden war. Sie wurde zu Ariel, einer reinen Fantasie, die sich in einer verzauberten Luft bewegte und von Freiheit und einer Schönheit jenseits aller sichtbaren Dinge sang.

„Ihr seid drei Sünder, die das Schicksal,
das diese Unterwelt
und alles , was darin ist, ausstatten muss , das nie übersättigte Meer
hat ausspucken lassen; und auf dieser Insel, auf der kein Mensch lebt ...“

Indem sie andere verzauberte, schien sie auch ihr eigenes Leben zu verzaubern. Sie konnte sich kaum vorstellen, dass sie dieselbe Clara Day war, die so fröhlich mit Charles Mann nach London gekommen war, um ihm bei der Eroberung seines Königreichs zu helfen. Die Bühne des Imperiums war für sie in Wahrheit eine magische Insel, auf der Wunder vollbracht wurden, und sie konnte durch eine Inspiration, die mächtiger war als ihr eigener Wille, mit einer Berührung alle Dinge und Personen um sie herum verwandeln. Und als Sir Henry die Rolle des Prospero vortrug, sagte er zu ihr :

sei frei zu den Elementen und
leb wohl."

Die Worte klangen tief in ihrem Herzen, und sie verstand sie als eine echte Aufforderung, sich von allem zu befreien, was ihr Leben verstrickt und eingeengt hatte. So träumte sie.

Eines Nachts erlebte sie ein böses Erwachen, als er nach einem Abendessen im Aquarium allein mit Sir Henry ein langes, deprimiertes Schweigen brach, indem er seine Hand auf ihre legte, sie aus ihrem Stuhl zog und sie an sein Herz drückte, während er ihre Arme küsste , Schultern, Gesicht, Haare und weinte,—

„Du wundervolles, wundervolles Kind. Ich liebe dich. Ich liebe dich. Ich habe dich geliebt, seit ich dich zum ersten Mal gesehen habe. Da wusste ich, dass die Liebe meines Lebens gekommen war... Du wundervolles, unberührtes Kind –"

Er versuchte, sie dazu zu bringen, ihn zu küssen, sie zu zwingen, ihm in die Augen zu sehen, aber sie rang mit ihm und stieß ihn zurück, um seinen Griff aufzugeben.

'Wie konntest du? Wie konntest du! Wie konntest du?' Sie fragte.

„Ich habe diese wunderbare Mondnacht nie vergessen –"

„Seien Sie bitte vernünftig", sagte sie. „Weiß ein Mann denn nie, ob eine Frau ihn liebt oder nicht?"

„Sie helfen einem nicht viel", antwortete Sir Henry mit einem nervösen Grinsen. „Du warst so glücklich ... dachte ich. Sei mir nicht böse! Ich habe seitdem nur an dich gedacht ..."

„Eine Mondscheinnacht und ein Abendessen mit Champagner", sagte sie. „Ist das für Sie dasselbe?"

„Die Liebe besiegt alles", sagte Sir Henry ein wenig sentenziös. Er war angewidert. Sie spielte nicht die richtige dramatische Rolle, aber sie tat nie das, was man von ihr erwartete. Die üblichen Konventionen der Frauen existierten für sie nicht.

Sie hatte sich so weit wie möglich von ihm entfernt und stand neben dem Porträt von Teresa Chesney.

„Du darfst nie wieder so reden", sagte sie, „sonst bleibe ich nicht im Theater ... Es ist nicht nur die Vulgarität, die ich hasse, sondern auch, dass du es missverstanden hättest ... Das war ich Ich freue mich, mit Ihnen an dem Stück zu arbeiten. „Alles, was draußen ist, ist unwichtig."

„Keine Liebe... Nicht Liebe", protestierte Sir Henry.

„Sogar Liebe", sagte sie.

„Ich dachte, du magst mich", murmelte er. „Ich habe mich so gefreut, dir Geschenke zu machen." Ich dachte, du magst mich ... Ein Mann in meiner Position findet nicht oft Leute, die ihn mögen.'

„ Das tue ich", sagte Clara. „Du bist Charles sehr ähnlich. Deshalb verstehe ich dich.'

Sir Henry zuckte zusammen. In seinem Herzen verachtete er Charles Mann zutiefst. Er trank ein Glas Champagner und sagte nervös:

„Ich bin froh, dass wir uns nicht streiten... Verzeihen Sie mir."

„Du hast mir alles verdorben", sagte sie. „Alles ist verdorben."

Sie ballte ihre Fäuste und ihre Augen blickten ihn wütend an.

„Wie kannst du es wagen, mich als Frau zu behandeln, wenn ich mich dir nie offenbart habe?" Sollte ein Mann dort nicht etwas Ehre haben ? ... Sie müssen mich verstehen, wenn ich im Theater bleiben soll. Wenn eine Frau sich einem Mann offenbart, ist sie dafür verantwortlich. Sie hat nichts zu sagen, wenn — ich glaube nicht, dass Sie das verstehen.'

„Nein." Und tatsächlich hätte sie Griechisch mit ihm reden können. Er kannte die beleidigte Frau, er kannte die tugendhafte Frau, er kannte die betrügerische Kokette, er kannte die Frauen mit dem extravaganten Selbstwertgefühl, aber nie zuvor war er einer Frau begegnet, die einfach und aufrichtig war, die alles außer dem Wesentlichen beiseiteschieben und mit ihm reden konnte, wie ein Mann es getan hätte, ohne das Geschehene zu berücksichtigen.

„Wenn du denkst, ich sei ein Schurke, warum sagst du es dann nicht? Warum schlägst du mich nicht?"

„Ich glaube nicht, dass Sie so etwas sind. Ich glaube, Sie wurden verwöhnt und alles war zu einfach für Sie ... Es verletzt mich, weil ich dachte, Sie wollten Charles und mich für das Theater und nicht für sich selbst."

„ *Der Staat das ist ich* ", lächelte Sir Henry. „Ich bin das Theater ... Die ganze riesige Maschinerie ist meine Schöpfung. Mein Gehirn hier ist die Kraft, die sie am Laufen hält. Wenn ich morgen sterben würde, gäbe es nur noch vier Wände und Mr. Gillies ... Glauben Sie, er könnte damit etwas anfangen? Könnte Charles Mann das? Könnten Sie das?"

„Ja", sagte Clara, und er lachte. Er war noch nie in solch hinreißender Gesellschaft gewesen. Wenn sie seine Liebesbekundungen nicht wollte – gut und schön. Wenigstens ließ sie ihm ihre Offenheit zukommen, und er brauchte nicht vor ihr zu posieren. Er war froh, dass sie ein vernünftiges Mädchen werden würde … Sie könnte ihre Meinung ändern, und jeder Tag machte sie nur noch bezaubernder.

„Setzen Sie sich und essen Sie ein paar Pralinen." Er sprach zu ihr, als wäre sie ein Kind, und wie ein Kind gehorchte sie ihm, denn sie fürchtete, er könnte sein kapriziöses Vorrecht ausüben und *den Sturm* im letzten Moment über Bord werfen.

„Was würden Sie mit dem Theater machen?"

„Ich sollte Herrn Gillies entlassen."

„Ein ausgezeichneter Geschäftsmann."

„Für Aktien oder Stiefel, aber nicht für Kunst."

„Er hat einen stabilisierenden Einfluss."

„Kunst ist stabil genug, wenn sie Kunst ist."

„Mein *liebes* Kind!"

„Wenn du das nicht weißt, dann bist du kein Künstler."

'Oh! Würden Sie Charles Mann als stabil bezeichnen?'

„Ich sollte zuerst und zuletzt an das Stück denken."

„Es gibt niemanden, der sie schreibt."

„Ich sollte das Land nach fantasievollen Menschen absuchen und sie dazu bringen, in Bezug auf das Theater zu denken." Außerdem gibt es Leute!'

'Oh!'

'Ja. „Es gibt Leute, die das Drama so sehr lieben, dass sie nicht in die Nähe des Theaters gehen können."

Er brüllte vor Lachen, und um ihn zu überzeugen, erzählte sie ihm von Adnor Rodd und seinem kahlen Zimmer, in dem er ohne Hoffnung auf ein Publikum seine Stücke schrieb und leidenschaftlicher in ihnen lebte, als es im Leben möglich war.

Sir Henry schüttelte den Kopf.

„Es macht mir nichts aus, darauf zu wetten", sagte er, „dass mit ihm etwas nicht stimmt." Entweder trinkt er, oder er hat eine unmögliche Frau, oder er mag Gesellschaft, oder – Nein. Solche Leute gibt es nicht.'

'Aber da sind.' Und sie erzählte ihm, wie sie einen ganzen Tag mit Rodd verbracht hatte und mit ihm nach Hause gegangen war, um seine Zimmer zu besichtigen.

'Allein?' fragte Sir Henry.

'Ja.'

„Wenn du mein Mädchen wärst , würde ich dich eine Woche lang mit Brot und Wasser versorgen."

Um ihn zu überzeugen, versuchte sie ihm zu erzählen, wie sie versucht hatte, Charles' Einwände gegen die praktische Nutzung seines Talents zu überwinden, und ihn gezwungen hatte, nach London zu kommen... In ihrem Eifer und ihrer Freude darüber, ihn zur Vernunft gebracht zu haben, vergaß sie aus den Augen, dass sie ihre eigene Geschichte enthüllte. Er brachte sie scharf zur Rede und sagte :

„Sind Sie mit Charles Mann verheiratet?"

„Ja-a", sagte sie mit klopfendem Herzen.

„Ich wusste es nicht", antwortete er lässig. Sein Verhalten ihr gegenüber veränderte sich. Er war immer noch sanft und freundlich und hatte einen milden, schelmischen Witz, aber unter der Oberfläche war er brutal, rachsüchtig, grausam, und sie spürte die Kraft des rücksichtslosen Egoismus, der ihm trotz Behinderungen, die ihn behindert hätten, seine Position verschafft hatte sogar einen weniger energischen Mann überprüfte ... Im selben Moment wurde ihr klar, dass das, was für sie eine herrliche und schöne Realität gewesen war, für ihn ein Spiel gewesen war; und dass er ohne die geringsten Bedenken vorhatte, sowohl Charles als auch sich selbst zu seinem eigenen Vorteil zu nutzen ... Nun, dachte sie, er würde es vielleicht versuchen, aber er konnte keinen von ihnen daran hindern, sich einen Namen zu machen, und keiner von beiden würde es jemals schaffen die mechanische Fügsamkeit der Londoner Spieler.

Sir Henry zündete sich eine große Zigarre an und ging zum Feuer.

„Was hält Verschoyle davon?"

Sie wusste, dass er sich unverschämt auf ihre Ehe mit Charles bezog, aber sie drehte den Spieß um, indem sie sagte:

„Er ist von allem begeistert. Er glaubt an Charles."

„Hm… Sogar die Vögel und Fische?"

„Wer hat dir davon erzählt?"

„London lässt eine gute Geschichte nicht sterben."

„ Versoyle war anwesend …"

'Oh!'

Die Situation wurde unerträglich. Sir Henry war so hart, so selbstzufrieden und so gewissenlos wie ein erfolgreicher Firmengründer. Diese plötzliche Offenbarung seines Egoismus, seiner Vorsicht, das Ideal zu schützen, das er in seiner eigenen Person erreicht hatte, riss Clara aus ihrer jugendlichen Unschuld und führte ihr die schmerzliche Erkenntnis vor Augen, dass die Umstände ihres Lebens ihr die Unpersönlichkeit verboten, die so viel Erfolg möglich gemacht hatte... Es war ihr völlig klar, dass Sir Henry auf eine persönliche Beziehung bedacht war, wenn sie behalten wollte, was sie gewonnen hatte, und es war ihr ebenso klar, dass er ihr, Charles oder sonst jemandem kein anderes Motiv als persönlichen Ehrgeiz zuschreiben konnte. Er kannte seine Welt, er kannte sein Theater. Ein erfüllter Ehrgeiz hat seinen Preis, und er hatte noch nie einen erfolgreichen Mann oder eine erfolgreiche Frau getroffen, die nicht mit Anstand bezahlten, wie er es selbst getan hatte.

Ihr Gehirn verarbeitete rasch diesen neuen, hartnäckigen Stoff, diese beunruhigende Offenbarung der Tatsache, dass Erfolg und Kunst in der modernen Welt zwei sehr verschiedene Dinge sind, das eine gehört zur Masse, das andere zur Einsamkeit... Dieser alte Mann hätte warten können. Er hätte ihr ihre Chance geben können. Es war nicht wahr. Sie wollte nicht akzeptieren, dass es wahr sein konnte, dass sie ihren Erfolg nur zu seinem Preis haben konnte, dem Preis, den er bezahlt hatte, er und all die anderen, Julia Wainwright, Freeland Moore, und dem Verlust von Respekt und schlichter Menschlichkeit... Das also war der Grund, warum Charles vom Theater weggelaufen war. Bestimmte Dinge, bestimmte Elemente des menschlichen Charakters waren zu heilig, um sie der Masse vorzuführen.

Sie erinnerte sich an ihre frühen Schwierigkeiten, als sie zum ersten Mal ins Theater ging. Sie hatte sie überstanden und geglaubt, siegreich zu sein, wurde dann abermals mit der harten Realität konfrontiert: entweder das Eindringen des persönlichen Elements in den eigentlich unpersönlichen Dienst zu akzeptieren oder eine Niederlage einzugestehen ... Sie konnte weder das eine noch das andere tun weder das eine noch das andere.

Wenn sie nur weinen könnte. Die Frau in ihr kalkulierte. Wenn sie nur weinen könnte! Aber wo eine andere Frau geweint hätte , konnte sie nicht. Sie konnte sich nur auf ihren Willen verlassen und daraus weitere Kraft schöpfen. Es war so verrückt, so albern, dass das Theaterspielen einen solchen Preis forderte. Es machte alles zu ernst. Was war es schließlich? Nur der Instinkt des organisierten Spiels , und was war das Spiel ohne fröhliche Freude? Wenn sie nur weinen würde, würde der hartnäckige alte Mann, der an seinem Erfolg festhielt, dahinschmelzen; er würde freundlich sein; er würde all den Unsinn aufgeben, der in seinem zerstreuten Gehirn herumschwirrte ... Was er nicht ertragen konnte, waren Aufrichtigkeit und ein Wille, der auf andere Zwecke als die seinen abgelenkt war ... Der Gedanke, dass all seine Begeisterung für das Stück, die echte Arbeit, die er in die Proben gesteckt hatte, sein Abweisen von Mr. Gillies und seiner Frau, all das nur deshalb geschehen war, weil er sich in seiner aufgeblasenen Eitelkeit eingebildet hatte, in sie verliebt zu sein, ließ sie vor Wut zittern. Es war zu lächerlich. Sie verachtete ihn und hasste sich selbst. Sie beschloss, dass er, wenn er Schauspielerei wollte, auch Schauspielerei haben sollte. Und sie brach in einen Tränenstrom aus, der aus einer völlig erfundenen Emotion heraufbeschworen worden war ... Sofort hatte Sir Henry das Stichwort, auf das er gewartet hatte ... Er sprang auf und kam mit der Hand auf dem Herzen auf sie zu.

„Weine nicht, kleines Mädchen", sagte er. „Weine nicht... Harry ist bei dir." „Harry möchte nur freundlich zu ihr sein und seinem armen kleinen Mädchen in ihrer Not helfen ... Sie soll die größte Schauspielerin der Welt sein."

'Niemals!' dachte Clara, deren Gehirn jetzt, da sie diese Tränenwand zwischen ihnen aufgebaut hatte, klarer arbeitete.

Er tätschelte ihre Hand und streichelte ihr Haar und war wieder überaus glücklich. Er hatte halb damit gerechnet, dass dieses unverantwortliche und verwirrende Geschöpf, dessen Wille und Verstand stärker waren als seine eigenen, mit Ärger rechnen musste. Er war immer noch ein wenig misstrauisch, aber er betrachtete ihre Tränen als Zustimmung zu seinen Plänen für sie, und als er sie in seinen Armen hielt, empfand er die tiefe Befriedigung, Charles Mann als einen schmutzigen Schurken zu betrachten, für den das Schießen ein zu sauberes Ende bedeutete.

XIV

VERSCHOYLE VERGESSEN SICH

Lord Verschoyle hatte sich vorgestellt, dass er sich durch die Beschäftigung mit der Kunst von räuberischen Absichten befreien könnte. Es dauerte nicht lange, bis er seinen Fehler entdeckte und dass er sich mitten in die Gesellschaft gestürzt hatte, die er meiden wollte, denn das Imperium, wie es von Lady Butcher und Lady Bracebridge genutzt wurde , war ein mächtiger Motor in der politisch-finanziellen Welt die London dominierte. Verschoyle hatte in seiner Einfachheit die Metropole als eine Mischung aus zielstrebigen Müttern und misslichen Töchtern gesehen, die von allen Seiten auf ihn eindrangen. Jetzt entdeckte er, dass mehr dahinter steckte und dass die Heirat nur einer von vielen Zügen in einem komplizierten Spiel war ... Lady Bracebridge hatte eine Tochter. Lady Butcher hatte einen Sohn, den sie für eine politische Karriere vorgesehen hatte, woraufhin er als stellvertretender Sekretär eines Unterstaatssekretärs eingetreten war. Als sie erkannten, dass Verschoyle leicht den Kopf verlor, wie in seinen offensichtlichen Beziehungen zu Clara Day, wollten sie ihn in die politische Gesellschaft hineinziehen, wo endgültig und unwiderruflich der Kopf verloren ging ... Er verabscheute Politik und konnte sie nicht verstehen, aber der junge Butcher verfolgte ihn , und Lady Bracebridge warf ein Netz von Einladungen um ihn, dem er nicht entkommen konnte. Sie rechtfertigten sich damit, dass es notwendig sei, ihn vor Clara zu retten, und er fühlte sich immer weiter weggezogen und immer mehr einem zunehmenden Druck ausgesetzt, dessen Ziel es zu sein schien, ihn zur Unterstützung des Imperiums zu verpflichten und die Fleischmann-Gruppe, die auf mysteriöse Weise an ihrer Kontrolle beteiligt war ... Er wusste genug über Finanzen, um zu erkennen , dass in all dem mehr steckte, als man auf den ersten Blick sah, und bei Nachforschungen stellte er fest, dass die Fleischmann-Gruppe Argentinier im ganzen wohlhabenden London auslud , und zu gegebener Zeit wurde ihm ein Aktienpaket angeboten, das er nach einem bewundernswerten Abendessen im Bracebridges freundlich annahm.

Das Netzwerk war zu kompliziert, als dass er es hätte entschlüsseln können, aber als Ergebnis der Kombination von zwei und zwei vermutete er, dass das Imperium mehr verloren haben musste, als es der Fleischmann-Gruppe wert war, und dass daher Opfer gebracht werden mussten . Er war das Opfer. Das machte ihm nichts aus. Es würde seine Treuhänder wütend machen, wenn er ihnen endlich von diesem Abenteuer berichten müsste, aber er lehnte es ab, dass Charles und Clara dazu missbraucht wurden, einen verzweifelten Versuch zu unternehmen, die schwindende Unterstützung der Öffentlichkeit wiederzubeleben.

Charles und Clara hatten keinerlei Intrigen. Sie gaben einfach das, was in ihnen war, ohne Rücksicht auf zukünftige Gewinne und mit dem arglosesten Vertrauen in andere, ohne zu ahnen, dass sie nicht so einfach waren wie sie selbst. daher Verschoyle verfluchte seine eigene Trägheit, die ihn sowohl dem Imperium als auch der Fleischmann-Gruppe verpflichtet hatte.

Als er über das Problem nachdachte, erkannte er, dass Charles und Clara fallengelassen werden konnten und wahrscheinlich auch werden würden, sobald es angebracht war. Die wahre Herrscherin des Imperiums war Lady Bracebridge , deren Intrigenkunst Sir Julius Fleischmann angeblich zehntausend Dollar im Jahr wert war. Sie spielte mit Lady Butcher, Lady Butcher spielte mit Sir Henry, der, während Mr. Gillies „Gib, gib!" rief, zwischen den Stühlen saß und nur einen Scheinkampf liefern konnte ... Verschoyle begriff zu spät, dass *Der Sturm* nicht aufgeführt werden sollte, um Clara und Charles der britischen Öffentlichkeit vorzustellen, sondern um sich selbst zu fangen. Wie ein Narr hatte er sich in seinem Eifer, Clara zu helfen, gefangen nehmen lassen und nun glaubte er, er müsse ihr Wiedergutmachung leisten ... Er wusste nicht, wie schwierig die Lage geworden war. Der gefährliche Punkt, so sah er das Problem, war ihre Position gegenüber Charles, der glücklicherweise ihre Wünsche respektierte und keinen Versuch unternahm, sie zu zwingen. Trotzdem war die Sache unangenehm und konnte sie jederzeit zu Fall bringen.

Verschoyle machte ein Skandal nichts aus, und es war ihm völlig egal, ob Charles ins Gefängnis musste oder nicht. Er konnte ihm die elementaren Tatsachen des Lebens beibringen, die er brauchte, um zu lernen, am Anfang statt in der Mitte oder am Ende zu beginnen ... Was Verschoyle fürchtete, war ein plötzlicher Schock, der die zarte Knospe von Claras Jugend zerstören könnte, die für ihn viel wertvoller war als jede andere Eigenschaft und das Einzige, was ihn in seinem ganzen Leben aus seinem schüchternen Dilettantismus herausgeholt hatte. Für ihn war sie wertvoller als ganz London, und verglichen mit seiner lebendigen Realität war das Imperium mit seinem festen Einfluss auf die Zuneigung der Öffentlichkeit und seiner Generation von Werbung dahinter eine aufgeblasene Seifenblase.

Am Tag nach ihrem Abendessen mit Sir Henry trank er mit ihr Tee und fand sie katastrophal verändert, verletzt und verwirrt vor.

'Was ist los?' er hat gefragt. „Die Proben laufen nicht gut?"

'Oh ja. Es geht ihnen sehr gut... Aber ich mache mir Sorgen um Charles. Er hat sich wieder Geld geliehen.'

„Wirst du wieder glücklich sein, wenn ich verspreche, mich um Charles zu kümmern?"

„Er sollte nicht erwarten, dass man sich um ihn kümmert." Er ist jetzt sehr berühmt und sollte in der Lage sein, Geld zu verdienen.'

„Sicherlich ist es, wie alles andere auch, eine Frage der Übung." Sie erwarten nicht, dass er Sir Henry mit seinen eigenen Fähigkeiten schlägt.'

„Nein-o", sagte sie. „Aber ich glaube, ich hatte erwartet, dass Charles' Spiel das von Sir Henry schlagen würde."

„Sicher hat es das getan."

'NEIN.'

Sie waren in ihren Zimmern, die jetzt äußerst charmant eingerichtet waren; hell, fröhlich und in zarten Farben , ruhig und gemütlich mit Büchern.

„Ist etwas passiert?"

Sie sagte ihm.

„Ich dachte, es wäre so einfach. Ich hatte das Gefühl, dass Charles und ich unwiderstehlich waren und dass wir das Theater erobern und die Leute dazu bringen sollten, zuzugeben, dass er ist – was er ist. Daran kann nichts etwas ändern. Aber es ist überhaupt nicht einfach. Andere Leute wollen andere Dinge. Sie wollen weiterhin die schrecklichen Dinge, die sie schon immer wollten, und erwarten von uns, dass wir ihnen dabei helfen, sie zu bekommen. Sie verstehen das nicht. Sie glauben, wir wollen dieselben Dinge … Ich hätte nie gedacht, dass ich so unglücklich sein würde. Wenn es so weit kommt, lassen sie nicht zu, dass das wahre Wesen der Menschen der Öffentlichkeit präsentiert wird."

„Ach, komm schon. Er ist nur ein eitler alter Mann, der durch seine Position Dinge erreicht, die er selbst nie hätte erreichen können."

„Nein, nein, nein", protestierte sie. „Es bedeutet, was ich sage. Es hat mich dazu gebracht, das Theater zu hassen und zu verstehen, warum Charles davongelaufen ist ... Aber was kann ich tun, nachdem ich ihn so weit gezwungen habe? Ich habe ihn viel mehr verletzt, als er mich verletzt hat. Es gefiel ihm sehr, im Ausland von Stadt zu Stadt zu ziehen, und das war das Leben, das ich erzogen hatte, denn auch mein Großvater war aus England weggelaufen. Es hätte dort keine Rolle gespielt, wie viele Frauen Charles in England hatte ... Aber ich wollte es selbst sehen, und ich wollte nicht, dass er verschwendet wird ... Ich kann vollkommen gut erkennen, dass Sir Henry es will möglich , ihn zu diskreditieren und zu beweisen, dass seine Ideen nicht funktionieren ... Wir waren alle sehr dumm. Diese Leute sind zu schlau für uns. Er hat Ihr Geld und Charles' Genialität, und keiner von Ihnen kann einen Finger rühren.'

Verschoyle sah reumütig aus. Er konnte es nicht leugnen.

„Es ist dieser verdammte alte Bracebridge ", sagte er. „Sie kümmert sich nicht einen Cent um die Kunst oder die Öffentlichkeit." Sie und ihre Leute wollen jedes Geld, das frei herumläuft, und das ganze Gesellschaftsspiel in London ist in ihren Händen zu einem Drei-Karten-Trick geworden. Das Theater und die Zeitungen sind nur das Geschwätz des Scharfsinnigen.'

Clara wand sich.

„Du kannst nichts anderes tun, als weiterzumachen", sagte er. „Du wirst bestimmt Erfolg haben, und das kann man nicht leugnen." Der alte Mann weiß das. Daher der Trick, dich von Charles wegzubringen ... Wenn du Erfolg hast, wirst du Charles durchziehen, und – wir können jeden abkaufen, der Ärger machen will. Bei Bedarf werde ich die Bracebridges kaufen . Ich bin nicht besonders stolz auf mein Geld. Es kommt von Land, für das ich absolut nichts tue, aber es ist besser als Fleischmann-Geld, das durch eine Lotterietricks gewonnen wird.'

„Sie ist eine schreckliche alte Frau", sagte Clara.

„Sie hat die Absicht, dass ich ihre hirnlose Tochter heirate ... Wenn das Schlimmste eintritt, mein Lieber, könntest du mich heiraten."

Clara war außer sich vor Wut. Es machte sie wütend, dass ausgerechnet er, dem sie so vollkommen vertraut hatte, sich selbst so sehr vergaß, dass er eine so banale und sentimentale Lösung vorschlug. Er konnte nicht anders, als sie zu necken.

„Es würde auch mich retten", sagte er. „Und als Lady Verschoyle könnten Sie diesen Leuten jederzeit einen Roland für ihren Oliver geben."

„Aber ich will sie ignorieren", sagte sie. „Warum sehen Sie nicht, dass ich nicht mit meiner Persönlichkeit, sondern mit meiner Kunst gewinnen will? Das sollte das Unwiderstehliche sein."

„Das wäre es, wenn sie sich dagegen wehren würden, aber das tun sie nicht. Sie ignorieren es... Mir fällt nichts anderes ein, meine Liebe. Sie haben mein Geld: zehntausend im Imperium und zwanzig in Argentinos, und sie nutzen meinen Namen, so viel sie können."

„Und wenn ich dich nicht gebeten hätte, bei den Vögeln und Fischen zu bleiben, wäre es nicht passiert."

„Zur Katastrophe ist es ja noch nicht gekommen."

„Aber das wird es. Es spitzt sich alles zu, und Charles wird derjenige sein, der darunter leiden muss."

„Das verspreche ich Ihnen. Er wird ein Dutzend Komitees haben und alle Vögel und Fische, die er braucht."

Mr. Gillies' Weigerung gebracht hatte, ihm auch nur einen Penny über die im Vertrag genannten Bedingungen hinaus vorzustrecken.

„Für mich sieht es wirklich so aus", sagte Verschoyle , „als wollten sie ihn fertigmachen. Es hätte keinen Sinn, wenn ich etwas sagen würde. Sie würden einfach auf ihren Vertrag verweisen und über Charles' Unbekümmertheit die Achseln zucken. Wie viel ist Mr. Clott durchgekommen?"

„Sehr viel. Er hatte mehrere Hundert Dollar erpresst, bevor er ging. Deshalb können wir ihn nicht strafrechtlich verfolgen."

Verschoyle pfiff.

„Es ist ein verworrenes Knäuel", sagte er. „Du solltest mich lieber heiraten. Ich erwarte nicht, dass du dich um mich kümmerst."

„Seien Sie nicht albern –"

Es ertönte ein lautes Klopfen an der Tür und Clara sprang nervös auf. Verschoyle öffnete die Tür und Charles strömte wie ein Wirbelwind herein. Sein langes Haar hing ihm in Strähnen ins Gesicht, sein Hut war schief, seine Manschetten hingen über seine Hände, seine Krawatte hing über seiner Weste, und in beiden Händen hielt er seinen Spazierstock und ein zerknittertes Stück Papier. Er ließ den Stock fallen, strich das Papier auf dem Tisch glatt und sagte mit fast schluchzender Stimme:

„Das ist gekommen. Es ist ein böser Plan, mich zu ruinieren. Sie verlangt eine Rolle in „*Der Sturm*", sonst informiert sie die Polizei … „O Gott, Huhn, das war ein schlechter Tag, als du mich gezwungen hast, dich zu heiraten."

Verschoyle nahm seinen Stock und schlug, außer sich vor Wut, auf die Schultern und Lenden des unglücklichen Charles ein und rief:

„Du Hund, du Köter, du dreckiger Feigling! Du hättest es ihr sagen sollen! Du hättest es ihr sagen sollen! Du wusstest, dass sie noch ein Kind ist!"

Charles brüllte laut, versuchte aber nicht, sich zu verteidigen, obwohl er einen halben Kopf größer und doppelt so schwer war als Verschoyle . Er sagte nur:

„Oo-oh!", wenn ein Schlag traf, und wartete, bis der Angriff vorüber war. Dann rieb er sich ab und zappelte in seinen Kleidern.

Clara war entsetzt. Für sie war es schrecklich, dass das passieren konnte. Schläge waren ebenso nutzlos wie ein Streit mit Charles … Er hatte getan, was er getan hatte, aus Freundlichkeit und kindischem Gehorsam, und da er eher auf Motive als auf Ergebnisse achtete, konnte er darin kein Unrecht erkennen.

Verschoyle schämte sich sofort.

„Ich habe die Beherrschung verloren", sagte er, und Charles, der überzeugt war, dass der Sturm vorbei war, lächelte glücklich, fuhr sich mit den Händen durchs Haar und sagte: „

„Glauben Sie, dass Sir Henry ihr eine Rolle geben würde?"

Verschoyle warf den Kopf zurück und schrie vor Lachen. Diese Unschuld war ein höchster Witz, vor allem nach dem ernsten Gespräch, in dem er und Clara ihre Befürchtungen über die Folgen ihres Vorstoßes in die Theaterpolitik zum Ausdruck gebracht hatten.

„Früher war sie ganz hübsch", fügte Charles hinzu. „Was für entzückende Zimmer du hast, meine Liebe. Sie sind nicht so warm wie mein Schinken- und Rindfleischladen."

„Hören Sie mir zu, Charles", sagte Verschoyle . „Das ist eine ernste Angelegenheit. Sie sind mir egal. Nichts kann Ihnen etwas anhaben. Ich glaube nicht, dass Sie die Hälfte der Zeit wissen, was vor Ihrer Nase vorgeht, aber für Clara ist es lebenswichtig. Diesem Geschäft muss ein Ende gesetzt werden … Wenn wir diese Leute nicht bestechen können, gebe ich Ihnen zweihundert Dollar, damit Sie verschwinden."

„Abhauen?", stotterte Charles, „aber – mein *Sturm* kommt gerade. Ich bin –
"

Verschoyle nahm den Brief und notierte sich die Adresse: eines der Musical-Theater.

Mr. Clott gehört ?"

„Nein. Er heißt jetzt Cumberland, wissen Sie. Er hat Geld verdient. Er sagte, er würde zu mir zurückkommen, wenn ich mein eigenes Theater hätte."

„Zum Teufel mit dem Theater. Ich wollte wissen, ob er dich immer noch erpresst."

„Erpressung? Oh nein."

„Macht es Ihnen nichts aus, wenn man Sie erpresst?"

„Wenn die Menschen so gemacht sind."

»Ah!« Verschoyle stieß ein unbeschreibliches Gurgeln der Ungeduld aus. »Hören Sie mal, Mann, versuchen Sie sich einmal die Lage klarzumachen . Sie werden diese Frau nicht los, was auch immer sie tut, denn Sie haben die Ehe so behandelt, als ob Sie eine Frau nehmen könnten, als ob es nicht mehr wäre, als eine Schachtel Zigaretten zu kaufen.«

„Ich habe Clara nie als meine Frau betrachtet."

'Wie dann?'

„Als Clara", sagte Charles schlicht. „Sie ist eine sehr große Künstlerin."

Verschoyle war verblüfft, aber Clara vergab Charles um seiner Einfachheit willen all seine Torheit. Es war wahr. Der Fehler lag bei ihr. Was er sagte, war unabänderlich wahr. Sie war Clara Day, eine Künstlerin, und er hatte sie als solche geliebt. Als Frau hatte er weder sie noch irgendjemand anderen geliebt ... Was in der gewöhnlichen Welt als Liebe galt, existierte für ihn einfach überhaupt nicht.

Sie wandte sich an Verschoyle .

„Bitte tun Sie für uns, was Sie können", sagte sie. „Und Charles, bitte versuchen Sie nicht, anders als auf Ihre eigene Weise darüber nachzudenken." Ich werde nicht zulassen, dass sie dich ins Gefängnis schicken. Das wollen sie nicht. Viel lieber hätten sie dich groß und mächtig, um dich ausbluten zu lassen ...'

„Es ist wunderbar, seit du da bist, du Feigling", sagte er. „Ich bin zehnmal so viel Mann wie früher. Es kommt mir so dumm vor, dass wir nicht zusammen sein können, nur weil wir in ein schäbiges Büro gegangen sind und ein paar Worte geplappert haben ... Manchmal wünsche ich mir, wir wären wieder in Frankreich oder Italien in einem Studio, mit einem Vogel in einem Käfig, und du würdest herumtanzen und mich vor Freude lachen lassen ..."

„Ich werde meinen Anwalt aufsuchen", sagte Verschoyle .

„Um Himmels Willen, das nicht!", rief Clara. „Wenn die Anwälte erstmal davon erfahren, werden sie das Feuer anfachen und die Sache in die Länge ziehen."

„Es tut mir leid, dass ich mich vergessen habe ... Sie sind ein guter Kerl, Charles, aber so verdammt dumm, dass Sie Ihr Glück nicht verdienen."

Sie schüttelten ihm die Hand, und Verschoyle zog sich zurück und überließ es Charles und Clara, aus der Verwirrung, in die sie gerieten, zu machen, was sie konnten ... Charles' Ausweg bestand darin, es einfach zu ignorieren. Wenn die Menschen nicht in seiner schicken Welt leben würden oder könnten, wäre das umso schlimmer für sie. Er glaubte nicht, dass ihm etwas Schreckliches zustoßen könnte, nur weil er, obwohl ihm Katastrophen schwerster Natur widerfahren waren, sie kaum bemerkt hatte. Er konnte es so leicht vergessen. Er konnte sich zurückziehen und ganz in sich selbst leben.

Er setzte sich an den Tisch und begann zu zeichnen und war sofort völlig vertieft.

„Spürst du es nicht mehr, Charles?" Sie fragte.

„Wenn die Leute gerne Aufhebens machen, dann sollen sie es tun", sagte er. „Auf diese Weise wollen sie sich einreden, dass sie wichtig sind … Wenn sie mich ins Gefängnis stecken, muss ich nur mit einem Nagel an die Wände malen, und die Zeit wäre schnell vorbei. Der Unterschied zwischen uns und ihnen besteht darin, dass sie es eilig haben und wir nicht. Wenn sie damit fertig sind, wird von meinem *Tempest nicht viel übrig sein* … Die Elektriker haben geheime Anweisungen von Butcher. In meinem Vertrag stand nichts über die Beleuchtung, also soll sie von ihm und nicht von mir stammen, als ob ein Entwurf ohne die dafür vorgesehene Beleuchtung bestehen könnte … Es sollen Spotlinien auf Sir Henry und Miranda und auf Sie gesetzt werden, wenn er noch immer mit Ihnen zufrieden ist …"

Charles sprach mit kalter, ungerührter Stimme, aber sie wusste, dass es einen heftigen Streit gegeben haben musste. Sie war sofort aufgebracht :

„Das ist eine Schande!", rief sie. „Was nützt es, wenn er vorgibt, Sie in seinem Theater arbeiten zu lassen, wenn Sie nichts so haben können, wie Sie es sich wünschen?"

„Er glaubt an Schauspieler", sagte Charles, „Menschen mit bemalten Gesichtern und bemalten Seelen, Menschen, deren Geist mit Farbe beschmiert ist, deren Augen damit versiegelt sind, deren Ohren damit verstopft sind …"

„Bin ich eine von ihnen?", fragte sie klagend.

„Nein! Niemals! Niemals!", sagte er und blickte von seiner Zeichnung auf. „Sie werden uns zum Erfolg verhelfen, du Feigling, aber sie werden uns nicht tun lassen, was wir tun wollen … Ich werde mich diesem Ort nicht mehr nähern. Aber du bist Ariel, und ohne dich kann es keinen *Sturm geben* ."

„Ich werde es durchziehen", sagte sie, und ihr Wille war gedämpft. „Ich werde es durchziehen und alles für unsinnig erklären, außer dich... Du hast alles getan, was du konntest, Charles. Arbeite einfach weiter. Das ist das Einzige, das Einzige..."

Während sie diese Worte sagte, dachte sie mit einer scharfen Feindseligkeit an Rodd, die beinahe an Hass grenzte. Es war die Begegnung mit ihm, die all ihre Pläne so durchkreuzt hatte, dieses plötzliche Eintauchen in die Menschlichkeit mit ihm, das sie der Liebe so sehr ausgesetzt hatte, dass sogar Verschoyles Ton ihr gegenüber einen anderen Ton anschlug … Für Charles war die Liebe so unpersönlich wie der Gesang eines Vogels. Sie war nur ein Aufruf zu ihrer raschen Freude und beanspruchte nichts für sich selbst, vielleicht aber alles für seine Kunst. Darin war er so verwirrend. Er erwartete, dass die ganze Welt sich unter seiner Flagge in den Dienst stellen würde, und war so zuversichtlich, dass dies mit der Zeit geschehen würde, dass ihn keine Zurückweisung aus der Fassung brachte.

Clara war versucht, seinen Standpunkt zu akzeptieren und alles aufs Spiel zu setzen, um ihm zu dienen; aber sie erkannte jetzt, was ihm nicht bewusst war, die Mächte, die gegen ihn aufgestellt waren. Es war nicht zu übersehen, dass die Butcher- Bracebridge- Kombination es verabscheute, gezwungen zu werden, ihn ernst zu nehmen: ihn oder irgendetwas anderes unter der Sonne. Sogar die Öffentlichkeit, die sie umschmeichelten, war nur einer von mehreren Faktoren in ihren Berechnungen.

„Es wird alles gut werden, Charles", sagte sie. „Ich bin sicher, dass alles gut wird." Wir werden nicht nachgeben. Sie haben dich verwässert –"

„Verdünnt?" er rief aus. „Abgeschlachtet!"

Sie bewunderte ihn dafür, dass er selbst das akzeptierte, aber wider ihren Willen schmerzte es sie, dass er immer noch nicht an sie dachte, ihm aber nur künstlerische Probleme wichtig waren. Die Probleme des Lebens müssen sich selbst überlassen bleiben. Sie konnte nicht umhin zu sagen:

„Du solltest mir nicht alles überlassen, Charles."

„Du kannst mit Menschen umgehen." Ich kann nicht. Ich dachte, ich würde reich werden, aber es gibt kein Geld. Und selbst wenn diese Angelegenheit ein Erfolg wird , werde ich mich dafür schämen ... Ich denke, ich werde an die Zeitungen schreiben und sie zurückweisen. Aber es ist überall das Gleiche. Die Leute nehmen meine Ideen und vulgarisieren sie. Die Schauspieler sind überall gleich. Sie werden dem Publikum nichts überlassen. Sie wollen für die Qualitäten verehrt werden, die sie verloren haben."

„Du gibst mir also keine Vorwürfe?"

„Schuldzuweisungen? Was bringt es, jemandem die Schuld zu geben ? Es hilft nichts. Es macht einen wütend. Das macht zwar ein gewisses Vergnügen, aber es hilft nichts."

Da wurde ihr klar, dass all ihre Sorge um seine Hilflosigkeit vergebens war. Er brauchte weder Hilfe noch suchte er nach Hilfe. Es war ihm völlig gleichgültig, ob er in einem prachtvollen möblierten Haus oder in einer Wohnung über einer Garküche lebte.

„Ich bin durchaus geneigt, mich jetzt von der gesamten Produktion zu distanzieren", sagte er.

„Nein. Nein. Dann werden sie alles tun, um Ihnen wehzutun. Ich glaube, sie wissen es."

„Was wissen?"

„Dass du eine Frau hast."

Er schlug mit der Faust so heftig auf den zerbrechlichen Tisch, dass dieser quer über ihm zerbrach, und Clara war zutiefst erschrocken, als sie sah, wie seine riesigen Hände den Tisch von beiden Seiten umklammerten und ihn auseinanderrissen. Seine enorme körperliche Vitalität hatte etwas Schreckliches und beinahe Wunderbares, und dass er sie jetzt in einem so kleinlichen Wutausbruch verschwendete, zwang sie, sich einzugestehen, was sie zu unterdrücken versucht hatte, nämlich den Gedanken an Rodd, und sie war nun gezwungen, die beiden Männer zu vergleichen. So sah sie Charles klarer und musste sich eingestehen, wie sehr es ihm an moralischer Kraft mangelte. Sie zitterte, als ihr klar gemacht wurde, dass die alten glücklichen Tage nie wiederkommen würden und dass das Kind, das so blind an ihn geglaubt hatte, für immer verloren war . Sie hatte die Gestalt, den Verstand, den Instinkt einer Frau, und diese Dinge ließen sich nicht länger leugnen.

Als seine Wut erschöpft war, beschloss sie, ihm noch eine Chance zu geben :

„Wir können uns durchsetzen, Charles. Wir haben Verschoyle hinter uns. Ich übernehme meine Verantwortung und werde deine Ehefrau sein.'

„Um Gottes willen, reden Sie nicht so." Ich möchte, dass du so bist, wie du warst: bezaubernd, glücklich, frei.'

Sie schüttelte langsam den Kopf hin und her.

Charles ging beleidigt hinaus. Sie hörte, wie er die Treppe hinunter und auf die Straße hinausstolperte.

Sie drehte sich zu ihrer Couch am Fenster um und blickte auf die Sonne, die hinter den Dächern, Schornsteinen und Türmen Londons unterging. Amethyst und rötlich war der Himmel: rauchgelb und bernsteinfarben, blau und grün, gesprenkelt mit kleinen dunklen Wölkchen. Sie saugte seine Schönheit in sich auf und verlor sich am sterbenden Tag, ihr Herz schmerzte, weil es nirgendwo in der Menschheit eine Schönheit von gleicher Macht gab, in der sie sich verlieren konnte, sondern überall Barrieren des Egoismus, der Intrige, der selbstsüchtigen Berechnung ... Sie dachte an den kleinen Buchhändler in der Charing Cross Road ... „Anderen Gutes zu tun bedeutet, sich selbst Gutes zu tun ..." Ja, aber stellen Sie sicher, dass Sie Gutes tun und nicht gut gemeint Schaden anrichten.

Sie hatte vorgehabt, Charles zu helfen, hatte sich ihm aufgeopfert, und sehen Sie, was dabei herausgekommen war! Tief in ihrem Herzen wusste sie, dass sie einen Fehler gemacht hatte und dass das Unheil angerichtet worden war, als sie ihm ihren Willen aufgezwungen hatte ... Als Kind war sie im katholischen Glauben erzogen worden, und sie hatte noch immer Reste eines religiösen Gewissens, und diesem flüsterte sie nun zu, dass es eine Sünde

gegen den Heiligen Geist sei, wenn jemand seinen Willen dem eines anderen
aufzwinge.

Fünfzehntes Kapitel

IN BLOOMSBURY

Zur gleichen Zeit ging Rodd auf seinem Dachboden in seinem leeren Zimmer auf und ab und überblickte die Ohnmacht, zu der er sowohl sein Leben als auch seine Arbeit reduziert hatte, weil er sich weigerte, das soziale System seiner Zeit zu akzeptieren. Seine Arbeit war bewusst subversiv und daher unrentabel: Sein Leben war nichts. Er war ein Einzelgänger in London, als spräche er eine Sprache, die niemand verstand. Das tat er tatsächlich . Seine Worte hatten für ihn eine Bedeutung, von der niemand sonst die geringste Ahnung hatte, denn sie bezogen sich eher auf seine imaginäre Welt als auf irgendeine Realität.

Bisher hatte ihn das überhaupt nicht gestört. Spinoza, Kant, Galileo hatten alle eine Sprache gesprochen, die für ihre Zeitgenossen unverständlich war, und mit wie vielen hatte Nietzsche sich unterhalten können? Die Geschichten besagten, dass es einen Metzger gab und er verrückt war.

Rodd hatte sich mit seiner Fantasie in die Grundzüge der Gesellschaft hineingetastet, in die er hineingeboren worden war, und sich mit der Versicherung getröstet, dass eine Katastrophe kommen würde, um das abscheuliche System, mit dem die Alten die Jungen versklavten, zu zerstören, und dass es dann eine Putzfrau geben würde Atmosphäre, in der seine Ideen leben könnten und seine Worte für alle verständlich wären, weil in ihr das tiefere Bewusstsein, das in seiner imaginären Welt freigesetzt wurde, ins Spiel kommen würde, um alle Unwahrheiten und abgestandenen Ideen hinwegzufegen ... Aber jetzt die Katastrophe war zu sich selbst gekommen, und er wurde zum Zweifel und zur Selbstprüfung gebracht. Hatte er nicht zu viel geleugnet? Hatte er die Ablehnung nicht zu weit getrieben? Hatte er nicht Kräfte in sich vereitelt, die selbst für seine unpersönlichen Absichten wesentlich waren? War es paradoxerweise wahr, dass ein Mann eine Person sein muss, bevor er unpersönlich sein kann? Sein leeres Zimmer, seine Bücher, sein Stapel Manuskripte! Was für ein Leben! War er doch nur ein Feigling gewesen? War er nur in dieses Schweigen verfallen, um dem Schmerz und der Langeweile der Wiederholung zu entgehen?

Zuerst beschäftigte ihn nur die Verwüstung, die in seiner Arbeit von dem Augenblick an entstand, als Clara in seine Vorstellungswelt eindrang, aber bald war er gezwungen, dies beiseite zu schieben und sich mit der ernsteren Tatsache auseinanderzusetzen, dass sie sich in sein Herz geschlichen hatte, das zum ersten Mal aktiv war und seinen Anteil an seinem Wesen forderte. Dann erwachte der Schrecken, dass er von dem, was er in seiner Vorstellungswelt fand, abgestoßen wurde: kalte, einsame, gequälte Seelen, Geschöpfe, die man in privater Einsamkeit ihr Elend ausharren lassen sollte, die nichts hatten, womit sie ihre Zurschaustellung vor der Welt rechtfertigen konnten, die ihren Mitmenschen schamlos die Folgen ihrer eigenen Schwäche vorwarfen, elende, anhängliche Frauen, Männer, hart wie Eisen in ihrem Egoismus ... Sein Herz konnte es nicht ertragen, aber bis sein Herz seine Vision mit seiner Wärme überflutet hatte, konnte er sich nicht bewegen, konnte keinen Entschluss fassen, außer dass er das wunderbare Mädchen unbehelligt lassen musste.

Der wütende Wille, der ihn während all seiner einsamen Jahre beseelt hatte, ärgerte sich über diese Einmischung und rebellierte gegen die Vernunft und Logik seines Herzens. Dieser Wille in ihm hatte das soziale System auf sein logisches Ende reduziert, die Zerstörung der Jugend durch die Alten, und ließ seiner schöpferischen Fähigkeit keinen anderen Stoff. Er durfte nichts als eine trostlose Welt voller Bitterkeit haben, und diese hatte er sowohl seinem fröhlichen Gemüt als auch seinem großzügigen Herzen aufgezwungen, so dass er selbst im Leben nichts als eine ziemlich schwache Freundlichkeit hatte ausüben können. Sein Wille war es gewesen, der Welt ein Bild des Endes vor Augen zu führen, das sie erreichen musste, da der Verwüstung abgerungener Glanz in Verwüstung enden muss.

Und plötzlich wurde sein Wille von diesem erstaunlichen Mädchen durchkreuzt , das voller Jugend und Freude steckte und die ewige Schönheit des menschlichen Geistes offenbarte, die fortbesteht, auch wenn Imperien vergehen und Gesellschaften im Chaos versinken.

Ganz, ganz langsam wurde sein Wille, der seine Kraft aus dem hypnotischen Einfluss des Grauens bezog, zurückgedrängt, und Licht kroch in seine imaginäre Welt, Blumen blühten darin, Bäume wiegten sich im Wind, Lerchen schwebten über grünen Hügeln, die von gelbem Ginster erglühten, Vögel hüpften zu ihren Nestern und sangen, Hunde bellten und sprangen vor Vergnügen herum – all seine eingefrorenen Erinnerungen schmolzen langsam dahin, und süße und einfache Freuden kamen zum Vorschein, um eine Kulisse zu bilden, die Clara Day würdig war. Und er erinnerte sich an einfache Menschen mit einer unerschütterlichen Freundlichkeit, Menschen wie den kleinen Buchhändler, die ihre Welt kannten, aber an ihre erlösende Güte glaubten, Menschen wie eine Frau, die ihn einmal während einer schrecklichen Krankheit gepflegt und nie aufgehört hatte, für ihn zu beten, Familien, bei denen er in seiner einsamen Jugend in London willkommen gewesen war – all dies erinnerte er sich und scharte sich um Clara, um eine bessere und einfachere Welt zu schaffen.

Als seine Qualen vorüber waren und sein alter hypnotischer Wille gebrochen war , sagte er sich, er müsse sich damit zufrieden geben, dass Clara die Herrin seiner Vorstellungskraft sein sollte, da er sein eigenes Leben ruiniert hatte und ihr nichts zu bieten hatte. Offensichtlich hatte sie die Welt gut gefunden.

Nichts an ihr war theatralisch, nichts verwirrend. Er musste sich damit abfinden, diese zwei Tage mit ihr als an sich vollkommen, ausreichend und fruchtbar zu akzeptieren. In der Tat, wozu brauchte er noch mehr? Sie hatten sich so tief getroffen, wie sie es sich nur wünschen konnten. Sie würde ihren Herrn heiraten und alle guten und angenehmen Dinge der Erde um sich scharen, und er konnte zu seiner Arbeit zurückkehren und sie neu aufbauen.

Mit seiner ziemlich absurden Tendenz, seine persönlichen Erfahrungen zu verallgemeinern, sagte er sich, dass Jugend und Freude, so wie sie aus seiner imaginären Welt befreit worden waren, auch in der Welt der Realität vorkommen würden. Seine schwindenden Hoffnungen lebten wieder auf und ein neuer Ehrgeiz wurde in ihm entfacht. Er ging in seinem leeren Zimmer weniger schnell auf und ab , wurde von Tag zu Tag langsamer, bis er stehen blieb, sich an seinen Tisch setzte und sich erneut an die Arbeit stürzte. Seine Arroganz machte sich wieder bemerkbar, und er sagte sich – was tatsächlich der Fall war –, dass er aus einer Andeutung von Erfahrung mehr herausholen könne als der gewöhnliche Mensch aus einer überwältigenden Tragödie.

Während er arbeitete, betrachtete er seine Begegnung mit Clara immer mehr als ein Urlaubsabenteuer. Die Charing Cross Road war für ihn das, was Paris oder die Küste für den gewöhnlichen Arbeiter waren. Die Episode gehörte zu seinem Urlaub. Sie war nichts weiter und musste behandelt werden, als wäre sie einem anderen Menschen passiert: Man musste sie anlächeln, ihren Duft schätzen, ihre Fruchtbarkeit preisen ... Mit der neuen Waffe, die sie ihm gegeben hatte, würde er zu Tabak und Papier zurückkehren, den Materialien seiner Existenz.

Er sah ihren Namen in den Zeitungen, hier und da ein Foto von ihr. Na ja, sie gehörte eben zu dieser Welt. Zweifellos würde sie sich mit ihrem Erfolg auf dem Theater amüsieren, bevor sie sich auf den Titel und den Reichtum besann, die ihr zu Füßen lagen.

Doch so überzeugt er von seinem Verzicht war, konnte er die Finger nicht von der Buchhandlung lassen und ging fast täglich dorthin in der Hoffnung, sie zu treffen.

Als er eines Abends nach Hause kam , traf er Verschoyle auf der Türschwelle seines Hauses und konnte es sich nicht verkneifen, ihn anzusprechen.

„Entschuldigen Sie", sagte er, „ich habe Sie manchmal in der Buchhandlung in der Charing Cross Road gesehen."

„Tatsächlich?", antwortete Verschoyle , der ängstlich und beunruhigt aussah.

„Ja. Ich habe Sie dort mit Miss Day gesehen."

Verschoyle war wachsam und zugleich misstrauisch. Er musterte die seltsame Person, war aber ziemlich verwirrt.

„Wohnst du hier?", fragte er.

„Im obersten Stockwerk", antwortete Rodd, „im obersten Stockwerk – allein – ich dachte, Sie würden mich vielleicht besuchen."

„Nein, nein. Ich kenne Sie nicht."

„Mein Name ist Rodd."

Das sagte Verschoyle nichts .

„Ich hatte das Vergnügen, Miss Day in der Buchhandlung zu treffen. Ich dachte, sie hätte es vielleicht erwähnt.'

„Nein... ich war bei einer Miss Messenger im dritten Stock. Kennst du sie?'

'Leicht.'

„Du weißt nichts über sie?"

„Nichts, außer dass sie ein Kind hatte, das gestorben ist ... Ich fürchte, ich kannte nicht einmal ihren Namen. Ich kümmere mich nicht sonderlich um meine Nachbarn .'

„Danke", sagte Verschoyle . 'Gute Nacht.'

Rodd öffnete sich, seine Neugier richtete sich ungestüm auf diese seltsame Kombination von Personen. Was um alles in der Welt könnte die Verbindung zwischen Verschoyle und der schäbigen, verrufenen Ménage im dritten Stock sein? ... Sein Herz antwortete bedrohlich: „Clara."

Er ging langsam die dunkle, nicht mit Teppich ausgelegte Treppe hinauf, und als er an der Kurve unterhalb des dritten Stocks war, hörte er einen schrillen Schrei – einen schrecklichen Schrei voller Entsetzen, Abscheu und Verachtung. Er eilte zur Tür der Wohnung im dritten Stock und fand sie offen, blieb einen Moment stehen und hörte eine Männerstimme sagen:

„Das sollst du, du schlaue Katze." Gib es mir und du wirst tun, was ich dir sage.'

'Nein nein Nein!' schrie die Frau. 'Mutter!'

Und die Stimme einer anderen Frau, grausam und hart, sagte:

„Tu, was er dir sagt , und sei kein Narr!"

Es gab ein Handgemenge, einen Sturz, das schwere Atmen eines Mannes, ein gurgelndes Geräusch des Schreckens und des Erstickens. Rodd ging in die Wohnung und fand die Frau, die auf der Treppe auf ihn gewartet hatte, auf dem Boden liegend, ein Bündel Banknoten umklammernd, während ein kleiner, gemein aussehender Mann auf ihrer Brust kniete, sie halb würgte und versuchte, ihr die Banknoten aus der Hand zu reißen. Die Mutter der Frau stand daneben und schrie laut und weinte:

„Tu, was er dir sagt , du verdammter Narr! Er weiß Bescheid. Er hat diese Kerle in die Enge getrieben und er wird sie dafür bezahlen lassen."

Rodd warf sich auf den Mann, in dem er die Kreatur erkannte , die er und Clara auf der Treppe getroffen hatten. Er hob ihn hoch und warf ihn in eine Ecke, wo er lag, zu verängstigt, um sich zu bewegen. Die Frau legte sich stöhnend zurück, verdrehte die Augen und hatte fast Schaum vor dem Mund. Ihr Busen hob und senkte sich, und sie drückte die Notizen in ihrer Hand noch fester an sich ... Rodd drehte sich zu den beiden anderen um und sagte:

'Aussteigen....'

Sie gehorchten ihm, und er kniete neben der Frau nieder und beruhigte sie.

„Komm jetzt", sagte er, „bring die ganze Geschichte raus, bevor du anfängst, dich selbst darüber zu belügen."

„Es ist mein eigenes Geld", keuchte sie; „Ich will nichts mehr tun." Es ist alles fair und fair, wenn er bezahlt wird. Wenn ein Kerl zahlt, ist alles fair und fair.'

Rodd war von der Stichhaltigkeit dieser rudimentären Ethik überzeugt.

„Er wollte die Hälfte, aber es ist mein eigenes Geld. Ich habe ein Papier dafür unterschrieben und ich werde mein Wort nicht brechen. Er will, dass ich das tue. Er will, dass ich ins Imperium gehe, damit er an ein paar der tollen Leute rankommt …"

Das Imperium? Rodd war entschlossen, die ganze Geschichte zu erzählen. Er ließ sie einen Moment allein und schloss die Tür ab. Dann hob er sie auf einen Stuhl – es war ein protziges Zimmer mit Mietmöbeln – gab ihr eine Flasche Brandy und begann, sie mit Fragen zu bombardieren.

'Fühlen Sie sich besser?'

„Viel besser. Ich bin gern mit dir zusammen. Du bist so ruhig. Du würdest ein Mädchen verstehen, ganz bestimmt. Ich wollte oft herkommen und es dir sagen... Es hat mich wirklich umgehauen, als ich dich mit ihr gesehen habe."

'Mit wem?'

„Charleys Mädchen."

'Wessen?'

„Charleys. Charley Manns. Er ist mein Mann.“

Rodd war einige Augenblicke still, während er dies verarbeitete.

„Wer ist dieser andere – Mann?“, fragte Rodd freundlich und begann langsam, die Geschichte zusammenzusetzen.

„Das ist Claude... Er war Untermieter bei meiner Mutter, bevor sie pleite ging und zu mir ziehen musste. Er hat mich nie in Ruhe gelassen. Ich wollte ehrlich sein, wirklich... Charley ist nicht übel, und ich dachte, ich würde ihn nie wiedersehen. Ich hätte nie gedacht, dass er Geld verdienen würde. Ich hätte nie gedacht, dass wir ihn in den Zeitungen herumposaunen sehen würden, sonst hätte ich nie ein Wort mit Claude zu reden gehabt. Eigentlich nicht. Nur dass Charley das andere Mädchen heiratet –“

Für Rodd war es wie ein Schlag ins Gesicht. Kitty bemerkte die Wirkung ihrer Geschichte nicht und kümmerte sich auch nicht darum. Sie empfand beim Erzählen nur Erleichterung.

„Ich brauchte Geld, um meine Mutter aus England zu schicken. Ich konnte es nicht mehr ertragen . Ohne sie hätte es Claude nicht gegeben, und ein Mädchen im Theater kann sich heutzutage auch mit einem Kind allein amüsieren. Ich wollte es dir schon oft erzählen.“

'Weiß sie?'

„Charleys Freundin? Ja. Sie weiß Bescheid. Es ist eine nette Verwechslung. Oder? Und Charley ist nicht übel. Er wird dich genauso verlieren wie seinen Hut. Das war nicht böse gemeint.“

Sie lachte hysterisch.

„Wer hat dir das Geld gegeben?“

'Sowie.'

„Um den Mund zu halten?“

„Ja. Charley müsste ins Gefängnis. Claude war im Gefängnis. Deshalb möchte er, dass Charley geht. Jeder, der im Gefängnis war, ist so. Es macht sie schlau und hart... Aber ich sage, dass Charley bezahlt hat: sechshundert. Das hätte ich nie aus ihm herausbekommen, wenn ich bei ihm geblieben wäre, oder?“

„Das glaube ich nicht ... Wenn es noch einmal Ärger gibt , kommst du dann zu mir?“

„Das würde ich gern“, sagte sie, wurde munter und warf ihm die traurigen, schmachtenden Blicke zu, mit denen sie ihn so lange verfolgt hatte. „Claude sagt, er hat sie so schnell an sich gerissen, und das hätte er auch bei mir tun sollen … Claude war bei ihrer Hochzeit. Ich kannte ihn damals noch nicht. Er ist ein Freund meiner Mutter . Wir dachten, er hätte Geld, aber er hat nicht einen Cent."

„Ich kümmere mich um Claude", sagte Rodd. „Und wenn es noch mehr Ärger gibt, kommen Sie zu mir."

„Das geschah alles, nachdem mein Baby gestorben war", sagte Kitty, als wolle sie sich entschuldigen, aber Rodd hatte die Geschichte akzeptiert und dachte nicht an Entschuldigung oder Vergebung. Seine Gedanken galten ganz Clara.

Wie komisch war es, dass er ihr Manns Buch gegeben hatte! Liebte sie Mann? Das musste sie. Sonst hätte sie ihn nicht heiraten können... Aber was bedeutete ihr Verschoyle schon , dass er eine so hohe Summe Schweigegeld bezahlte? Eine rasende Eifersucht riss das fort, was von Rodds intellektueller Welt noch übrig war, und entfesselte schließlich seine Leidenschaften. Sein Verstand arbeitete sich rasch durch die Geschichte und nahm sie im Takt jedes Fadens auf.

War sie nur Schauspielerin? War die Vollkommenheit, die er verehrt hatte, eine Erfindung, eine Projektion ihrer selbst in der Figur, die seinem Idealismus am besten gefiel? Unmöglich! Reinheit, Ehrlichkeit und Freude können nicht vorgetäuscht werden. Hier brechen die Ansprüche der Menschlichkeit zusammen. Bei einem solchen Vorwand wie dieser simulierten Leidenschaft bricht die ultimative Niedrigkeit zusammen, erzeugt keine Illusion und wird vereitelt.

Aber auf den ersten Blick war es eine entsetzliche Geschichte! Sie riss ihn gewaltsam auf den Boden der Tatsachen zurück. Er konnte sich nicht bewegen, sondern saß da und starrte die Frau an. Er wollte ihr sagen, dass sie gelogen hatte, wusste aber, dass sie der Wahrheit gemäß gesprochen hatte. Von der Wahrheit des Geistes konnte sie ganz offensichtlich nichts wissen. Ihre Welt bestand aus langweiligen Fakten und schwelenden Emotionen. Sie konnte nichts von der Welt wissen, in der Emotionen zu Leidenschaft aufflammten, um die Fakten in goldene Symbole der Wahrheit zu brennen. Und das war Claras Welt: die Welt, in der er zwei Tage lang das Privileg gehabt hatte zu leben, eine Welt, in der Seele zu Seele sprechen und über all die Verwirrung von Fakten und Einzelheiten lachen konnte, in die sie sonst verstrickt gewesen wären ... Mann, Verschoyle , ein schneller Erfolg im Theater – die Fakten waren von der Art, die den Schrecken hervorgerufen hatten, in dem er gelebt hatte, bis er sie traf. Seine Begegnung mit ihr hatte seinen Schrecken vertrieben, aber die Fakten blieben. Er in seiner Einsamkeit konnte sie ignorieren und weiterträumen, aber konnte sie das? Sicherlich war er es ihr schuldig, ihr anzubieten, was er durch sie gewonnen hatte... Und dann – das elende Weib zu kaufen, sicherlich hätte sie sich niemals darauf einlassen können!

Er begann mit glühendem, eifersüchtigem Hass an Charles Mann zu denken.

„Ich glaube, ich hätte mich umgebracht", sagte Kitty, „wenn es so weitergegangen wäre." Ich wünsche ihnen nichts Böses, jetzt, wo er bezahlt hat ... Ich hätte zu niemandem ein Wort darüber gesagt, nur dass sie so jung ist. Es hat mich ein wenig geschockt, und auch Charles kam zurecht. Er ist ziemlich grau und hat ein bisschen Bauch. Ich hätte nie gedacht, dass er derjenige sein würde, der dick wird. Ich bin nur noch Haut und Knochen. Schau dir meine Arme an.'

Rodd hat sie verlassen. Als er die Tür öffnete, stellte er erleichtert fest, dass der unangenehme Claude verschwunden war. Frau Messenger saß am Feuer im Wohnzimmer, die Röcke bis zu den Knien hochgekrempelt, und auf dem Kaminsims stand ein Glas Portwein. Sie drehte mit einem anzüglichen Blick den Kopf und sagte:

'Viel Glück! Ich dachte immer, sie wäre scharf auf dich... Es ist Zeit, dass sie sich beruhigt. Sie wurde geboren, um respektabel zu sein und sich um einen Mann zu kümmern. Das ist alles, wofür die meisten Mädchen geeignet sind. Aber im Theater muss ein Mädchen auf Nummer eins aufpassen, sonst geht es unter und aus.'

Die alte Frau mit dem bemalten Gesicht und den gefärbten Haaren ließ Rodd eine Gänsehaut bekommen. Sie schien ihm ein Symbol für alles Böse in der Welt zu sein, für Verfall, Zerrüttung, Korruption, und mit einem Geistesblitz erkannte er in ihr die Quelle all dieses erbärmlichen Lügengewirrs. Eine für ihn völlig neue zärtliche Sympathie erfasste seine Fähigkeiten und beschloss, dass er in der Rolle, die er in Claras Drama spielen sollte, nicht scheitern würde.

Er sagte zu der alten Frau:

„Wir haben darüber gesprochen. „Wir haben beschlossen, Ihnen eine Überfahrt nach Kanada zu buchen und Ihnen hundert Pfund zu geben, mit denen Sie am Leben bleiben können, bis Sie Arbeit finden."

'Was?' Sie sagte: „Ich verlasse London?" Liebes altes London, lieber alter Leicester Square und die Theater? Und dich mit meiner Tochter machen lassen, was du willst, du dreckiger Hund? Ich habe sie auf der Treppe hinter dir herschnüffeln sehen, ein Kerl, der von Brot, Käse und Traubennüssen lebt. Ich kenne deinen Typ, du dreckiger, störender Schurke. „Du hast noch nie in deinem Leben einem Mädchen auch nur einen Drink gegeben."

„Trotzdem", sagte Rodd, „wird Ihr Durchgang gebucht, und wenn Mr. Claude Wie heißt er hier sein Gesicht zeigt, wird auf der Treppe ein Genick gebrochen."

Er ging hinaus und hörte, wie die alte Frau ein Glas Portwein hinunterschluckte und sagte:

„Also, ich bin verdammt!"

Dann, als er nach oben in sein Zimmer ging, hörte er sie schreien:

„Kitty, du dreckiger kleiner Klauenhammer –"

Die Tür wurde zugeschlagen und er hörte nur ihre Stimmen in erbitterten Streitereien, Tränen, Vorwürfe, Flüche; doch schließlich, als er in seinem einsamen Zimmer auf und ab ging, legte sich der Tumult und er konnte mit den neuen, stürmischen Gedanken ringen, die in ihm erwachten... An Arbeit war nicht zu denken. Er war ins Leben zurückgeholt worden. Wenn er nicht zerstört werden wollte , musste er zutiefst, leidenschaftlich und peinlich ehrlich zu sich selbst sein. Er musste sich seinen Gefühlen stellen, wie er es noch nie getan hatte.

Zuerst dachte er an wild heroische Lösungen . Er würde seine Chance mit Kitty nutzen, ihre sanfte Dankbarkeit ausnutzen und sie aus der Gefahrenzone bringen ... Aber was hatte das für einen Sinn? Es hat nichts geklärt, nichts gelöst. Ohne Claras Wissen zu handeln hieße, sie zu verraten. Dass er sicher war, dass Verschoyle es getan hatte.

Er hatte sich bereits eingemischt, und niemand wusste, wohin Claudes Gehässigkeit führen würde ... O Gott, was für ein Durcheinander! Was sollte für Clara getan werden, was konnte getan werden? Außer ihr war niemand wichtig. Mann, Verschoyle , er selbst – was bedeutete schon einer von ihnen? Sie war eine einzigartige, unersetzliche Persönlichkeit. Dessen war er sich sicher. All diese merkwürdigen Dinge waren ihr durch ihre herrliche Unschuld widerfahren. Eine weniger großzügige, erfahrenere und berechnendere Frau hätte instinktiv gewusst, dass hinter Charles Mann eine merkwürdige Geschichte steckte ... Sie konnte sich durch den Verstand eines Mannes in sein Herz vordringen. Darin war sie für sich selbst eine so große Gefahr. Die Geschichte seiner rein körperlichen Gefühle kümmerte sie überhaupt nicht. Ihre eigenen Gefühle konnten in ihrer Reinheit keine Trennung zwischen Körper und Geist erkennen , noch konnten sie bei anderen eine Trennung vermuten ... Dessen war er sich sicher. Ohne diese war das ganze Durcheinander phantastisch und unglaublich. Niemals hätte sie in so kurzer Zeit durch Berechnung und Intrigen das erreichen können, was sie erreicht hatte. Diese Art von Erfolg erforderte jahrelange Geduld unter Kontrollen, Zurückweisungen und Beleidigungen... Überall bot sie ihre prächtige Jugend an, und sie wurde ihr genommen und genutzt, für Zwecke, die sie nicht einmal vermuten konnte. Ihre Jugend wurde ihr genommen, man gab ihr keinen Raum, keine Zeit, um ihr Talent oder ihre Persönlichkeit zu entwickeln.

Der Lauf der Welt? Zu lange war es der Lauf der Welt gewesen, aber die Starken und Seelenwürdigen hatten sich immer dagegen gewehrt oder es ignoriert.

Manchmal glaubte Rodd, das Einzige, was er tun könne, sei abzuwarten und der Situation ihren natürlichen Lauf zu lassen. Es würde Mann nicht schaden, in Schwierigkeiten zu geraten, aber dann wäre Clara gezeichnet. Ihr ganzes Leben lang würde sie gegen Missverständnisse kämpfen müssen ... Nein, nein. Was sie betraf, konnte es kein Missverständnis geben. Ihre Persönlichkeit beantwortete alles. Es wäre schön, es wäre herrlich zu sehen, wie sie alle Hindernisse überwand, indem sie den Schatz, der in ihr steckte, großzügig einer Welt schenkte, die in ihrer Verehrung von Selbsthilfe und materieller Macht Jugend, Mut und das Höchste vergessen hatte Kraft der Freude.

XVI

ARIEL

Als die Tage vergingen und die Produktion näher rückte, herrschte im Imperium geschäftige Aufregung. Die Maschinerie wurde gestrafft, und keiner der Beteiligten wurde geschont. Die Proben begannen um zehn Uhr morgens und zogen sich den ganzen Tag hin, manchmal endeten sie erst um elf oder zwölf Uhr abends. Sir Henry hatte tausend und eine Sache zu tun und war wegen seiner eigenen Worte in Panik. Er hörte mitten in einer Lichtprobe auf, um sich an seine Rolle zu erinnern, und wandte sich an einen Bühnenbildner oder einen Scheinwerfer, an jeden, der gerade in der Nähe war, um zu fragen, ob das richtig sei, und als sie ihn anstarrten, verlor er die Fassung und sagte:

„Shakespeare! Es ist Shakespeare! Jeder kennt seinen Shakespeare."

Clara lernte vorsichtshalber seine Rolle in seinen Szenen mit ihr und konnte ihm helfen, wenn er anfing zu stottern oder zu improvisieren. Er war angespannt vor Angst und ignorierte alles, was nicht unmittelbar mit der Aufführung zu tun hatte, die ihm offensichtlich nicht geheuer war. Er redete viel mit sich selbst, und Clara hörte ihn mehr als einmal Charles leise verdammen. Unwillkürlich war sie ein wenig gekränkt, dass er sie außerhalb ihrer Rolle im Stück nicht beachtete. Seine einzige Beschäftigung mit der Welt abseits der Bühne waren Lady Bracebridge und Lady Butcher, die mit der Dekoration der Vorderseite des Hauses sehr beschäftigt waren und begannen, ihre angesehenen Freunde aus Adel und Politik bei den Proben vorzustellen, wo sie im Dunkeln des Zuschauerraums saßen und sagten:

„Zu süß! Göttlich, göttlich!"

Es war schwer zu erkennen, was sie mit dem Chaos auf der Bühne anfangen sollten: Schauspieler, die hin und her schlenderten und ihre Rollen murmelten , andere, die ihre Szenen durchgingen, Tischler, die hierhin und dorthin liefen, das Licht, das an- und ausging und von Blau zu Bernstein, von Bernstein zu Blau, Weiß, Rot wechselte ... Bis zum Allerletzten nahm Sir Henry Änderungen vor, und je aufgeregter er wurde, desto weiter entfernte er sich vom dramatischen Kontext des Stücks und bemühte sich, den ästhetischen Eindruck des Ganzen mit zahllosen Tricks, Schweigen, Gesten, übertriebenen Bewegungen der Schauspieler, Anflügen von groteskem und irrelevantem Humor , Mitteln, mit denen Prospero im Mittelpunkt der Bühne stehen konnte , und allem, was dazu diente, Shakespeare und Charles seine eigene Tradition und Persönlichkeit aufzuzwingen, aufzubrechen.

Clara war dankbar, dass Charles sich mit ihm gestritten hatte und nicht da war, um es zu sehen. Sir Henry war wie ein Besessener. Er arbeitete wie verrückt daran, die Situation zu retten und den verlorenen Boden wieder gutzumachen; und nur in seinen Szenen mit Ariel schien er sich seiner selbst sicher, und diese wiederholte er immer wieder, ohne Clara auch nur einen Augenblick zu schonen oder an die körperliche Anstrengung zu denken, die so viele Wiederholungen für sie bedeuteten.

Sie hatte keine Einwände. Es war eine große Erleichterung, erschöpft in ihre Räume zu gehen und da zu liegen, unfähig zu denken, unfähig zu rechnen, verloren gegen alles außer ihrem Willen, Ariel mit all der Magie und jugendlichen Vitalität zu spielen, die sie besaß. Auch für sie war alles außerhalb des Stücks verschwunden. Dass so viele Werke von Charles untergetaucht waren, schmerzte sie furchtbar, und sie gab sich selbst die Schuld, aber das war nur umso entschlossener, die Situation mit ihrer eigenen Kunst wiedergutzumachen, an der er, wie Sir Henry sie verehrte, festhielt. Sie wusste das und war entschlossen, nicht zu scheitern. So sehr Charles' Werk auch verstümmelt wurde, ihr Erfolg – wenn sie ihn gewann – würde seine Notlage lindern.

Deshalb gab sie sich vollkommen dem wirbelnden Chaos der Proben hin, aus dem es unmöglich schien, dass jemals Ordnung entstehen könnte. Sie ordnete ihre eigenen Gedanken, indem sie das Naheliegendste tat und das Stück las, bis sie davon durchtränkt war. Niemand sonst hatte das anscheinend getan, und als sie sich immer besser mit dem Stück auskannte und seinen Geist besser verstand, begann sie schrecklich zu zweifeln, ob Charles dies auch getan hatte. Seine Bühnenbilder schienen von diesem Geist ebenso weit entfernt wie Sir Henrys Theatermittel und beinahe ebenso zum Scheitern verurteilt. Als sie erkannte, sie musste erkennen, wie sehr sie sich inzwischen von Charles distanziert hatte, und auch, zu ihrem Leidwesen, wie sehr sie sich dem Vorwurf ausgesetzt hatte, ihn ausgenutzt zu haben, obwohl er in seiner großzügigen Einfachheit dies nie so sehen oder ihr Vorwürfe machen würde... Sie machte sich selbst weitaus mehr Vorwürfe für das, was sie Rodd angetan hatte. Das, das wusste sie, war ernst, und je vertrauter sie Shakespeares Genie kennenlernte, desto mehr verstand sie, welche Verwüstung sie in Rodds Leben angerichtet haben musste.

Wie seltsam war diese Welt der Premierminister und Schauspieler-Manager, die London dominierte und in die London einwilligte; sehr charmant, sehr entzückend, wenn man nur daran glauben oder akzeptieren könnte, dass es das Beste ist, was London erbringen kann. Aber wenn es so wäre, wozu brauchte es dann so viel Werbung, Absätze und Interviews? Was war der Vorwand , das Theater oder die Welt daneben? Welche waren die Schauspielerinnen, sie und Julia Wainwright und die anderen oder Lady Butcher und Lady Bracebridge ? Und kurz gesagt, war alles, wie alles andere auch, nur eine Frage des Geldes? Verschoyles Geld? Und wenn Verschoyle bezahlte, warum wurde er dann so schändlich beiseite geschoben?

Clara schauderte, als sie an die immense Komplikation dessen dachte, was so einfach, wahr und schön sein sollte... Aber welche Alternative gab es? Diese Ausschmückung und Verfälschung des Theaters oder die Vorstellungskraft, die in einem leeren Raum frei arbeiten konnte.

Sie konnte sich keinen anderen Weg vorstellen. Rodds schreckliche Konzentration endete in Impotenz oder in der Verschwendung echter Kräfte, wie bei Butcher und Mann, in der Fantasie.

Sie war in ihre Arbeit vertieft und auf die bevorstehende Produktion konzentriert. Sie war von allen losgelöst und konnte endlich erkennen, wie wenig sie sie brauchten. Sie konnte sich nicht wirklich auf ihre Arbeit einlassen, obwohl sie alle drei gestört und zumindest eine Zeit lang von ihren üblichen Absichten abgelenkt hatte.... Was bei jedem der drei Männer zählte, war der Künstler, und bei jedem war der Künstler an das Leben gefesselt. Sie hatte ihnen ihre Freilassung versprochen, nur um sie in noch größere Schwierigkeiten zu stürzen.

Sie grübelte über sich selbst und fragte sich, was sie war und wie sie dazu kam, sich so wenig um Dinge zu kümmern, die anderen Frauen so wichtig erschienen. Es war ihr egal, dass Charles eine Frau hatte. Das war alles lange vor seiner Begegnung geschehen und ging sie nichts an ... Dass Sir Henry mit ihr schlief, war einfach nur komisch. Sie konnte es nicht einmal ausnutzen, denn in diese Richtung konnte sie sich überhaupt nicht bewegen. Instinktiv wusste sie, dass ihr Geschlecht ihr nur zu einem einzigen Zweck gegeben war, und zwar dem höchsten, und sie konnte es nicht für irgendeinen niederen oder materiellen Zweck verwenden. Solange sie sich daran hielt, konnte sie Ariel sein, reiner Geist, der ihr Leben beherrschte und ihren Willen lenkte, den keine Macht der Erde brechen konnte ... Wie kam es, dass sie so frei und der Welt der Frauen so fremd war? Ihre Erziehung! Ihre frühe Unabhängigkeit! Oder ein neuer Geist, der sich in der Menschheit regte?

Sie hatte bereits von Rodd gelernt, dass er es sich zur Gewohnheit gemacht hatte, seine eigenen Erfahrungen zu verallgemeinern , und tief in ihrem Herzen wusste sie es, wusste, dass sie mit ihm das begonnen hatte, was sich als ihr wahres Leben herausstellen würde, aber so sehr sie in Manns Pläne verstrickt war und Träume und Visionen, sie würde das nicht akzeptieren, bis alle Fäden gerissen wären. Sie war ehrlich zu sich selbst und wusste, dass sie den Wunsch und die Absicht hatte, sie zu schnappen, aber in ihrem eigenen Tempo und mit so wenig Schaden wie möglich für die Betroffenen ... Mittlerweile war es wunderbar, es war fast berauschend komisch, all die Verwirrung mit sich herumzutragen Fakten ihres eigenen Lebens in die geordnete Welt, in der sie Ariel war, und sich vorzustellen, wie Mann zum Beispiel mit Trinculo und Stephano über Vögel und Fische spricht, oder

Rodd mit seinen leidenschaftlichen Träumen von einem plötzlichen Strahl der Lieblichkeit in einer Wüste des Elends im Vergleich dazu Notizen mit dem guten Gonzalo, während sie, sowohl als Clara Day als auch als Ariel, zwischen ihnen tanzte und ihnen verrückte Streiche spielte und sie dazu verleitete, zu glauben, dass alle möglichen Wunder geschehen würden und sie dann wieder zur Besinnung bringen würden entdecken, dass sie letztlich nur eine Frau war und dass die Wunder, die sie von ihr erwarteten, in Wirklichkeit in sich selbst lagen.

Also trödelte sie mit ihrer Kraft, ohne genau zu wissen, was sie damit anfangen wollte, und je mehr sie damit trödelte, desto bewusster wurde ihr ihre Kraft, und sie wurde ungeduldig mit ihrer Jugend, die ihr so leicht zum Verhängnis geworden war gierig angenommen. Niemand außer Rodd hatte darüber hinausgesehen, und eine Zeit lang verabscheute sie ihn dafür, dass er es getan hatte ... Seit ihrem Treffen mit ihm war nichts glatt gelaufen. Das Tempo der Ereignisse hatte sich beschleunigt, bis es sogar für sie zu schnell war, und sie konnte nichts anderes tun, als zu warten, nichts, als auf Ariel zurückzugreifen.

Die Generalprobe zog sich über einen ganzen Tag und fast eine ganze Nacht hin. Es humpelte dahin. Nichts war richtig. Sir Henry konnte sich kaum an ein Wort von seiner Seite erinnern. Ferdinands Perücke war eine Monstrosität. Miranda sah aus wie die Feenkönigin in einer Provinzpantomime. Es gab kaum ein Kleid, an dem Lady Butcher nicht Anstoß nahm, obwohl sie Claras himmelblaues und silbernes Netz als „furchtbar attraktiv" bezeichnete. ... Clara freute sich über die Freiheit ihres Feenkostüms. Ihre schöne schlanke Figur kam perfekt zur Geltung. Sie bewegte sich wie der Wind, wie eine Brise im langen silbernen Gras. Sie machte den Eindruck einer Bewegung, die völlig frei von ihrem Körper war, die in der Bewegung verschmolz und darin verloren ging. Die Bühneninsel war damals für sie wirklich eine Insel, die Macht von Prospero war wahre Magie, die Luft war mit Meersalz durchtränkt, schwer, reich, schwanger von unsichtbarem Leben, das in Form drängte und manchmal in seltsamer Musik ausströmte, geheimnisvolle Stimmen, die prophezeiten in Liedern und Klagen über das Leid des Lebens, das keinen anderen Ausdruck finden konnte ... Ah! Wie frei fühlte sie sich, als all diese Macht der Fantasie sie packte und emporhob und sie offen machte für den ganzen neuen Geist, die ganze Verheißung des neuen Lebens, das aus der Welt mitreißend in dieses magische Universum kam. Wie frei fühlte sie sich und wie blind für ihre Umgebung! Da war etwas in ihr, das nichts zerstören konnte, etwas mehr als Jugend, tiefer als Freude, die nicht mehr ist als der Gesang der Lerche, der durch die goldene Luft des Aprils herabströmt ... Hier in ihrer Freiheit kannte sie sich selbst, eine Seele, ein lebendige Seele, die mit liebevollem Lachen das ihr von der Vorsehung bestimmte Leben annimmt, es aber beherrscht, formt,

formt , mit Liebe erfüllt, bis es überquillt und seine Freude auf das umgebende Leben ausschüttet, um es ebenfalls frei und fruchtbar zu machen.

Julia Wainwright fing sie auf, drückte sie an ihre Brust und rief:

„Oh mein Lieber, du wirst berühmt sein – berühmt. Sie werden in New York vor dir auf die Knie gehen.'

Und Freeland Moore, gekleidet für die Rolle des Caliban, sagte:

„Dies wird nicht die Show von Sir Henry oder Mann sein." Es wird Clara Days sein.'

Die guten Geschöpfe! Für sie war es nur eine Show, und sie waren hocherfreut und glücklich, als sie an die Abertausende von Pfund, Dollar, Franken, Rubel und Mark dachten, die ihrem Freund überschüttet werden würden. Bei solch einem Erfolg, wie sie jetzt träumten, würde der Ärger , den sie für sie gefürchtet hatten, keinen Unterschied machen. Eine „Geschichte" wäre sogar wertvoll.

Rubel und Mark zu tun ? Ariel verlangte nichts als Freiheit, nachdem er sich jahrhundertelang in einer gespaltenen Kiefer gesehnt hatte ... In dieser Welt des Geldes, der Maschinen und der Intrigen, Maschinen mit Geld zu kontrollieren, war Freiheit der tiefe und geheime Wunsch der gesamten Menschheit. Hier in London schmerzten die Herzen und die Seelen murrten, frei zu sein, nur um frei zu sein, für einen Moment, koste es, was es mit Tränen, Leid und blutiger Qual wolle. Clara wusste das alles in ihrem Herzen, sie wusste es von ihrer Begegnung mit Rodd, von ihrem einsamen Grübeln in ihrem Zimmer, von den betrunkenen Frauen, die auf der Straße kämpften, von der unkontrollierten Fantasie in Charles Mann, von der Langeweile, die den armen Verschoyle zerfraß Herz; und all das Wissen ihres abenteuerlichen Lebens sammelte sie, um es in die Freude der Freiheit zu destillieren, um ihrer selbst willen und auch um des Jenseits willen, in das, wenn es keinen Moment der Freiheit, keine Blüte des Lebens gibt, versinken muss eine tiefere und elendere Sklaverei.

In dieser Stimmung war es erbärmlich zu sehen, wie Sir Henry, dessen ganze Macht in der Maschinerie lag, vorgab, als Prospero durch Magie zu regieren. Er fühlte sich so erbärmlich fehl am Platz, dass er sich nicht einmal an die Worte erinnern konnte, die seine Autorität so eindrucksvoll offenbarten ... Wenn er zusammenbrach, erklärte er, dass es ganz einfach sei, leere Verse zu improvisieren ... Aber Clara ließ ihn nicht improvisieren. Sie hatte immer die richtigen Worte parat, die richtigen unvermeidlichen Worte. Sie wollte nicht zulassen, dass er ihre Freiheit beeinträchtigte, indem er sich träge darauf verließ, dass die Maschinerie des Theaters ihn durchzog, und so war sie bereit, als er den Mund öffnete, vage blickte und das Fehlen von Worten mit einer großen Geste verdeckte ihn.

Er tadelte sie.

„Bei einer Generalprobe bin ich immer so. Generalproben sind immer schrecklich. Die Inszenierung scheint völlig in die Brüche zu gehen, ist aber an diesem Abend immer da. „Eine gute Generalprobe bedeutet eine schlechte erste Nacht.“

Aber Clara ließ keine ihrer Szenen ins Wasser fallen und die im Parkett sitzenden Modedamen von Butcher- Bracebridge spendeten Beifall. Lady Butcher rief:

„Das wird eines der besten Dinge sein, die Sie je getan haben“, und man hörte die dröhnende Stimme ihres Sohnes: „Hört, hört! Guter alter Vater.“

Verschoyle war vorbeigekommen, wurde aber von Lady Bracebridge und ihrer Tochter gefangen genommen und musste zwischen ihnen sitzen, während sie Clara schockierten . Ihnen zufolge war sie von zu Hause weggelaufen und hatte in Paris ein unaussprechliches Leben geführt, war tatsächlich Mitglied einer niederen Truppe französischer Schauspieler gewesen; und sie hatte geheiratet, war dann aber mit Charles Mann von ihrem Mann weggelaufen usw. usw.

„Ich bitte um Verzeihung“, sagte Verschoyle , „aber Miss Day ist eine Freundin von mir.“

„Man bewundert ihre Offenheit so sehr“, sagte Lady Bracebridge . „Solche Abenteuer machen eine Schauspielerin so interessant.“

„Aber das ist ihr erster Auftritt in einem Theater.“

Lady Bracebridge sah ungläubig aus. Sie hängte ihre Lorgnette hoch und musterte Clara, die gerade über die Bühne geschwebt war, gefolgt von Trinculo und Stephano.

„Sie ist dazu geboren … Ich weiß, wie das französische Theater ist.“ Sie sind so vernünftig, dass man von ihren Schauspielerinnen nichts anderes erwarten kann.‘

Verschoyle sah ein, dass es sinnlos war, zu streiten. Frauen werden ihre Eifersucht nie aufgeben. Er rutschte unbehaglich auf seinem Stuhl hin und her: Lady Bracebridge war viel zu klug für ihn, und er sah sich gegen seinen Willen in eine Ehe mit ihrer Tochter gedrängt, die eine vorgetäuschte Klugheit an den Tag legte und ihn mit Bemerkungen wie diesen in den Wahnsinn trieb:

„Das Ariel-Kostüm wäre das süßeste Abendkleid. Wenn ich mir eins machen lasse, nimmst du mich dann mit zu Murray?‘

„Sicher nicht“, sagte Verschoyle .

Clara hatte gerade mit ihrer reinen Mädchenstimme „Full fathom five thy father lies" gesungen, als Lady Bracebridge mit ihrer schrillsten Stimme, die durch das Theater hallte, sagte:

„Ich habe gehört, dass Charles Mann eine echte Frau hat, die vor Eifersucht *rast* , einfach nur rast. Die außergewöhnlichste Geschichte."

Clara blieb wie angewurzelt stehen, blickte hilflos um sich, riss sich zusammen und spielte weiter. Verschoyle stand bedächtig auf, ging hinaus und um die Bühne herum, wo er bereits Lady Butcher in ernsthaftem Gespräch mit Sir Henry vorfand:

„Wir können keinen Skandal im Theater haben, Henry. Jeder hat sie gehört …"

„Der alte, böse Teufel. Warum hat sie nicht den Mund gehalten?"

„Sie hasst dieses Mädchen, nach dem ihr alle so verrückt seid... Jeder hat sie gehört. So etwas kann man nicht verschweigen, wenn es einmal öffentlich gesagt wurde."

„Aber sie ist wunderbar, die zarteste Ariel. Mann macht uns keine Sorgen. Ich habe ihn rausgeschmissen."

„Entschuldigen Sie", mischte sich Verschoyle ein. „Ich kann Ihnen versichern, dass es keine Schwierigkeiten geben wird. Dafür habe ich gesorgt. Sie haben nichts zu befürchten."

„Wie süß von dir! Dann kann ich allen sagen, dass kein einziges Wort Wahrheit darin ist."

Verschoyle drehte ihnen den Rücken zu und machte sich auf die Suche nach Clara, die er zitternd vor Wut auf der Treppe fand, die von ihrer Garderobe zur Bühne führte.

„Wie können Sie es wagen, zuzulassen, dass diese Frau mich öffentlich beleidigt?", rief sie. „Wie können Sie es wagen? Wie können Sie es wagen? Sie hätten sie töten sollen."

Verschoyle stammelte:

„Man kann im Parkett eines Londoner Theaters keine Menschen töten."

„Sie sollte nicht am Leben bleiben dürfen." Öffentlich! Mitten im Stück! ... Entweder sie oder ich werden das Theater verlassen.'

„Ich werde sehen, was ich tun kann", murmelte er, „aber um Gottes willen, mach es nicht noch schlimmer, als es ist ... Deine einzige Antwort kann sein, sie zu ignorieren." Sie wird in ein paar Monaten zu dir krabbeln, denn du bist wunderbar .'

Clara sah, dass er Recht hatte. Sich mit der Skandalmacherin zu messen, würde bedeuten, auf ihr Niveau zurückzutreten. Um sie zu beruhigen, erzählte Verschoyle ihr, wie er in Bloomsbury gewesen sei, um die Angelegenheit zu regeln.

'Wo?' Sie fragte.

Er beschrieb den Platz und das Haus, und sofort ahnte sie eine Katastrophe.

„Haben Sie sonst noch jemanden gesehen ?"

„Ein komischer Kerl, den ich an der Tür traf, mit Augen, die klar durch mich hindurchsahen, und dieser kleine Wicht Clott. Er ist der Grund für alles."

Clara stöhnte leise.

„O-oh! Warum hassen alle Charles so? Alle verraten ihn..."

„Ach, kommen Sie", sagte Verschoyle , „er ist nicht gerade rücksichtsvoll gegenüber anderen Leuten, oder?"

„Das spielt keine Rolle. Charles ist Charles, und er muss und wird Erfolg haben."

„Nicht, wenn es dich zerschmettert."

„Auch wenn es mich erschüttert."

Er nahm ihre Hände und flehte sie an, vernünftig zu sein.

„Du liebes, liebes Kind", sagte er, „wenn Charles es aus eigener Kraft nicht schaffen kann, bedeutet das sicherlich, dass mit ihm etwas nicht stimmt." Warum solltest du leiden? Warum solltest du gerade jetzt dein ganzes Leben lang solchen Verspottungen, Erfolgen und Beleidigungen ausgesetzt sein? Es ist alles so unnötig... Ich werde Charles besuchen. Ich werde ihm sagen, was passiert ist und dass er jetzt jeden Moment verraten werden kann.'

„Aber warum sollten sie Charles hassen?"

„Es ist nicht Charles, Liebling. Sie sind es, die sie hassen. Du bist zu jung, zu schön. „Diese Frauen, die ihr ganzes Leben lang gelogen und intrigiert haben, können Ihre Offenheit nicht verzeihen."

„Sie können mir nicht verzeihen, dass ich mit dir befreundet bin ... Oh! Sprich nicht mehr mit mir darüber . Ich hasse alles. Es ist so ekelhaft.'

„Ich möchte, dass Charles verschwindet. Er kann nach Paris gehen und zurückkommen, wenn sich die Lage beruhigt hat."

„Ich möchte, dass er morgen Abend hier ist. Ich möchte, dass jeder anerkennt, dass das alles sein Werk ist. Morgen Abend nach der Vorstellung soll es ein Abendessen geben. Ich möchte, dass er da ist."

Verschoyle zuckte mit den Schultern. Er wusste, dass Widerstand sie nur noch hartnäckiger machte.

„Sehr gut", sagte er und kehrte in die Stände zurück, wo er sich Lady Bracebridge und ihrer Tochter gegenüber äußerst freundlich verhielt, in der Hoffnung, weitere Eifersuchtsausbrüche zu verhindern. Lady Bracebridge war besänftigt und sagte bald darauf:

„Schließlich sind diese Dinge niemandes Sache außer ihnen selbst." Ich finde die Landschaft absolut bezaubernd, obwohl ich nicht sagen kann, dass es meine Vorstellung von Caliban ist. Aber Henry ist entzückend. Er erinnert mich so sehr an General Booth.'

Clara war frei von all dieser törichten Welt voller Skandal und Eifersucht. Sie hatte die Antwort auf alles in sich. Was auch immer Clara Day getan hatte, Ariel war frei und unerreichbar. Sie konnte völlige Selbstvergessenheit erreichen , sie konnte in dieser wunderbaren Erfahrung, nach der sie gestrebt hatte, wiedergeboren werden. Als Ariel konnte sie diesen Sterblichen einen Tanz anführen.

„ So bezauberte ich ihre Ohren,
sodass sie wie Kälber meinem Brüllen durch
zahniges Dorngestrüpp, scharfes Ginstergestrüpp, stechendes Gespinst und Dornen
folgten , das in ihre zarten Schienbeine eindrang . Schließlich ließ ich sie
in dem schmutzigen Teich zurück …"

Der Pool des Skandals: ertränkt in ihren eigenen üblen Worten.

Sie übte ihre Kunst aus, und selbst im Durcheinander der Generalprobe war Ariel die zarteste, so geschmeidig, so zierlich , dass es schien, als müsse sie in der Luft verschwinden wie die schwebenden gefiederten Samen des Hochsommers … Der süßen Meeresbrise des Stücks überlassen, fühlte sie, dass die harte Kruste der Welt unbedingt brechen müsse, um diese überströmende Schönheit in ihr Herz strömen zu lassen. Ganz sicher, ganz sicher konnten sie und Charles keine Feinde haben.

Sie bedeuteten nichts anderes als das, was Charles bei seinem absurden Abendessen vorgeschlagen hatte – Liebe: eine luftige magische Liebe … Wenn sich die Leute nur nicht einmischen würden. Sie hatte sich vorgenommen, Charles seinen Triumph zu schenken und dann seine törichten weltlichen Angelegenheiten zu regeln. Sie wusste, dass sie es schaffen würde, wenn Verschoyle und diese anderen sie nur nicht noch weiter verkomplizieren würden. Und dass Charles nach Paris geschickt wurde, das war Unsinn, purer Unsinn, dass er ruiniert werden sollte, weil er eine wertlose Frau hatte, die, wenn sie wollte, seinen Namen verwenden könnte …

Sie wurde immer noch von ihrem festen Willen getrieben, London dazu zu bringen, Charles als König anzuerkennen, und da sie dem Erfolg so nahe war, war sie von ihrer eigenen Entschlossenheit besessen und wusste nicht, in welchem Ausmaß sie ihre eigenen Gefühle verleugnet hatte und wie nahe sie jener Auslöschung des persönlichen Lebens war, die einen Künstler zu einem gemalten Mummenschurken macht. Nach der Generalprobe war sie furchtbar müde. Ihr Kopf schmerzte und ihr Blut trommelte hinter ihren Augen. Sir Henry besuchte sie in ihrem Zimmer, küsste ihre Hände, kniete nieder und erwies ihr seine Ehrerbietung.

Sie sagte,-

„Sie verdanken alles Charles Mann. Er fand mich in einem Atelier in Paris, als ich sehr unglücklich war, und ließ mich in seiner Kunst leben. Ich möchte nicht, dass Sie mit ihm streiten. Wir müssen ihn beschützen, denn es gibt nicht viele Charleses , und ich möchte, dass Sie ihn morgen Abend zum Abendessen einladen … Wenn er nicht kommt, komme ich nicht.“

„Ich spüre den Erfolg in der Luft“, sagte Sir Henry. „Es ist wie in alten Zeiten. Aber nehmen wir an – äh – ihm passiert etwas.“

Clara lachte, ein dünnes, müdes Lachen. Sie war es so leid, dass sie immer wieder auf dieser albernen Geschichte herumritten.

„Ich sollte hingehen und ihnen die Wahrheit sagen, dass ich ihn dazu gebracht hätte, mich zu heiraten, und sie würden ihn gehen lassen“, sagte sie.

„Das ist eine solche Verschwendung von Ihnen“, sagte Sir Henry seufzend. „Sie sind nicht in ihn verliebt.“

Sie starrte ihn erstaunt an.

„Nein“, sagte sie und war so schockiert, dass sie die Wahrheit aus ihrem Herzen sprach.

Er drückte sie in seine Arme, küsste sie, stieß einen tiefen Seufzer aus und taumelte theatralisch aus dem Zimmer. Er hatte ihren Hals, ihre Arme, ihre Hände geküsst. Sie eilte zu ihrem Waschbecken und wusch sie sauber … Zitternd vor Ekel und Wut betrachtete sie sich im Spiegel und erschrak über das Spiegelbild. Es war nicht Ariel, die sie sah, sondern Clara Day, eine neue Clara, ein Mädchen, das sich selbst voller Staunen anstarrte, in ihre eigenen Augen und durch sie hindurch tief in ihr Herz blickte und wusste, dass sie verliebt war. Ihre Hand fuhr zu ihrem Hals, um seine Weiße zu streicheln. Sie schauderte und schüttelte sich endlich von all den Obsessionen ab, die sich so lange in ihrem Kopf eingenistet hatten, und sie verlor jegliches

Bewusstsein für ihre Umgebung und konnte Rodds schöne tiefe Stimme hören , die sagte: −

„Ja, das ist es, die Tricks zu lernen und sich anständig zu verhalten. Das ist es, was einen auszeichnet."

Siebzehntes Kapitel

ERFOLG

Das Imperium war bei der ersten Vorstellung in seiner Glanzzeit. Lady Butcher hatte ihre Arbeit gut gemacht, und die im Parkett zusammengedrängten Zuschauer bekamen schon vor dem Aufgehen des Vorhangs eine gute Show für ihr Geld. Das Orchester, verborgen unter fröhlichem Grün, spielte leichte Musik, während die großen Männer und schönen Frauen der Stunde in ihrer feinen Aufmachung eintraten, sich ihrer selbst bewusst und in der Hoffnung, als solche erkannt zu werden . Schauspieler, die sich mit Titeln zurückgezogen hatten, waren gekommen, um Sir Henry zu unterstützen, indem sie im Publikum die Gewohnheit des Applauses förderten. Erfolgreiche Politiker betraten das Parkett, als würden sie bei einer großen Versammlung auf die Bühne treten. Sie blieben einen Moment stehen und musterten die Versammlung mit Gladstones Adleraugen. Ihre Frauen erröteten vor Stolz auf ihren Besitz, wenn ihre Männer erkannt wurden und Aufsehen erregten ... Lady Butcher besetzte mit ihrem Sohn eine Bühnenloge, auf der gegenüberliegenden Seite saßen Lady Bracebridge , ihre Tochter und, durch eine geschickte Berechnung seinerseits, Lord Verschoyle ... Es waren viele Juden da, einige Schriftsteller, ein paar Maler, Kritiker warfen lustlose Blicke auf diese vorläufigen Theatraliken, Journalistinnen machten sich Notizen über die Kleider der hervorragenden Schauspielerinnen und der nicht minder hervorragenden Frauen der Kabinettsminister ... Ein Stimmengewirr, ein Flattern von Fächern, das Zwitschern und Zischen geflüsterter Skandale, das kalte Gift, das in den Adern der Gesellschaft der Mummers kriecht ... Es herrschte Pracht und Luxus, aber darunter lag die tödliche Stille, über die sich Charles in jener Nacht auf der St. James' Bridge beschwert hatte. Clara konnte es spüren, bevor sich der Vorhang hob ... Ihre Träume von einem riesigen, begeisterten Publikum zerplatzten, als sie die Bühne betrat, um sicherzustellen, dass Charles' Bühnenbild richtig aufgebaut war.

Er betrat im selben Moment die Bühne, blickte sich um, schüttelte seine Mähne und schnaubte.

„Die Beleuchtung macht es kaputt", sagte er.

Clara ging zu ihm.

„Siehst du, Charles, es ist wahr geworden."

„Halbwahr. Halbwahr."

„Haben Sie das Gefühl, dass mit dem Publikum etwas nicht stimmt?"

„Nein. Ich habe einen Blick darauf geworfen. Der ganze Schnickschnack ist da, aber kein Verstand."

Clara lachte ihn aus.

„Es heißt Auf Wiedersehen, Charles."

'Wie meinst du das?'

„Es kann nie wieder so sein wie früher ... Ich bin nicht mehr derselbe."

„Was meinst du?", fragte er alarmiert.

„Das erzähle ich dir nach der Vorstellung. Wo sitzt du?"

„Ich bin in der Autorenloge."

„Mit seinem Geist?"

„Nein. Er hat sich nur im Grab umgedreht."

Die Bühnenarbeiter waren hellwach und eifrig mit dem Schiffbruch beschäftigt, den Charles ganz einfach herbeigeführt hatte: eine abgedunkelte Bühne, ein Mast mit einer Lampe, der schwanken und sinken sollte, und tief hängende Wolken.

Clara und er trennten sich. Die Musik verstummte. Der Sturm brach los und der Vorhang hob sich.

Nach ein paar Augenblicken war der Reiz der Schiffsszene verflogen, ein Teil des Publikums, der erkannte, wie die Szene gemacht war, lachte über die Einfachheit der Szene und ein anderer Teil rief „Psst." Das Stück musste in einem geteilten Saal fortgesetzt werden.

Der kühne Schwung von Charles' Entwurf für die Inselzelle hielt trotz der Beleuchtung an und wurde mit Beifall bedacht, aber wie üblich bei englischen Schauspielern war das Tempo langsam und der Vers wurde schwerfällig gesprochen. Lady Bracebridges Gespür für Karikaturen war nahezu unfehlbar. Sir Henry als Prospero sah genauso aus wie General Booth und wieder lachte ein Teil des Publikums. Sie lachten, wie es die Engländer immer tun, über Neuheiten, und sie lachten weiter, bis Miranda eingeschläfert wurde.

Clara, die sich der Herausforderung dieses Publikums stellte, sammelte all ihre Lebenskraft und tat kalt und bewusst, was sie zuvor fast in Ekstase getan hatte . Im vollen Licht, vor dem riesigen Publikum, fühlte sie, dass das Stück verraten wurde, dass es Dinge gibt, die zu heilig sind, um sie öffentlich zu machen ... Sie verabscheute dieses Publikum, kicherte und kicherte. Ihr Auftritt war fast ein verächtlicher Befehl, sie zum Schweigen zu ermahnen, während sie beim Tanzen wild ihr wildes Haar wehte und jeden Schritt so leicht tat, als ob sie von einem freundlichen Wind herabfiele.

„Sei gegrüßt, großer Herr! Sei gegrüßt, würdiger Herr! Ich komme, um Deinem besten Wunsch zu entsprechen; sei es zu fliegen, zu schwimmen, ins Feuer zu tauchen, auf den gekräuselten Wolken zu reiten, um Deinem starken Befehl Ariel und all seinen Qualitäten zu entsprechen."

Sie stand so ruhig da wie zuvor auf der Klippe in Westmorland. Selbst in ihrer Reglosigkeit lag die Ekstase der Bewegung, denn nichts in ihr war reglos... Ein großer Seufzer der Freude erklang aus dem Publikum, und mit einer Bewegung, die unmerklich und doch spürbar war, verwandelte sie sich in ein Gebilde aus Stein und gab mit überirdischer Stimme ihre Beschreibung des Sturms wieder.

„Verdammt!", sagte Prospero leise. „Du hast sie."

Das hatte sie, aber sie verachtete eine so leichte Eroberung. Dieses Publikum war wie ein stiller Teich. Es zitterte vor Vergnügen, als ein Eindruck wie ein Stein hineingeworfen wurde. Sie konnte seine Stille nur erschüttern, nicht sein Herz berühren. Sie verachtete, was sie tat, aber sie führte es loyal durch, weil sie sich dazu verpflichtet hatte.

Ihre erste Szene mit Prospero wurde mit erstauntem Enthusiasmus beklatscht. Ihre Jugend, ihre Einfachheit, ihre Anmut hatten diesen Großstädtern eine neue Freude, eine neue Empfindung beschert. Mehr war es nicht. Sie wusste, dass es nicht mehr war. Sie war wütend über den Applaus, der das Stück unterbrach. Die Gefühllosigkeit des Publikums hatte sie zu einem Spektakel gemacht. Allein ihre Qualität hatte sie vom Rest der Aufführung abgegrenzt, und in ihrem Herzen wusste sie, dass sie versagt hatte. Es gab kein Stück: Es wurden nur drei Persönlichkeiten zur Schau gestellt – Sir Henry Butcher, Charles und sie selbst. Shakespeare hatte sich, wie Charles gesagt hatte, nur im Grab umgedreht. Shakespeare, der der Dichter dieser Leute war, wurde von ihnen zugunsten der Persönlichkeiten der Interpreten ignoriert. Daran ließ sich nichts ändern. Sie hatte einen so lebhaften Eindruck gemacht, dass das Publikum sich an ihr erfreute und nicht an ihrem Beitrag zur gesamten Bezauberung des Stücks. Das war sogar für sie gebrochen, und als der Abend voranschritt, hörte sie sogar für sich selbst auf, Ariel zu sein, und war gezwungen, Clara Day zu sein, die öffentlich zur Schau gestellt wurde.

Sie verabscheute es, und doch hatte sie kein Gefühl der Demut. Es war keine verzauberte Illusion entstanden. Charles Manns Szenerie blieb nur – Landschaft. Sir Henry Butcher und der Rest seiner Truppe waren nur

Schauspieler – Schauspieler. Eine Truppe darstellender Tiere wäre unterhaltsamer gewesen: Tatsächlich hatte Clara in ihrer bitteren Enttäuschung das Gefühl, zu einer solchen Truppe zu gehören, die Dame in Strumpfhosen, die die Reifen hält, durch die die Hunde und Affen springen ... So mächtig War diese Wut in ihr, dass sie nach einer Weile anfing, sich selbst zu burlesken, ihre Bewegungen zu übertreiben und ihre Stimme auf einen kindlichen Diskant zu halten, und das Publikum vergötterte sie. Sie verwandelten sie in eine Show, in einen Varietéstil, auf Kosten der magischen Poesie von Shakespeares Abschied von seiner Kunst ... Sie konnte sich nicht allzu wild karikieren, und wie sie es oft tat, wenn sie wütend war, redete sie mit ihr sie selbst auf Französisch: – ' *Voila ce qu'il vous faut* ! Ta-ra- ra -boom-de-ay!' – Wie sie ihre Lieder hinunterschluckten! Wie sie brüllten und brüllten, wenn sie tanzte – das köstliche, wundervolle Mädchen!

Sie hätte es nicht getan, wenn sie gewusst hätte, dass Rodd vorne war. Er hatte im letzten Moment beschlossen, sie zu sehen, wie er es zum letzten Mal dachte, bevor sie der Öffentlichkeit ausgeliefert wurde ... Er wusste, wie unersättlich sie war. Er kannte den Zweck des Theaters, das Publikum unter Drogen zu setzen und es in den vielen Meilen der abgestandenen Gewässer der Langeweile ertrinken zu lassen. Er wusste genau, dass nichts sie davon abbringen konnte, dass jedes Erwachen zu schmerzhaft war, als dass sie es ertragen könnten, und dass es kein Mittel gab, diesem ständigen Opfer einer Persönlichkeit nach der anderen, eines Talents nach dem anderen, eines Opfers nach dem anderen zu entgehen. Er hatte wider alle Hoffnung gehofft, dass Clara, so wie sie war, sich noch rechtzeitig retten würde, aber er hatte entschieden, dass er kein Recht hatte, sich einzumischen oder seine Hilfe anzubieten. Was könnte die Jugend gegen eine Maschine wie das Imperium tun? Er schätzte ihr das grenzenlose Selbstvertrauen der Jugend ein, aber er wusste, dass sie gebrochen werden würde.

Er saß ganz hinten im Kleiderkreis und litt unter Qualen. Manns Landschaft ärgerte ihn. Der Kerl hatte eine dramatische Vorstellungskraft, aber welchen Sinn hatte es, sie in Farbe und einer Struktur aus Leinwand und Holz auszudrücken, ohne sich auf die Schauspieler zu beziehen? Denn das war es, was Charles tat. Er hat dem Stück nichts überlassen. Seine Szenerie war auf ihre Art ebenso bedrückend wie der alte Realismus; tatsächlich war es der alte Realismus, der auf dem Kopf stand ... Er lenkte die Aufmerksamkeit auf sich und weg vom Drama.

Rodd stockte der Atem, als Clara zum ersten Mal auftauchte. Für einen Moment dachte er, dass es ihr gelingen musste und dass der Rest der Gesellschaft, sogar die Landschaft, von der Schönheit, die sie ausstrahlte, gefangen sein musste. Aber die Elektriker waren zu viel für sie. Sie folgten ihr mit Punktkalken und ließen ihr kein Spiel von Licht und Schatten ... Rodd wusste, dass das Butcher war, der seine neue Entdeckung ausnutzte und sie in den gierigen Schlund des Publikums schob. Was für eine Rücksichtslosigkeit es ist! Dieses exquisite Geschöpf der Unschuld, genau diese Ariel, endlich im Leben geboren, um aus der Fantasie hervorzuspringen, die sie erschaffen hatte, dieser köstliche Geist der Freiheit, ist gekommen, um die Welt zum Erwachen aus ihrer Trägheit und Schande zu bewegen! Um den Appetit auf Sensation und Neues zu stillen!

Rodd sah, wie sie litt, sah, wie im Verlauf der Unterhaltung die Flügel ihres Geistes schrumpften und ihr nichts als ihr Talent und ihr Wille blieben. Nichts in seinem ganzen Leben hatte ihm mehr wehgetan ... Und auch er spürte die tödliche Stille dieses Publikums, trotz all seiner Aufregung und tosenden Begeisterung. Er war sich dessen bewusst, dass etwas Raubtierhaftes und Geierhaftes darin war, die sehr abscheuliche Qualität, die er in seinen eigenen Werken so genau dargestellt hatte, dass niemand sie ertragen konnte, und seine eigene Seele war krank und müde geworden, bis zu dem Tag, an dem er dieses Kind der Freiheit getroffen hatte ... Es war, als sähe er, wie sie vor seinen Augen zu Tode gebracht wurde, und diese entsetzliche Erfahrung nahm eine grausige symbolische Bedeutung an — Reichtum und Lüsternheit vernichteten ihre Feinde Jugend und Freude. Darauf trieb dieses London zu. Es hatte keinen anderen Zweck ... Ja, dieses Publikum war Caliban, das Miranda begehrte, Ariel hasste und danach dürstete, Ferdinand zu ermorden — Jugend, Zauber, Liebe, alles sollte zu Tode gebracht werden. Claras Auftritt war für ihn wie das letzte erstickte Lied der Jugend. Er wusste, dass es, wie alle Kunst, eine Prophezeiung sein sollte, sie meinte es so.

Welch böses Schicksal hatte sie verfolgt und ihr so schnell das Stolpern in die Quere gebracht und sie auf so seltsamen Wegen zu dem tödlichen Erfolg geführt, dem Erfolg, der in London verehrt wurde, dem Erfolg, der auf Kosten aller Lebensqualität errungen wurde.

Er beobachtete sie sehr genau und begann ihre Verachtung zu verstehen. Ihr Hauch von Burleske brachte ihn vor Lachen zum Brüllen, so dass seine Nachbarn im ersten Rang ihn finster ansahen, und er begann, mehr Hoffnung zu schöpfen. Er war überzeugt, dass dies für sie der Anfang und das Ende war, und er nahm an, dass sie ihren Lord heiraten und sich in ein bequemes, kultiviertes Leben zurückziehen würde. Er hatte Verschoyle bei seiner einzigen Begegnung mit ihm gemocht und wusste, dass er vertrauenswürdig war.

Wahrlich, die Worte des Stückes waren wunderbar passend, als Clara sang:

„Fröhlich, fröhlich werde ich nun leben
unter der Blüte, die am Zweig hängt.“

Verschoyle hinunter , der sich aus seiner Loge beugte, und war überzeugt, dass dies ihr Ausweg war. Noch mehr von dieser aufgesetzten Mummenschanze konnte sie nicht ertragen. Sie konnte ein gutes, einfaches Geschöpf wie Verschoyle nach ihren Vorstellungen formen und daraus eine große Persönlichkeit machen. So getröstet hörte er die Schlussszenen des Stücks in all ihrer wahren Würde, und er blickte sich im gesättigten Publikum um und fragte sich, wie viele von ihnen den Worten, die ihnen mit so erstaunlicher Kraft entgegengeschleudert wurden, irgendeine Bedeutung beimaßen.

„Der Zauber löst sich schnell auf,
und wie der Morgen sich in die Nacht stiehlt und die Dunkelheit schmilzt,
so beginnen ihre wachsamen Sinne, die unwissenden Dämpfe zu
vertreiben, die ihre klarere Vernunft umhüllen.

Ihr Verständnis
beginnt zu wachsen, und die nahende Flut wird in Kürze die vernünftigen Küsten überfluten, die jetzt schmutzig und schlammig sind.'

Die Zärtlichkeit dieses tiefen Tadels riss Rodd aus seinem Hass auf das Publikum, und spontan lief er hinunter und blieb vor Verschoyles Loge wartend stehen. Er wollte ihn sehen, ohne genau zu wissen, warum, vielleicht, dachte er, nur um sicherzugehen, dass Clara in Sicherheit war.

Der Applaus war stürmisch, als der Vorhang fiel. Sir Henry verneigte sich — nach rechts, nach links, zur Mitte . Er hielt eine kleine Rede.

„Ich bin zutiefst erfreut über die große Aufnahme, die Sie unseren Bemühungen im Dienste unseres Dichters bereitet haben. Ich bin stolz auf die Zusammenarbeit mit Herrn Charles Mann und auf das Glück, in Miss Clara Day Ariel selbst zu entdecken. Ich danke Ihnen."

Das Publikum schrie nach Ariel, aber sie erschien nicht. Sie war in ihre Garderobe gegangen und hatte ihr himmelblaues und silbernes Netz abgerissen. Sie zerriss es in Fetzen, und ihre Garderobenfrau, die die freudige Erregung, die durch das Theater lief, mitbekommen hatte, brach in Tränen aus.

Als sie nicht erschien, wäre Rodd vor Angst beinahe ohnmächtig geworden, und als Verschoyle , weiß bis an die Lippen, aus der Loge schoss, wäre er beinahe umgehauen worden.

„Tut mir leid, Sir", sagte er und ging gerade weiter, als Rodd ihn am Arm packte.

„Lassen Sie mich gehen, verdammt", sagte Verschoyle .

'Ich möchte mit dir sprechen.'

Verschoyle erkannte seinen Diener und sagte:

„Um Gottes Willen, ist irgendetwas passiert?"

(Etwas war geschehen, aber sie wussten es nicht. In ihrer Garderobe hatte sie mitten in der Vorstellung eine Notiz gefunden:—

„SEHR GEEHRTE FRAU, – Entweder Sie gewähren mir nach der Vorstellung ein gewinnbringendes Gespräch, oder die Polizei wird morgen früh   informiert.

,CLAUDE CUMBERLAND.')

„Ich wollte Sie nur bitten", sagte Rodd, „Miss Day meine besten Wünsche zu übermitteln. Nur das. Mehr nicht."

Verschoyle starrte ihn an und Rodd lachte.

„Nein. Ich bin nicht das, was Sie denken. Ich war und bin immer zu Ihren Diensten. Der heutige Abend war einer der elendsten ihres Lebens. Ich habe mir die Vorstellung angesehen. Butcher und sein Publikum waren zu viel für sie."

„Aber der Erfolg war ihr zu verdanken."

„Sie kennen sie nicht gut, wenn Sie glauben, dass sie einen solchen Erfolg anstrebt."

Ein Diener kam zu ihnen und brachte eine Notiz von Clara mit, in der auch Cumberlands Brief lag. Verschoyle reichte sie Rodd, der sie zerknüllte und sagte:

„Ich wusste, dass das der Gefahrenpunkt war. Bringen Sie mich zu ihr? Ich kenne diese Leute. Ich habe getan, was ich konnte. Ich habe diesen Kerl rausgeschmissen, gleich nachdem Sie gegangen waren."

„In Sir Henrys Zimmer wird Abendessen serviert", sagte Verschoyle und warf einen besorgten Blick auf Rodds schäbige Abendgarderobe. „Ich werde Sie dorthin bringen. Sind Sie Schauspieler?"

„Nein. Ich schreibe. Ich erinnere mich an Sie im Herrenhaus, als ich in Pembroke war."

Das beruhigte Verschoyle . Er mochte diesen tiefsinnigen, ruhigen Mann und hatte das Gefühl, dass er mehr wusste, als er zugeben wollte. Er ahnte sogar, dass er eine wichtige und geheime Rolle in Claras Leben gespielt hatte. Er stellte ihn Lady Bracebridge und ihrer Tochter vor, die geblieben waren, um zuzusehen, wie das riesige Publikum dahinschmolz, und um einen kleinen Empfang mit Glückwünschen zum Erfolg „ihres" Stückes abzuhalten. Lady Bracebridge bemerkte sofort Rodds Stiefel, ein altes Paar rissiger Lacklederstiefel, aber ihre Tochter plapperte mit ihm:

„War das nicht alles zu süß? Ich liebe *Der Sturm* . Caliban ist so süß, nicht wahr?"

Rodd lächelte grimmig, aber höflich.

Sie betraten die Bühne, wo Charles Mann den Bühnenarbeitern ein Trinkgeld gab. Auf der Treppe, die von der Bühne hinaufführte, wimmelte es von brillanten Persönlichkeiten, alle glücklich, aufgeregt, die Atmosphäre des Erfolgs genießend... In Sir Henrys Zimmer stand Lady Butcher auf, um ihre Gäste zu empfangen. „Zu entzückend! ... Die bezauberndste Produktion! ... Exquisit! ... Ganz zu schrecklich Ballet Russe!"

Die Schauspieler in ihren Kostümen, mit vor nervöser Aufregung geweiteten Augen und vor lauter Lobhunger zitternden Lippen, bewegten sich zwischen Juden, Politikern, Journalisten, großen und kleinen Berühmtheiten ... Sir Henry ging von Gruppe zu Gruppe. Dabei war er besonders geistreich.

Aber Ariel war nicht da. Mehrere Damen, die sie zum Mittagessen einladen wollten, weil sie so viel Geld in den neuen Star investieren wollten, drängten sich, um sie zu sehen.

„Sie ist müde, das arme Kind", sagte Sir Henry mit einer verliebten, besitzergreifenden Miene.

„Aber sie *muss* kommen", sagte Lady Butcher, die das Interesse, das Clara geweckt hatte, unbedingt ausnutzen wollte, und eilte davon.

In diesem Moment kam Charles Mann herein und war sofort von zwitschernden Frauen umgeben.

„Du musst es ihm sagen ", sagte Rodd zu Verschoyle , „er muss raus ... Wirst du sie mit ihm gehen lassen?"

„Niemals", sagte Verschoyle und wartete auf seine Chance, packte Charles am Ärmel, brachte ihn in die Ecke und gab ihm Cumberlands Notiz.

Charles' Gesicht verfärbte sich grüngrau .

'Was meint er?'

„Erpressung", antwortete Verschoyle . „Sie können nicht von ihr verlangen, weiterzuleben, wenn ihr das droht."

„Ich kann bezahlen“, sagte Charles.

für immer weiterzahlen .“

'Was kann ich sonst noch tun?'

„Hau ab, gib ihr eine Chance. Lass sie ihr eigenes Leben führen, damit es ihr nichts anhaben kann – was auch immer mit dir passiert.“

'Aber ich ...'

„Kannst du nur an dich denken?“

'Meine Arbeit.'

„Hören Sie, Mann. Ich habe sechshundert Dollar bezahlt, damit die Sache geheim bleibt. Das hat nicht geklappt. Ich nehme an, sie haben sich um die Beute gestritten.“

'Sechshundert.'

'Ja. Was kannst du tun? „Diese Leute fragen immer mehr und mehr.“

„Es ist eine Ruine.“

'Ja. Wenn du nicht ausmachst.'

Charles sah älter und schlaff aus.

„In Ordnung“, sagte er. 'Wann?'

'Morgen früh. „Ich werde dafür sorgen, dass du Geld hast und jetzt so viel Arbeit bekommst, wie du möchtest – dank ihr.“

„Du weißt nicht, was sie für mich war, Verschoyle .“

'NEIN. Aber ich weiß, was jeder andere Mann für sie gewesen wäre. Du hättest es ihr sagen sollen.'

„Morgen früh“, sagte Charles. 'Ich werde gehen.'

Er wandte sich ab und genoss das Lächeln und die Glückwünsche der Bracebridge -Butcher-Gruppe.

Verschoyle kehrte nach Rodd zurück, –

„Das ist in Ordnung“, sagte er. „Ich hatte Angst, dass er mit diesem Erfolg durchhalten will.“ Diese Idealisten sind so höllisch selbstgerecht.'

Lady Butcher kam mit Clara zurück und sah in ihrem kleinen schwarzen Seidenkleid sehr blass und schlank aus. Sir Henry kam sofort auf sie zu und nahm Besitz von ihr. Er flüsterte ihr ins Ohr:

„Hast du meine Blumen bekommen?“

'Ja.'

„Und meine Notiz?"

'Ja.'

'Wirst du bleiben?'

'NEIN.'

Ihre Hand berührte ihr Herz, als sie Rodd sah. Wie kam er hierher in dieser bedrückenden Gesellschaft? Es tat ihr leid und sie hasste es, dass er da war.

Sie nahm ihre Glückwünsche lustlos entgegen und nahm alle Einladungen an, ohne auch nur die geringste Absicht zu haben, danach zu handeln. Rodd war da. Das war alles, was sie wusste, er war dort unter diesen leeren, unersättlichen Menschen.

Er ging auf sie zu und fing sie auf, als sie von einer Gruppe zur nächsten weitergereicht wurde.

„Verzeihen Sie mir", sagte er. „Ich musste Sie besuchen. Ich dachte, es wäre das letzte Mal … Ich kenne Ihre ganze Geschichte, sogar bis heute Abend. Er geht fort."

»Charles?«

'Ja.'

„Ich kann hier nicht bleiben. Ich kann es nicht ertragen … Du wirst nicht bleiben."

'Woher weißt du das?'

„Ich war die ganze Nacht bei dir …"

Ihre Blicke trafen sich. Wieder gab es nichts außer ihnen beiden. Alle Vortäuschungen , alle Mumien waren verschwunden. Das Leben war reiner und stärker geworden, reicher und wunderbarer sogar als das Stück, in dem sie, verwirrt von den Chancen des Lebens, zu leben versucht hatte.

„Morgen", sagte sie, „gehe ich um halb eins in die Buchhandlung."

Er verneigte sich und verließ sie, und als er Mr. Clott oder Cumberland auf der Treppe seines Hauses traf, hatte er die Befriedigung, ihn zu schütteln, bis seine Zähne klapperten, und ihm zu sagen, dass Mr. Charles Mann auf unbestimmte Zeit ins Ausland gegangen sei.

XVIII

LIEBE

Die späte Septembersonne schien sanft auf die Charing Cross Road herab und drang mit ihren Strahlen in die Buchhandlung ein, in der der Buchhändler in Hemdsärmeln mit den Büchern rang, die er mit aller Kraft genau zu führen versuchte. Er hasste sie. Von allen Büchern sind Geschäftsbücher die verabscheuungswürdigsten. Was hat ein Mann, der Handel treibt, mit Geld zu tun? Es ist weitaus besser, wenn gute Bücher gestohlen werden, als wenn sie staubig im Regal liegen bleiben.

Der Buchhändler lachte vor sich hin. Die Zeitungen waren voller Lobpreisungen seiner „jungen Leddy ", obwohl sie nie so wunderbar und wie eine gute Fee in der Schauspielerei sein konnte, wie sie es war, als sie in seinen Laden kam und Süße und Licht brachte ... Das hatte sie nicht war schon seit einiger Zeit da und hatte sich ein wenig Sorgen um sie gemacht. Er war froh zu wissen, dass es nur die Arbeit war, die sie davon abgehalten hatte. Er hatte halb befürchtet, dass „etwas" zwischen ihr und diesem verdammten, schweigsamen Rodd sein könnte, der nichts auf der Welt außer ein paar Bienen in seiner Haube hatte. Der Buchhändler, der eine einfache Seele war, wollte, dass sie den Herrn heiratete, um die Geschichte zu beenden, wie es sich für alle guten Heldinnen gehörte, und er ging sogar so weit, imaginäre Bücherpakete an Ihre Ladyschaft zu adressieren.

Die Charing Cross Road war an diesem Tag von ihrer seltsamsten und freundlichsten Seite, als ganz London von Claras Ruhm erfüllt war und der einzige Ort, an dem er kein Echo fand, ihr eigenes Herz war.

Sie hatte mitten in der Vorstellung in ihrer Garderobe beschlossen, dass sie sich dem Imperium nie wieder nähern würde. Das war vorbei. Sie hatte erreicht, was sie sich von Anfang an vorgenommen hatte. Ihr späteres größeres Ziel hatte sie verfehlt, und jetzt wusste sie, warum sie versagt hatte, weil sie eine Frau war und verliebt, und als Frau musste sie die Vorstellungskraft eines Mannes durchdringen, bevor sie zu einer Person werden konnte, die geeignet war, mit ihren Mitmenschen auf der Erde zu leben ... Ohne einen Schmerz gab sie ihre Ambitionen auf, beugte sich dem Unvermeidlichen und schlief zum ersten Mal seit vielen langen Wochen den leichten, süßen Schlaf der Jugend. Ihr Treffen mit Rodd im Speisesaal hatte sie von all ihren erdrückenden Verantwortungen befreit. Sie übergab sie ihm, und von ihr hatte er die Kraft gewonnen, alles zu tragen.

Sie war auf die Minute pünktlich, aber er war zu spät.

„In den Zeitungen schwärmen sie von dir, junger Mann ", sagte der Buchhändler.

'Sind sie?'

„Hast du sie nicht gesehen?"

Er hatte alle Zettel ausgeschnitten, und um ihm zu gefallen, tat sie so, als würde sie sie lesen, aber sie lösten bei ihr eine Art Übelkeit aus. Die Kritiker schrieben wie Lakaien und schmeichelten Sir Henrys Erfolg ... In Paris hatte sie einmal mit ihrem Großvater die Aufführung der *Mariage de Figaro gesehen* . Sir Henry erinnerte sie an den Duc d'Almaviva , und sie dachte witzig, dass dieser Typ sich ins Theater geflüchtet hatte, um dort vielleicht zu sterben. Sir Henry war sicherlich der letzte dieser Linie. Selbst mit der Unterstützung der Zeitungen würde die wie immer betrogene und betrogene Welt nicht länger bereit sein, sie zu unterstützen.

Es war ein guter Übergang vom Imperium zur Buchhandlung. Die Bücher waren im Großen und Ganzen zuverlässig. Wenn sie dich betrogen haben , warst du selbst schuld. Es gab bei ihnen nicht den Druck der Menge, der Täuschung beizustehen.

Dieser gesunde kleine Mann, der zwischen Büchern, von ihnen und für sie lebte, war genau die richtige Person, die sie an diesem Tag, an dem sie ihre Mimik für ihren wahren Triumph ablegen musste, zuerst sehen sollte. Dieser Tag war wie eine Blume, die aus all ihren Tagen gewachsen war. In seinem Honig war all die Liebe destilliert, die sie in anderen geweckt hatte, und all die Liebe, die andere in ihr geweckt hatten.

Das war das wahre London, hier in der Charing Cross Road, schäbig, nachlässig, ehrgeizig, unmethodisch. Hier im echten London wollte sie ihr wirkliches Leben beginnen. Seit ihrer ersten Begegnung mit ihm in der Buchhandlung hatte ihre tiefste Fantasie Rodd nie verlassen, und sie wusste alles, was er durchgemacht hatte. Sie war sich seines Kampfes, sich aus seiner Gefangenschaft zu befreien, zutiefst bewusst gewesen, genau wie sie langsam und hartnäckig ihren eigenen Ausweg gefunden hatte. Alles, was gewesen war, war verschwunden. Es blieb nur das Gute übrig. Das Böse war ausgebrannt und für sie gab es nun keinen Fleck mehr auf der Erde, keinen Nebel, der die Sonne verdunkelte. Ihre Seele war so klar wie an diesem Septembertag, und sie wusste, dass Rodd genauso klar war ... An alles, was ihr geblieben war, dachte sie nicht einmal, so wertlos war es. Eine Karriere, Geld, Macht, Einfluss? Mit Liebe, dem Lächeln eines glücklichen Kindes, einem in einen dunklen Raum tanzenden Sonnenstrahl, einem Strauß Heckenblumen sind Schätze von größerem Wert als all das, Freuden, die Momente der Vollkommenheit schenken, in denen alles offenbart wird und nichts verborgen bleibt.

Gab es jemals einen perfekteren Moment als den, als Clara und Rodd sich in der Buchhandlung trafen, einer für den anderen, der auf alles verzichtet hatte,

was ihm wertvoll erschienen war? In diesem Moment hätte der Tod kommen
können, und beide wären zufrieden gewesen, denn eine reichere, tiefere und
einfachere Musik konnte es nicht geben ... Sie war erstaunt über die neue
Meisterschaft in ihm. Die schmerzliche Empfindlichkeit, die ihn verkrampft
hatte, war verschwunden. Er kam direkt auf sie zu, nahm Besitz von ihr, ohne
auf einen Impuls ihres Willens zu warten. Sie trafen sich nun in völliger
Freiheit und waren ehrlich gesagt ein Liebespaar.

Der kleine Buchhändler blickte bestürzt von einem zum anderen, schwieg
aber. Clara erinnerte ihn daran, dass er einmal bemerkt hatte, dass das Leben
darin bestand, dass Männer und Frauen sich gegenseitig durchbrachten.

„Das ist so", sagte er. „Die meisten von ihnen trampeln auf den anderen
herum."

„Nun", sagte Clara. 'Wir haben es geschafft. Wir haben uns gegenseitig
durchgezogen.'

„Raus aus dem Brennen", sagte Rodd lachend.

'In der Tat! Wirst du dich ihr beim Schauspiel anschließen?'

„Überhaupt nicht", sagte Clara. „Ich werde mich ihm beim Schreiben des
Theaterstücks anschließen. Ich bin erst seit einer Nacht ein Star ... Wenn wir
verhungern, werde ich dich zwingen, mich als deinen Assistenten
einzustellen. „Du könntest mir jetzt ein Gehalt zahlen."

„Ich kann mir nicht vorstellen, dass ein Mann mit einem solchen Kinnbacken
sein junges Mädchen verhungern lässt", kicherte der Buchhändler.

Sie kauften sich gegenseitig die folgenden Bücher als Geschenke: *Die
dramatischen Werke von JM Synge, Die Liebesbriefe von Abelard und Héloïse, Die
Hochzeit des Figaro, Tom Jones* und sechs Bände *der Werke von Henrik Ibsen* , die
billig zu haben waren. Sie ließen sie sich auf ihre Wohnung schicken und
machten sich mit dem Segen des Buchhändlers – der so herzlich war, dass er
sich wirklich lohnte – zu ihrem Glück daran, sie am Tag ihres ersten Ausflugs
bis ins kleinste Detail nachzudrucken.

Sie fuhren mit der U-Bahn nach Highgate und gingen zu Fuß über die Heide
nach Hampstead, aber als sie zu dem Gasthof mit den Schiffschaukeln und
Karussells kamen, fanden sie ihn verlassen vor und waren verärgert. Sie
wollten, dass die Geschichte immer und immer wieder genau wiederholt
wurde, ohne sich auch nur um ein kleines Detail zu unterscheiden. Da das
unmöglich war , tranken sie Tee im Gasthof und er erzählte ihr die ganze
und wahre Geschichte, wie er sie in der Buchhandlung in der Charing Cross
Road kennengelernt hatte. Sie hörte zu wie ein glückliches Kind und fragte :

„Hat er sie geliebt?"

„Wie die Erde die Sonne.“

Doch als sie das Gasthaus verließen, wiederholte sich die Geschichte. Ein Mädchen wandte sich um, sah Clara neidisch an und sagte zu ihrer Freundin:

„Meine Güte! Ich wünschte, ich hätte solche Beine *und* Seidenstrümpfe.“

So verging der Tag wie im Flug, und am Abend gingen sie zum Imperium hinunter, wo es seine strahlend erleuchtete Pracht erstrahlte. Die Aufführung hatte begonnen. Sie lesen die Plakate vor den Türen. Es gab bereits ein neues Poster mit einer auffälligen Zeichnung von Ariel, die auf ihre vulgäre Art Clara nicht unähnlich war. Es gab auch Plakate, auf denen die Bekanntmachungen der Ariel und der Prospero abgebildet waren.

„Und Ariel ist weg“, sagte Rodd.

„Ich habe ihm gestern Abend eine Nachricht hinterlassen“, sagte Clara. „Er wird mich wahrscheinlich wegen Vertragsbruch verklagen.“ Er wird sich keine Chance auf eine Anzeige entgehen lassen.‘

Rodd nahm sie mit nach Hause und sie arrangierten, dass sie sofort heiraten würden. Keiner von beiden war sich ganz sicher, ob die absurde Ehe mit Charles ihre Ehe illegal machen würde, aber sie beschlossen, es zu riskieren.